Sibylle von Reden

UGARIT
und seine Welt

Die Entdeckung
einer der ältesten
Handelsmetropolen
am Mittelmeer

BASTEI
LÜBBE

BASTEI-LÜBBE-TASCHENBUCH
Band 64129

Printed in Germany, Juni 1994
Einbandgestaltung: Roland Winkler nach Reinhard Borner
Titelfoto: Service photographique de la Réunion des musées nationaux
Druck und Bindung: Ebner Ulm
ISBN 3-404-64129-9

Der Preis dieses Bandes versteht sich einschließlich
der gesetzlichen Mehrwertsteuer.

Dem Andenken
eines großen Pioniers der Nahost-Archäologie –
Professor Claude Frédéric-Armand Schaeffer-Forrer –
gewidmet.

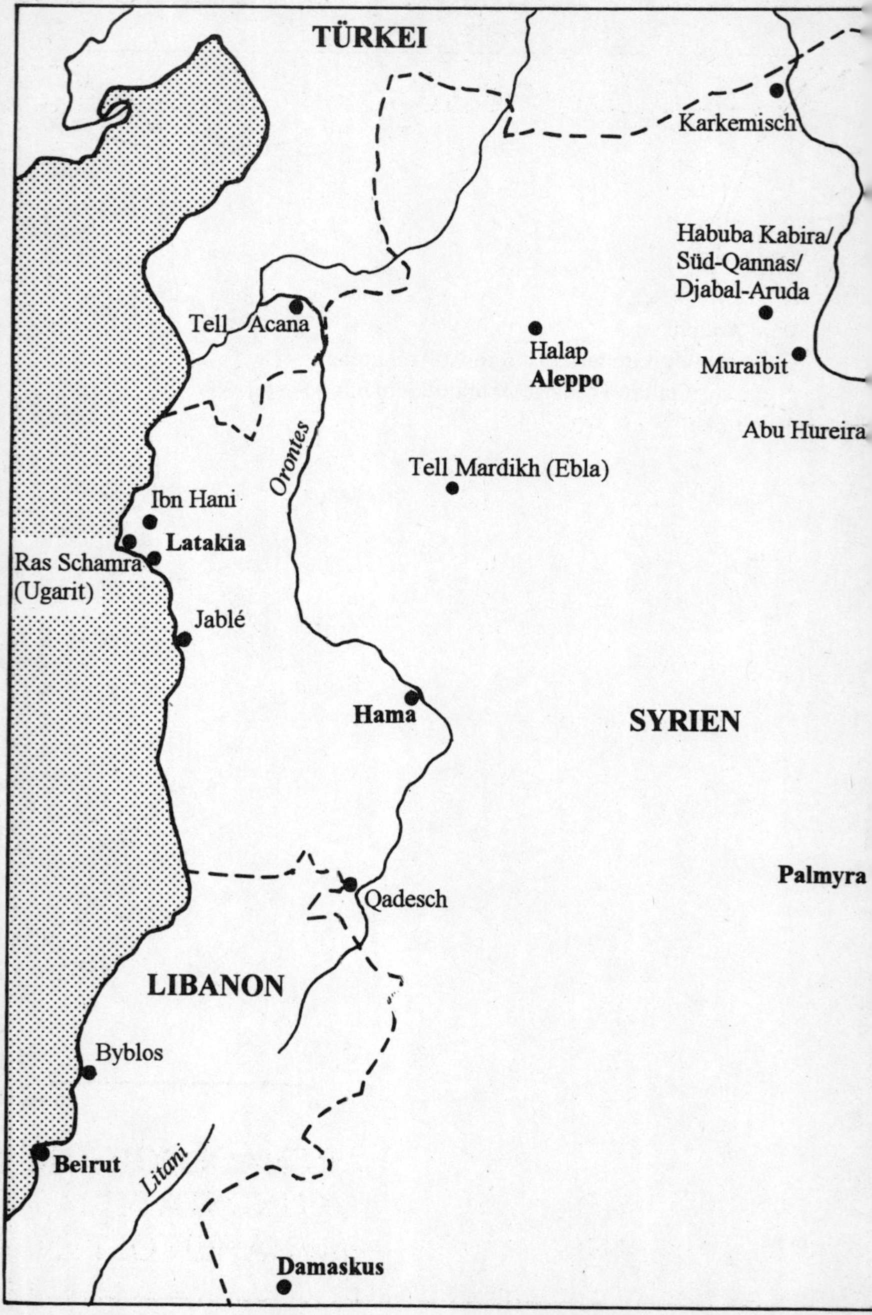

TÜRKEI
Karkemisch
Habuba Kabira/
Süd-Qannas/
Djabal-Aruda
Tell Acana
Halap
Aleppo
Muraibit
Abu Hureira
Orontes
Tell Mardikh (Ebla)
Ibn Hani
Latakia
Ras Schamra
(Ugarit)
Jablé
Hama
SYRIEN
Palmyra
Qadesch
LIBANON
Byblos
Beirut
Litani
Damaskus

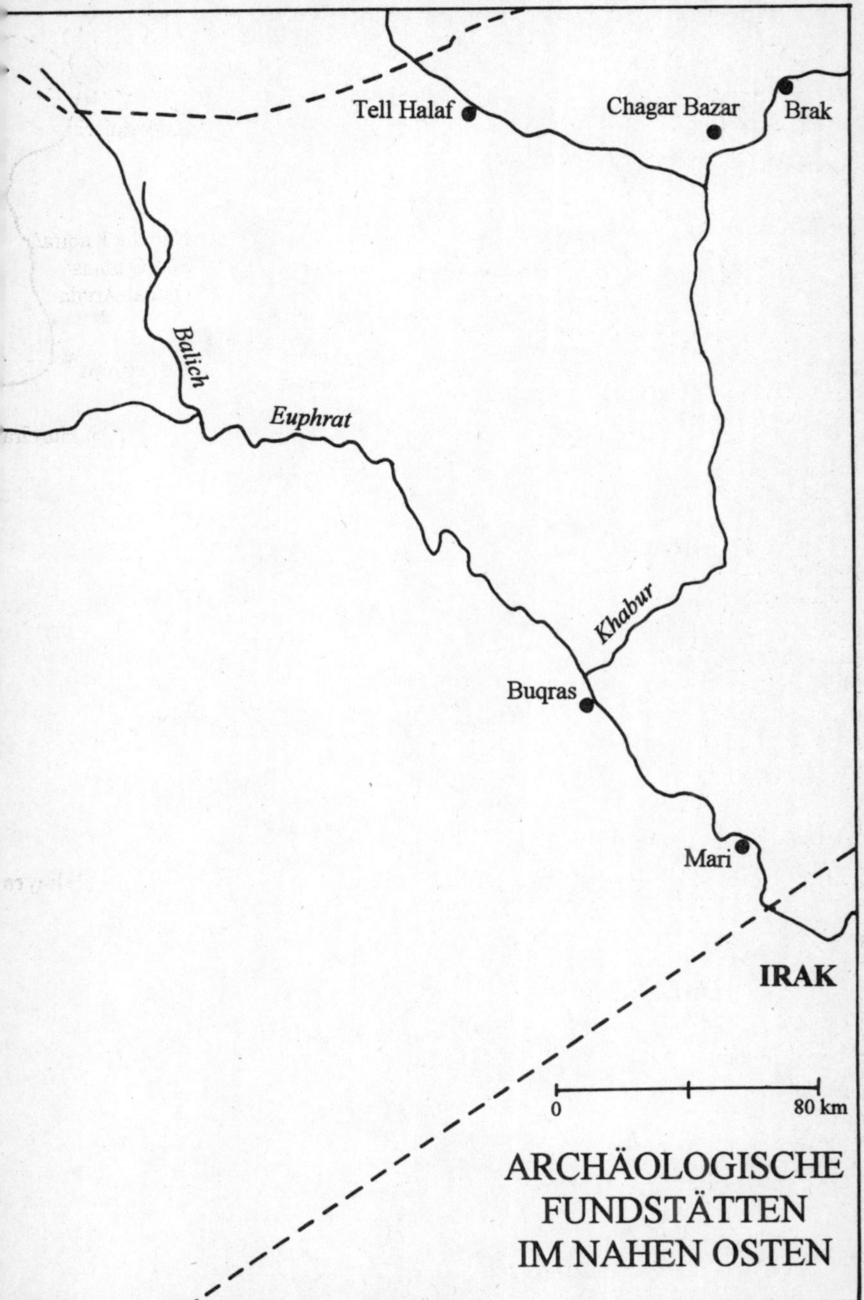

Tell Halaf
Chagar Bazar
Brak
Balich
Euphrat
Khabur
Buqras
Mari
IRAK
0
80 km
ARCHÄOLOGISCHE
FUNDSTÄTTEN
IM NAHEN OSTEN

INHALT

EINLEITUNG

Im März des Jahres 1928 traf der Pflugzahn eines Bauern, der seinen Acker an der nordsyrischen Küstenbucht Minet el-Beida bestellte, plötzlich auf Stein. Er war auf die Deckplatte eines Grabgewölbes gestoßen, das unter einer dünnen Erdschicht verborgen lag. Die Öffnung der Gruft brachte dem Entdecker nicht die erhofften Schätze: Sie war geplündert und enthielt nur mehr Tongefäße und Scherben. Durch einen glücklichen Zufall erfuhr der Leiter des Französischen Archäologischen Instituts in Beirut rasch von diesem Fund. So konnte noch ein Teil der Keramik sichergestellt werden. Sie erwies sich als altzyprischer und mykenischer Herkunft. Diese ausländische Ware aus dem 14. bis 13. Jahrhundert v. u. Z. und das gutgebaute, monumentale Steingrab rückten ein bis dahin unbeachtetes Gebiet der syrischen Uferzone ins Blickfeld der Archäologen. Die Geschichte einer der wichtigsten Ausgrabungen unseres Jahrhunderts begann.

Nach dem Ersten Weltkrieg wurden Syrien und der Libanon französisches Mandatsgebiet. Dies war der Auftakt zur ersten, planmäßigen Erforschung der alten Geschichte dieser Regionen. Zunächst galt das Interesse der französischen Archäologen den einst berühmten phönizischen Hafenstädten Tyros, Sidon und Byblos. Vor allem die Ausgrabungen von Byblos brachten in den zwanziger Jahren aufsehenerregende Ergebnisse sowie viele bedeutende und kostbare Funde.

Der Minet el-Beida, der »Weiße Hafen«, der seinen Namen den Kreidefelsen an seinem Rande verdankt, schiebt sich zwölf Kilometer nördlich von Latakia (Lattakia) in die wenig gegliederte Küste. Noch im Jahre 1928 wurde sein Hinterland das Ziel einer gründlichen Feldforschung. Anfänglich suchte man nur nach einer Nekropole. Doch dann erregte eine mächtige, trapezförmige Erhebung in einigem Abstand von der Bucht die Aufmerksamkeit der Forscher. Man vermutete in ihr einen Tell, einen künstlichen Hügel aus vielen Schichten alten Siedlungsschutts. Die Bauern nannten ihn Ras Schamra, »Fenchelkopf«. Auf seiner Oberfläche von über 22 Hektar wucherten mannshohe Fenchelstauden, deren Frühlingsblüte ihn jedes Jahr mit einer leuchtendgelben Wolke bedeckte. Niemand ahnte, daß er aus den Ruinenschichten einer Niederlassung bestand, die im siebten Jahrtausend gegründet worden war und sich im Laufe von mehr als 5000 Jahren zu einer der bedeutendsten Hafenstädte des Vorderen Orients entwickelte.

Die Ausgrabung von Ras Schamra (Ugarit) ist unlöslich mit dem Namen ihres Initiators und jahrzehntelangen Leiters, Claude Frédéric-Armand Schaeffer-Forrer, verbunden. Mit seinem Tod im Jahre 1982 entschwand einer der letzten und markantesten Pioniere des heroischen Zeitalters der großen archäologischen Entdeckungen im Nahen und Mittleren Osten, die unser Weltbild wesentlich erweitert und verändert haben.

Claude Schaeffer-Forrers Laufbahn wurde vor allem durch seine epochemachenden Ausgrabungen und Entdeckungen in Syrien und auf der Insel Zypern gekennzeichnet. Seit der Ankunft des jungen, brillanten Archäologen elsässischer Herkunft am Weißen Hafen, der im Auftrag von René Dussaud, des Konservators der orientalischen Antiquitäten im Louvre und der Académie des inscriptions et belles-lettres, das Hinterland der Bucht erforschen sollte, vergingen über 60 Jahre. Die Untersuchung des Ras Schamra blickt trotz einer langen, kriegsbedingten Unterbrechung auf mehr als 50 Ausgrabungskampagnen zurück. Noch immer aber schlummern zahllose Geheimnisse in dem riesenhaften Tell.

Einzig die oberste seiner 18 Wohnschichten wurde bis jetzt zu rund einem Drittel freigelegt. Die tieferen kennt man nur aus Sondierungsgrabungen, die kleine Ausschnitte aus der langen Geschichte seiner Besiedelung enthüllten. Das Hauptziel der französischen Archäologen bleibt die Ausgrabung der glänzenden kosmopolitischen Seestadt des zweiten vorchristlichen Jahrtausends, wahrscheinlich der ältesten von solch internationalem Zuschnitt.

Ugarit war in jener Epoche die Hauptstadt eines altkanaanäischen Königreiches, aber auch ein ethnischer Schmelztiegel im Kreuzpunkt der frühen großen Zivilisationen und der wichtigsten Handelsrouten zu Wasser und zu Lande, die Mesopotamien, Kleinasien, die Ägäis, die Levante und Ägypten verbanden. In seinem Hafen landeten Schiffe aus dem gesamten Ostmittelmeerbereich und vielleicht auch ferneren Gebieten. In dieser reichen, hochkultivierten Metropole, deren Schreiber sechs bis sieben Sprachen beherrschten, waren alle Vorbedingungen zur Reife einer Erfindung vorhanden, die ein neues Kapitel der Menschheitsgeschichte einleitete. Aus Ugarit stammt das erste voll ausgebildete Alphabet.

Der Spaten der Ausgräber förderte auf dem Ras Schamra die Ruinen von Palästen, Tempeln, Wohnhäusern, Werkstätten, Festungsbauten, Prunkgräber der Vornehmen und bescheidene Bestattungen der einfachen Bürger zutage. Im Louvre und in den Museen von Damaskus und Aleppo sind Säle mit den Schätzen aus der alten Königsstadt gefüllt. Wichtiger als die goldbedeckten Götterstatuetten, die großen Bildwerke, als der Schmuck, die Geräte und Waffen aus Bronze, die Kunstwerke aus Elfenbein, die Gefäße aus Gold, Silber, Alabaster, Fayence und Ton sind viele Tausende beschriebener Tontafeln aus den Palastarchiven und Privatbibliotheken von Ugarit. Ein Großteil dieser Dokumente wurde in einer alphabetischen Keilschrift verfaßt.

Ein geniales Mitglied der hochgebildeten Schreibergilde hatte spätestens im 14. Jahrhundert v. u. Z. das umständliche Keilschriftsystem mesopotamischen Ursprungs mit seinen Hunderten von Wort- und Silbenzeichen durch eine Folge von 30 Buchstaben ersetzt, fast durchweg Konsonanten, die – wie unsere heutige Schrift – von links nach rechts geschrieben wurden. Aus diesem Alphabet entstand das phönizische, auf das mehr oder weniger alle späteren Alphabete zurückgehen. Eine der größten Errungenschaften der Menschheit, ohne die Wissen ein Vorrecht weniger geblieben und allgemeiner Fortschritt kaum möglich gewesen wäre, stammt aus Ugarit.

Die Entzifferung der Tontafeln aus Ugarit ist noch im Gange und wird immer wieder durch neue Funde gespeist. Die Texte umfassen

Mythologie, Heldenepen, rituelle Vorschriften, Magie, Literatur, Rechtsprechung, Verwaltung, Handel, Wirtschaft, Privatbriefe, politische und diplomatische Korrespondenz. Sie erschließen einen zuvor fast unbekannten Abschnitt der levantinischen Geschichte und Kultur und werfen auch neues Licht auf das Alte Testament, in dem deutlich Themen, Vorstellungen und Formulierungen aus der kanaanäischen Religion und Literatur wiederzufinden sind.

Ein Bericht über Ugarit enthält auf Grund dieser Schriftfunde eine Dimension, die weit über die Schilderung einer der wichtigsten archäologischen Entdeckungen in Vorderasien hinausgeht. Die Ausgrabung auf dem Ras Schamra hat auch Wurzeln unserer eigenen Zivilisation bloßgelegt, die für deren Wachstum entscheidend waren.

DIE WELT,
AUS DER UGARIT HERVORGING

SYRIEN, KEIMSTÄTTE NEUER LEBENSFORMEN

Die Ausgrabung von Ugarit, die erste großangelegte, langfristig geplante Untersuchung einer ausgedehnten Niederlassung von hohem Alter in Syrien, leitete eine Ära intensiver archäologischer Forschung ein. Ihre von Anbeginn außerordentlich reichen und wichtigen Ergebnisse stimulierten die Hoffnung auf weitere große Entdeckungen in einem Gebiet, dessen Rolle in der Vor- und Frühgeschichte des Nahen Ostens man bis dahin unterschätzt hatte. Namhafte Forscher, die zuvor im Irak tätig gewesen waren, wechselten in den dreißiger Jahren hinüber ins archäologisch vielversprechende Nachbarland.

Leonard Wolley, der durch seine Ausgrabungen in der Königsnekropole von Ur in Untermesopotamien weltberühmt geworden war, widmete sich dem Tell Atschana am Orontes-Knie in der Amuq-Ebene, die heute zur Türkei gehört. Max Mallowan, dessen Untersuchung des Arpachija-Tells bei Mossul 1933 rätselhafte vorgeschichtliche Kuppelbauten freigelegt hatte, begann 1934 mit der Erkundung der obermesopotamischen Flußtäler des Khabur- und des Balichflusses, in denen zahlreiche Trümmerhügel eine frühe Blütezeit bezeugen. Seit Max von Oppenheims Grabungen im mächtigen Tell Halaf vor dem Ersten Weltkrieg und danach zwischen 1927 und 1929 waren diese Regionen kaum mehr von den Altertumsforschern beachtet worden, obwohl damals eine unbekannte eindrucksvolle Kultur aus dem sechsten bis fünften Jahrtausend v. u. Z. zutage gekommen war. A. Parrot vertauschte 1933 Larsa bei Ur gegen den Tell Hariri, der aus dem Schutt von Mari, der bedeutendsten bronzezeitlichen Metropole am Mittleren Euphrat, besteht. Diese Ausgrabung, die entscheidend zur Kenntnis der Geschichte und Kultur Vorderasiens im dritten und frühen zweiten Jahrtausend v. u. Z.

beitrug, wird – gleich der Freilegung von Ugarit – bis heute weitergeführt.

Mit der Gründung der Arabischen Republik Syrien nach dem Zweiten Weltkrieg trat die Altertumsforschung in diesem Bereich in ein neues Stadium fruchtbarer Zusammenarbeit ausländischer Missionen mit den Beauftragten der Generaldirektion des syrischen Antikendienstes.

Insbesondere die Vorgeschichtsforschung verzeichnete in den letzten 25 Jahren bedeutende Fortschritte und einige ebenso überraschende wie wesentliche Ergebnisse. Ausgrabungen am Mittleren Euphrat legten ungeahnt frühe Siedlungen frei und erwiesen diese Region, ähnlich wie Palästina, als den Schauplatz entscheidender Wandlungen menschlicher Lebensformen. Heute steht fest, daß Syrien eine tragende Rolle im Übergangsprozeß zukam, der vom nomadischen Dasein der Jäger und Sammler der Altsteinzeit zu Seßhaftigkeit, zum Anbau von Nutzpflanzen und zur Tierhaltung führte, kurz, zum nächsten Abschnitt unserer Evolutionsgeschichte: der Jungsteinzeit.

Der Westen, Norden und Osten von Syrien gehören zum Fruchtbaren Halbmond, dem Kulturlandgürtel, der die syrisch-arabische Wüste von Palästina bis Südanatolien und über Mesopotamien bis zu den Randgebirgen des Iran umspannt. Mit dem Abklingen der letzten Eiszeit wurde das Klima in dieser Zone wärmer und feuchter. Der Meeresspiegel stieg an ihren Küsten. Pollenanalysen zeigten, daß sich die vegetationsarmen Steppen langsam in grüne Savannenlandschaften mit mediterranen Eichen- und Pistazienbäumen verwandelten. Großsamige Grassorten wie Wildweizen und Wildgerste verbreiteten sich über die bergigen Randgebiete des Fruchtbaren Halbmondes.

In Palästina und Syrien werden schon gegen die Mitte des 20. Jahrtausends v. u. Z. die ersten Ansätze zu einer Veränderung der Lebensweise der Bewohner dieser Gebiete sichtbar. Ausgrabungen in der Kebara-Höhle in den Ausläufern des Karmel-Gebirges in Nordpalästina brachten eine Spätstufe des Jungpaläolithikums zutage, die man nach diesem ersten Fundplatz der sie kennzeichnenden mikrolithischen Steinindustrie »Kebaran« taufte. Im Kebaran hausten die Menschen nicht mehr nur in Grotten oder unter Felsdächern. Man entdeckte auch Spuren von Freilandstationen, die länger genutzt wurden. 1965 kam der Rest einer Hütte mit vertieftem Boden aus dieser Epoche am Oberen Jordan ans Licht.

Und es gab eine Neuheit auf dem Speisezettel der Kebaran-Leute: Wildgetreide, das offensichtlich periodisch mit einer Art Sichel aus Feuerstein geschnitten und in primitiven Steinmörsern, meist Mulden im anstehenden Fels, zerrieben oder zerstampft wurde. Die mikrolithischen, das heißt sehr kleinen Steinwerkzeuge des Kebaran, vor allem Klingen mit spitzem oder abgeschrägtem Ende, fanden sich vom Euphrat bis zum Negev. Ein weites Gebiet, das von Mesopotamien bis zum Nil reichte, erscheint in dieser und auch in der folgenden Periode als eine recht einheitliche Kulturzone.

Gegen 10 000 v. u. Z. entstand dort eine neue Kultur, das »Natufien«, so benannt nach dem Wadi en Natuf in Palästina, jenem Trockental, in dem sie 1928 von Dorothy Garrod entdeckt wurde. Mit dem Natufien, das etwa 2000 Jahre dauerte, begann eine schöpferische Periode, in der die ersten Schritte zur Beherrschung der Natur durch den Menschen getan und die Grundlagen einer Entwicklung gelegt wurden; sie gipfelte rund 6000 Jahre später in der ersten Hochkultur der Alten Welt: der sumerischen. Ihre dynamischen Träger traten aus der Anonymität der Altsteinzeit heraus und profilierten sich als die Wegbereiter eines neuen Zeitalters. Sie verließen allmählich die Wohnstätten unter Felsdächern und in Grotten und bauten die ersten Dörfer aus runden oder ovalen Hütten mit vertieftem Boden. Manche entstanden noch auf Terrassen vor den Höhlenstationen, gleichsam als deren Erweiterung, andere aber schon an Wasserläufen und Seen.

Die Freilegung von Aïn Mallaha am früheren Hulé-See in Palästina in den fünfziger Jahren und Ausgrabungen ungefähr gleichaltriger Freilandsiedlungen am Euphrat in den sechziger und siebziger Jahren warfen die alten Theorien vom Gang der Entwicklung zu Beginn der Jungsteinzeit über den Haufen. Zuvor hatten die Vorgeschichtsforscher angenommen, daß Seßhaftigkeit eine *Folge* der

Erfindung von Ackerbau und Viehzucht war. Nun aber zeigte sich, daß die ersten Dorfbewohner noch lange von Jagd, Fischerei und gesammelten Pflanzen gelebt hatten, ehe sie mit der systematischen Aussaat von Grassamen und der Domestizierung von wilden Ziegen, Schafen und Rindern begannen. Seßhaftigkeit war kein Resultat des Übergangs von einer nur aneignenden zu produktiver Wirtschaft, sondern eine *Vorbedingung* für diese Entwicklung. Die sorgfältige Ausgrabung einiger der ältesten Siedlungen im syrischen Bereich lieferte endgültige Beweise für diesen Ablauf und wichtige Hinweise auf die geistigen Voraussetzungen der Entstehung von Kultur.

MURAIBIT, EIN TESTFALL DER ENTSTEHUNG VON KULTUR

1964 entdeckte eine archäologische Mission der Universität von Chicago unter der Leitung des holländischen Prähistorikers M. van Loon 80 Kilometer östlich von Aleppo den Tell von Muraibit am linken Euphrat-Ufer. Bereits die erste Ausgrabungskampagne in diesem Siedlungshügel von sechs Meter Höhe und 75 Meter Durchmesser brachte 1965 aufregende Ergebnisse. Man war auf die Reste einer langlebigen Niederlassung gestoßen, deren Anfänge weit ins neunte Jahrtausend v. u. Z. reichten.

Nach einer Pause von sechs Jahren wurde die Spatenarbeit an diesem Fundort von einem französischen Team unter J. Cauvin wiederaufgenommen und bis 1974 fortgesetzt. 17 Wohnhorizonte eines Dorfes, das im Natufien gegründet wurde und fast 2000 Jahre lang bewohnt war, wurden in begrenztem Ausmaß untersucht. Dieser ununterbrochenen Besiedlung innerhalb eines Zeitraumes, der einen entscheidenden Abschnitt der Vorgeschichte des Nahen Ostens umfaßte, verdankt die prähistorische Forschung grundlegende Einsichten. Keine andere Ausgrabung im syrisch-libanesischen Bereich und in Palästina hat den Archäologen einen solch lückenlosen Ablauf der Evolution vorgeführt.

Seit der Spatenarbeit im Tell von Muraibit sind die Theorien der »Neuen Archäologie«, dieser Spätblüte des historischen Materialismus, die sich in den letzten 25 Jahren in den USA entfaltete und von dort nach Europa gelangte, ernstlich ins Wanken geraten. Die Tendenz, die Genesis der Kultur nur auf wirtschaftliche und soziale Faktoren zurückzuführen, sie einzig als Anpassungsmechanismus an die Gegebenheiten der Umwelt anzusehen und ihre geistigen Voraussetzungen, die menschliche Kreativität und die Macht religiöser Impulse zu bagatellisieren, hat durch Muraibit viel von ihrer

Überzeugungskraft verloren. Die Geschichte dieses frühneolithischen Dorfes zeigt, daß das marxistische Modell mehr auf einer Ideologie als auf Tatsachen beruht, daß wesentliche Wandlungen der Daseinsformen, die Erfindung neuer Techniken, die Ausbildung religiöser Vorstellungen nicht nur Antworten auf äußeren Druck, sondern oftmals freie Schöpfungen des menschlichen Geistes waren.

Die Ausgrabung der untersten Wohnschichten des Muraibit-Tells und eines noch älteren, des Tells Abu Hureira, 20 Kilometer flußabwärts am rechten Euphrat-Ufer, brachte wichtige Erkenntnisse über eine enge Verwandtschaft der Natufien-Kulturen Syriens und Palästinas und beleuchtete Verbindungen zwischen den beiden Zonen, die zuvor vermutet wurden, aber nicht bewiesen werden konnten. In beiden Regionen begannen die ersten festen Siedlungen mit Rundhütten aus leichtem Material, besser gesagt mit überdachten Wohngruben. Bis jetzt sieht es so aus, als habe Palästina einen Zeitvorsprung. Die Anfänge von Jericho reichen bis ins zehnte Jahrtausend zurück. Und der erstaunliche Aufschwung dieser »Ältesten Stadt der Welt« im ersten Viertel des achten Jahrtausends bleibt vorläufig einzigartig. Die Vorgeschichtsforschung im Land der Bibel ist allerdings bedeutend älter als die syrische und verfügt daher über ein viel reicheres Fundmaterial. Weitere Ausgrabungen in Syrien könnten noch Überraschungen bringen und das Bild der vorderasiatischen Prähistorie verändern.

Abu Hureira entstand gegen 8750 v. u. Z. Die amerikanischen Ausgräber der Siedlung legten 1974 fünf Wohngruben von 2,50 Meter Durchmesser frei, die 70 Zentimeter tief in den Kreidegrund gesenkt waren. Pfostenlöcher um ihren Rand bezeugen eine oberirdische Struktur aus Holz und Flechtwerk, die vermutlich lehmgedichtet war. Auf den Böden lagen Mörser und Stampfer und typisch mikrolithische Geräte des Natufien. Vor allem kleine Klingen und Spitzen aus Feuerstein, die meistens in Griffe aus Holz oder Bein eingesetzt wurden. Die erste Niederlassung bestand nur kurz. Im siebten Jahrtausend wurde dieser Ort nochmals besiedelt.

Die Geschichte von Muraibit begann etwa um 8500 v. u. Z. Die Umweltbedingungen waren günstig. Der nahe Fluß lieferte Fische und Muscheln, anfänglich die Hauptnahrung der Siedler. In den Pappel- und Tamariskenhainen der Auen lebten Wasservögel, Hirsche und Wildschweine. Gazellen, Onager (Wildesel) und Ure (Auerochsen) bevölkerten die angrenzenden Steppen. Und dort wuchs auch Wildgetreide, dessen Körner regelmäßig geerntet werden konnten. Ein Feuersteinlager in der Nachbarschaft gab Material für Werkzeuge und Jagdwaffen.

Die Natufien-Periode von Muraibit wurde nur in einem kleinen Abschnitt des Tells untersucht. Besser erforscht ist die zweite Phase des Dorfes, die etwa von 8200 bis 8000 v. u. Z. dauerte und als Frühneolithikum bezeichnet wird. Der Haustyp blieb derselbe, man baute aber etwas großzügiger und solider. Der maximale Durchmesser der Hütten betrug nicht mehr als vier Meter, doch verwendete man nun Steine als Mauerbasis, zur Verstärkung der Wände und zur Pflasterung der Flure.

Mit dem achten Jahrtausend begann eine Epoche bedeutender Veränderungen und Neuerungen. Muraibit erreichte im Lauf von rund 400 Jahren eine Ausdehnung von zwei bis drei Hektar. Neben den traditionellen rundlichen Bauformen kamen andere auf, die der Bevölkerungszunahme besser angepaßt waren. Erfindungen wurden gemacht und Zeichen gesetzt, die etwas von der Vorstellungswelt dieser frühen Gemeinschaften sichtbar machen und den Ablauf schöpferischer Prozesse beleuchten.

1965 legte van Loon ein stattliches Rundhaus frei, dessen Struktur durch einen Brand, der den Lehm hartgebacken hatte, gut erhalten geblieben war. *(Fig. 1)* Seine Architekten hatten seit dem Natufien viel dazugelernt. Vor allem die Verwendung neuer Werkstoffe und vorgefertigten Materials, von Rundhölzern, Brettern und behauenen Steinen. Die Rückwand des Gebäudes, das einen Durchmesser von sechs Metern hatte, war in den Westhang des Tells eingefügt und durch eine Pfostenreihe mit Lehmverputz verstärkt worden. Die freistehende Vorderwand bestand an der Außenseite aus Pfählen und innen aus Pisee, einer Mischung aus Stampflehm und Häcksel. Aus der gleichen Masse war das Dach, das durch Pfosten und horizontale Holzstützen getragen wurde. Das Hausinnere hatte man durch gerade Mäuerchen aus geschichteten Planken oder Steinplatten in Lehmverband in Wohn- und Vorratsräume unterteilt. Diese Gliederung leitete eine Entwicklung ein, die später zu rechteckigen Häusern führte, die sich besser als rundliche durch Anbauten erweitern und so dem Wachstum einer Familie anpassen lassen.

Eine Vorstufe dieser Bauweise sehen die Ausgräber in rechteckigen, schachbrettartigen Konstruktionen aus gepflasterten quadratischen Zellen von 1,50 Meter Seitenlänge, die aus der zweiten Hälfte der Muraibit-III-Phase datieren. Für die niedrigen Trennmauern zwischen den Zellen wurden längliche, behauene Steine aus dem anstehenden Kreidefelsen und Lehmmörtel gebraucht. Die Vermutung, daß diese Bauwerke als Magazine dienten, wurde 1974 durch die Entdeckung einer ähnlichen Struktur bestätigt, die im Scheich-Hassan-Tell zutage kam, der 20 Kilometer weiter nördlich lag. Eine Notausgrabung dieses prähistorischen Siedlungshügels, der dem

Fig. 1 Rundhäuser aus Muraibit III (8000–7600 v. u. Z.)

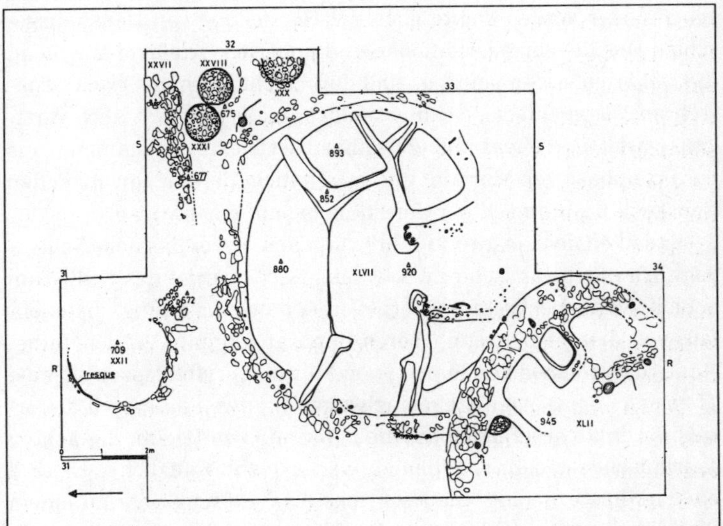

neuen Assad-Stausee zum Opfer fallen mußte, brachte ein Dorf vom Typ Muraibit III ans Licht. Auch fanden sich dort neben Rundbauten rechteckige aus quadratischen Zellen, die aber so klein waren, daß sie keinesfalls als Wohnräume in Frage kamen. Zwei starke, parallel laufende Mauern, die einen Flur aus Stampflehm begrenzten, wurden als Reste eines größeren Rechteckhauses gedeutet.

Die Entwicklung der frühneolithischen Siedlungen am Mittleren Euphrat zu ansehnlichen Dörfern mit solide gebauten Häusern, zwischen denen Freiräume mit Herdstellen und gepflasterten Arbeitsplätzen ausgespart wurden, ist sicher nicht mit der ummauerten ersten Stadt von Jericho vergleichbar. Doch scheint es, daß eine neue Bauform, das rechteckige Haus, vom Euphrat stammte.

Zwei der wichtigsten frühen Erfindungen des Menschen, Schliff und Politur von Stein sowie Gefäße aus gebranntem Ton, kommen anscheinend ebenfalls aus Obermesopotamien. Von besonderem geistesgeschichtlichem Interesse ist der Umstand, daß die erste Anwendung der neuen Techniken der Steinbearbeitung wie auch die Verwendung von Terrakotta weder einer Verbesserung von Werkzeugen oder Waffen diente noch der Herstellung von Haushaltsgeschirr. Die ältesten geschliffenen und polierten Artefakte aus Stein, die bisher gefunden wurden, sind durchlochte Anhänger aus Grünstein in Bananenform, Schmuckstücke, die vermutlich auch Amulette waren, und etwas jüngere stabartige Objekte. Sie stammen aus der Frühphase von Muraibit und waren nicht für den gewöhnlichen Gebrauch bestimmt. Einer der Stäbe lag auf einem Grab.

Es sollten noch fast 1000 Jahre vergehen, bevor das neue Schleifverfahren für praktische Zwecke eingesetzt wurde, das heißt zum Schleifen von Dechseln – Querbeilen –, einer Erfindung, die ebenfalls von den Siedlern am Oberen Euphrat stammt. Auf den Tatbestand, der sich aus den Funden von Muraibit ergibt, lassen sich die Theorien der »Neuen Archäologie« kaum anwenden. Auch die ersten Produkte aus Terrakotta, die in Muraibit zu Beginn des achten Jahrtausends v. u. Z. erschienen, waren nicht »nützlich«. Es sind einige Miniaturgefäße, die höchstens als Spielzeug oder zu einem Ritual gedient haben konnten. Die ältesten sind noch schlecht gebrannt, spätere aber schon von guter Qualität. Sie sind die weitaus frühesten irdenen Behälter, die im Bereich der Alten Welt ans Licht kamen.

Die praktische Verwertung dieser wichtigen Erfindung erfolgte erst nach fast 2000 Jahren. Diese Verspätung ist recht merkwürdig, weil man in Muraibit seit dem ausgehenden neunten Jahrtausend v. u. Z. eine Art Vorstufe der Haushaltskeramik besaß. Die Ausgräber legten in den untersten Wohnschichten tiefe zylindrische Herdgruben frei, die mit Lehm ausgekleidet sind. Eine Lage Flußkiesel, auf der die Lebensmittel geröstet wurden, bedeckte ihren Boden. Der Wandbelag war durch die Hitze zu Terrakotta gebrannt. Der kleine Schritt von solch festsitzenden »Kochtöpfen« zu echtem Tongeschirr wurde aber nicht getan. Es blieb bis weit in die zweite Hälfte des siebten Jahrtausends bei Behältern aus Holz, Häuten, Flechtwerk, das vermutlich mit Lehm gedichtet wurde.

Versuche, Gefäße aus feuchter Kalkmasse herzustellen, die beim Trocknen automatisch hart wurde, gab man in Syrien bald auf. Scherben solcher Produkte kommen hauptsächlich aus Palästina. Die Töpferkunst gelangte erst im sechsten Jahrtausend – wahrscheinlich aus Syrien – dorthin. Stein, das altvertraute Material für Geräte, wurde aber sehr früh auch zu Schalen und Bechern verarbeitet. Aus Muraibit II stammt eine kleine, gut geformte und geglättete Schale aus weißem Kalkstein, ein Luxusgegenstand, der vielleicht für Kulthandlungen bestimmt war.

Daß der Impuls, der zur Erfindung der Terrakotta führte, keiner materiellen Notwendigkeit entsprang, wird nicht nur aus der Unverwendbarkeit der winzigen Töpfe aus Muraibit für praktische Zwecke deutlich, sondern auch aus der sonstigen Anwendung des neuen Verfahrens. Die einzigen anderen Gegenstände aus gebranntem Ton, die dort zutage kamen, waren weibliche Figürchen und kleine Objekte von geometrischen Formen, deren Bestimmung oder Symbolik rätselhaft bleibt. Diese Statuetten verkörpern sicherlich die Große Mutter, deren Abbilder die ältesten Religionen des euroasiatischen Raumes kennzeichnen. Ihre Verehrung im Euphrat-Bereich wird durch Bruchstücke primitiver Idole aus Kalkstein und gebranntem Ton bezeugt, die in Muraibit entdeckt wurden. Die Erdmutter, deren Schoß alles Leben hervorbringt und auch wieder zurücknimmt, beherrschte in der Vorstellungswelt des prähistorischen Menschen das obere Reich der Lebenden wie auch das untere der Toten. Ihre Darstellungen, meist in der Gestalt fettleibiger nackter Frauenfigürchen aus Stein, Mammutelfenbein und Ton, erscheinen etwa seit Mitte des 30. Jahrtausends v. u. Z. in einem Bereich, der von Ostrußland bis zu den Pyrenäen reichte, im Orient aber erst an der Schwelle des Neolithikums.

Eine beschädigte Terrakottastatuette aus Muraibit, die komplett etwa zwölf Zentimeter maß, wirkt wie eine Vorläuferin vieler weiblicher Idole der westasiatischen und osteuropäischen Jungsteinzeit. Sie zeigt eine nackte Frau mit betontem Schamdreieck und ausladendem Gesäß, ein unzweideutiges Sinnbild der Fruchtbarkeit. Ihr Bauch scheint von Schwangerschaften erschlafft. Abgewinkelte Stummelärmchen unter dem Busen nahmen die rituelle Geste der verschränkten Arme oder der Hände, die die nährenden Brüste gleichsam darbieten, vorweg. Sie blieb bis in die Spätantike für orientalische Mutter- und Liebesgöttinnen gültig. *(Fig. 2)*

Es muß jedoch gesagt werden, daß dieses nicht das älteste weibliche Idol aus Terrakotta ist, das wir kennen. Es gibt einige Figürchen, die bei der Ausgrabung der südmährischen Mammutjäger-Station Dolni Věstonice neben Statuetten aus Mammutelfenbein entdeckt wurden. Ihr Alter wird auf etwa 25 000 Jahre geschätzt. Genaugenommen gebührt das Primat der Erfindung von Terrakotta daher Osteuropa. Doch blieb sie dort ohne Folgen und wurde offenbar bald wieder vergessen.

Die Statuetten aus Muraibit und gleichartige aus derselben Epoche in Palästina widerlegen die frühere Meinung der Prähistoriker, daß der Kult einer Muttergöttin im Orient erst im Gefolge des Ackerbaus aufkam. Heute steht fest, daß er älter war. Analysen pflanzlicher Reste aus Muraibit belegen erst für 7700 eine auffallende Vermehrung von Getreidepollen, ein Anzeichen systematischer Aussaat von Wildgrassamen auf dorfnahen Feldern. Die Darstellungen der Magna Mater sind aber mindestens 500 Jahre älter.

Mit der Zähmung von Wildrindern, die erst im Lauf des siebten Jahrtausends erfolgte, oder ihrer Rolle als bevorzugte Jagdbeute läßt sich ein anderer Aspekt der religiösen Vorstellungen der Siedler am Mittleren Euphrat ebenfalls nicht begründen. Schon in Muraibit II wurden in Lehmbänken innerhalb der Hütten Auerochsenschädel eingemauert. Sie sind die bisher ältesten Zeugnisse eines Stierkultes, der später bis zum Ende der Antike eine große Rolle im Orient wie im Mittelmeerbereich spielen sollte. Diese Funde datieren lange vor einer Veränderung der Jagdgewohnheiten der Siedler in Phase III von Muraibit, die zuvor hauptsächlich Gazellen und kleinere Tiere, fast nie aber Großwild erlegt hatten.

Damals aber gab es eine revolutionäre Umstellung in der Dorfgemeinschaft, die wesentlich angewachsen war: Die mikrolithischen Steingeräte wurden durch größere ersetzt, die Zahl der Pfeilspitzen stieg, und die ersten geschliffenen und polierten Beilklingen kamen auf. Der Bedarf an Fleisch nahm zu und zwang die Siedler zur Jagd auf Auerochsen und Wildesel. Die Verehrung des Ur, dessen Hörner

Fig. 2 Weibliches Idol aus Kalkstein (Höhe 12 cm) aus Muraibit III

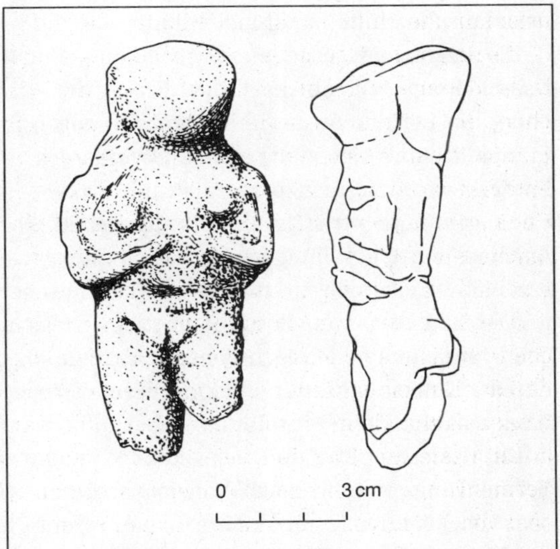

in Hauswände eingelassen wurden, ging weiter. Es ist deutlich, daß auch in diesem Fall kein utilitaristisches Motiv der Ursprung einer religiösen Idee war. Diese entsprang vielmehr einem inneren Erlebnis, einer Ergriffenheit von der Erscheinung des mächtigen Wildstieres, der zum Symbol männlicher Kraft und später der alten Hauptgötter Vorderasiens wurde.

Muraibit und Scheich Hassan lieferten, gleich Jericho, Beweise für den Beginn eines Ahnenkultes in der ersten Hälfte des achten Jahrtausends, der mit Schädelverehrung verbunden war. Im siebten Jahrtausend verbreitete sich dieser von Palästina und Syrien aus bis in den Südwesten Zentralanatoliens. Aus Phase III von Muraibit stammt die Bestattung eines weiblichen Schädels und einiger Gliederknochen unter einer Herdstelle in einem Rundhaus. In Scheich Hassan kam ein Depot mit drei Totenköpfen ans Licht. In Jericho wurden um dieselbe Zeit Schädel im Kreis oder in Gruppen aufgestellt. Aus der vierten und letzten Phase von Muraibit stammt der Fund von Schädeln auf Lehmpodesten entlang einer Hauswand. Die Bauten waren in dieser Periode vorwiegend rechteckig und behielten diese Form auch in jüngeren Siedlungen.

Die Ausgrabungsergebnisse von Jericho I und II werfen die interessante Frage auf, ob die zweite Stadt, die nach einer längeren Pause, in der niemand den Tell bewohnte, gegen 7250 v. u. Z. errichtet wurde, eine Gründung von Einwanderern aus dem Euphrat-Bereich war. Der französische Prähistoriker J. Perrot vermutete schon 1968 eine syrische Abkunft der neuen Siedler. Die jüngsten Resultate der Ausgrabungen am Oberen Euphrat sprechen für diese Annahme. In Jericho II aus dem »vorkeramischen Neolithikum B« manifestiert sich zweifellos eine in vieler Hinsicht neue Kultur zugleich mit einem neuen Menschentyp, der zur sogenannten grazilen Mittelmeerrasse gehörte, derselben, deren Vertreter seit dem achten Jahrtausend auch in Muraibit lebten.

Ein weiteres wichtiges Indiz ist das Vorkommen von Einkorn in Jericho II, einer kultivierten Weizenart, deren Wildform nicht in Palästina, wohl aber am Euphrat wuchs. Neue Abschlagtechniken bei der Zurichtung der Feuersteingeräte entsprechen älteren aus

Muraibit. Und die Bauweise von Jericho II hatte nichts mehr mit der früheren zu tun. Anstelle von kleinen Rundhäusern gab es mehrräumige rechteckige Bauten von ansehnlicher Größe, die um Höfe mit Feuerstellen geordnet waren.

Luftgetrocknete Lehmziegel bildeten, wie in Jericho I, das Baumaterial, dieses Mal aber nicht in Brötchen-, wie die älteren, sondern in Zigarrenform. Die Mauersockel bestanden aus Feldsteinen, die Stampflehmflure hatten einen Kalkverputz, der rot oder gelblich bemalt war und dann poliert wurde. Der alte Schädelkult ging in eindrucksvoller Form weiter. Die Knochenhäupter erhielten neue Gesichter aus einer gipsartigen Masse aufmodelliert, die durch Bemalung und Muschelaugen lebensecht gestaltet wurden. Die Schädelverehrung spielte bis gegen Ende des siebten Jahrtausends eine große Rolle im syrisch-palästinensischen Raum.

In Ramad, einem neolithischen Dorf südwestlich von Damaskus, kamen ebenfalls präparierte Häupter und kopflose Sitzfiguren aus Lehm zutage, Ahnenfiguren, die vermutlich das Haus mit den Lebenden teilten, die Schutz und Segen von der immerwährenden Anwesenheit der Vorfahren erhofften. Auch dieser Kult läßt sich schwer in das Schema der Neuen Archäologie einpassen, die religiöse Phänomene nur als Folge materieller Umstände anerkennen will.

Die lange Geschichte von Muraibit endete im Lauf des siebten Jahrtausends. Muraibit war nur ein bescheidenes Dorf, das in seiner besten Zeit etwa zweihundert Familien beherbergte. Seine Bewohner hinterließen keine imponierenden Ruinen oder Kunstwerke, allein die alltäglichen Zeugnisse der eigenständigen ununterbrochenen Entwicklung einer Niederlassung aus der Frühzeit der Zivilisation. Deren Gesetze erscheinen dort aber gleichsam in einer Nußschale konzentriert, doch deutlich ablesbar.

Muraibit lehrt, daß entscheidenden Fortschritten der Menschheit nicht ausschließlich wirtschaftliche und soziale Motive zugrunde lagen. Häufig entsprangen sie gänzlich anderen, nicht minder wesentlichen Denk- und Vorstellungsbereichen und führten erst viel später auch zu Veränderungen der Lebensweise im Gefolge der neuen Erfindungen.

LAND IM SCHNITTPUNKT URALTER HANDELSROUTEN

Es scheint, als habe sich der Schwerpunkt der kulturellen Entwicklung im Vorderen Orient etwa zwischen 7200 und 6500 v. u. Z. allmählich von der Levante in den anatolisch-obermesopotamischen Bereich verlagert. Obsidian, dieses schwärzliche, sehr harte vulkanische Glas aus Zentral- und Ostkleinasien, spielte sicher eine Hauptrolle in diesem Prozeß. Vor der Metallzeit gehörte es zu den meistbegehrten Handelsgütern. Seine Verwendung für Werkzeuge, Waffen, Schmuck und als Schleifmittel für Artefakte aus Stein reicht bis in die Anfänge der Zivilisation zurück. Heute läßt sich seine Herkunft mittels Spektralanalyse meistens genau bestimmen.

Man stellte zum Beispiel fest, daß das Material der Obsidiangeräte, die vereinzelt bereits in Jericho I auftauchen, über eine Entfernung von 900 Kilometer aus Çiftlik im Inneren Anatoliens importiert worden war! Die verblüffende Reichweite des Handels mit dem »schwarzen Gold« der Vulkane, der um 7500 in südlicher und östlicher Richtung anlief und vor allem im siebten bis fünften Jahrtausend v. u. Z. blühte, bezeugt seine völkerverbindende Funktion. Die Ausfuhr von Mittelanatolien nach der Levante wurde vermutlich teils von Kilikien aus über See entlang der syrisch-palästinensischen Küsten, teils auf dem Landweg durch Nordsyrien abgewickelt. Obsidian aus der Region des Van-Sees gelangte auch bis zu den frühneolithischen Siedlungen im Zagros-Gebirge am Rand der iranischen Hochebene. In beiden Fällen führte die Route wahrscheinlich über Niederlassungen am Euphrat, die als Mittler und Verteiler fungierten.

Um 6500 v. u. Z. wurde im Süden Zentralanatoliens auf der Konya-Hochebene eine Siedlung gegründet, deren rascher Aufstieg nicht zuletzt mit dem Obsidianhandel in dieser Region zusammenhing:

Çatal Hüyük, die bis jetzt weitaus größte neolithische Niederlassung im Nahen Osten. Nur etwa ein Dreißigstel dieser frühen Stadt, die 16 bis 17 Hektar einnahm, konnte von dem britischen Archäologen James Mellaart aus dem Çatal Hüyük, einem Tell von 500 Meter Länge und 300 Meter Breite, zwischen 1961 und 1965 geschält werden. Die Resultate dieser Ausgrabung, die leider vorzeitig abgebrochen werden mußte, waren sensationell und bilden einen Markstein in der Vorgeschichtsforschung im Nahen Osten.

In der zweiten Hälfte des siebten Jahrtausends war Çatal Hüyük, dessen Gründung vermutlich in das ausgehende achte Jahrtausend zurückreicht (Mellaart konnte nicht bis zu den tiefsten Wohnschichten vordringen), eine Stadt aus wabenartig zusammenhängenden Bauten mit Dacheinstieg, die mindestens 8000 Menschen beherbergte. Ackerbau, Viehzucht und Handwerk aller Art waren hoch entwickelt, Keramik und Kupfer bekannt. Die vielfältigen künstlerischen Schöpfungen zeigen eine zuvor unerreichte Perfektion. Schreine mit reichen Wandmalereien, die Jagd- und Kultszenen und selbst Landschaften darstellen, waren der Muttergöttin und dem Stiergott geweiht. Die Toten wurden in deren Hut, nach erfolgter Exkarnation der Leichen durch Aasgeier, beigesetzt. Bemalte Reliefs und Plastiken verschiedener Größe aus Ton und Stein zeigen die Göttin als gebärende Urmutter oder als thronende »Herrin der Tiere«, flankiert von Leoparden. In Wände und Bänke der Schreine waren Stierschädel und Hörner eingelassen. Menschliche Schädel, die in zwei Fällen aufgestellt wurden, weisen auf denselben Ahnenkult wie im syrisch-palästinensischen Bereich.

Alle religiösen Vorstellungen, die sich dort im vorkeramischen Neolithikum in kargen Umrissen abzuzeichnen begonnen hatten, fanden sich in Çatal Hüyük wieder als Bestandteile einer voll ausgebildeten Religion. Ihre Leitmotive und göttlichen Gestalten sollten in den kommenden Jahrtausenden die Religionen des Nahen Ostens wesentlich mitbestimmen.

Handel mit Obsidian, Meermuscheln, Luxusgegenständen wie Gefäßen aus wertvollen Steinsorten und Schmuck verband die frühe Stadt mit der oberen mesopotamischen Region und der Levante. Ihre

Ausstrahlung muß stark gewesen sein und mag entscheidend zur auffallenden kulturellen Einheit beigetragen haben, die gegen 6000 v. u. Z. Südanatolien und Nord- bis Mittelmesopotamien kennzeichnete.

Die Ausgrabungen am Oberen und Mittleren Euphrat haben bis heute nichts freigelegt, das sich mit Çatal Hüyük vergleichen ließe. Sie zeigen aber den stetigen wirtschaftlichen und kulturellen Aufschwung der Siedlungen seit der zweiten Hälfte des siebten Jahrtausends, der aus ihrer Größe, Bauweise und einer Anzahl bedeutsamer Neuerungen deutlich wird. Muraibit wurde aufgegeben. Auf dem lange unbewohnten Tell Abu Hureira aber entstand ein neues Dorf, das nicht weniger als zwölf Hektar Grund bedeckte. Lehmziegel, in Modeln geformt, bildeten das fortschrittliche Baumaterial seiner enggedrängten Rechteckhäuser. Kalkbelag und Tünche erscheinen erstmalig auf Wänden und Fluren. Manchmal wurde der Estrich rot gefärbt und poliert wie in den Häusern von Jericho II.

Sehr ergebnisreich waren Ausgrabungen im Tell Buqras an der Mündung des Khabur in den Euphrat. Diese wurden 1965 von französischen Prähistorikern begonnen und 1976 von niederländischen Forschern fortgesetzt. Man legte sechs Straten einer rund drei Hektar großen Siedlung teilweise frei, die ungefähr zwischen 6400 und 5900 v. u. Z. bestand. Besonders die Kleinfunde zeigen Verwandtschaft mit Objekten aus Çatal Hüyük. In zwei Häusern an schmalen Gassen erinnern Wandbilder in rotem Ocker, die langbeinige Laufvögel darstellen, und ein rotgefärbtes Menschengesicht in Relief an den Schmuck der Schreine von Çatal Hüyük.

Die Bauten von Buqras waren nach einem einheitlichen Schema konstruiert und erreichten beträchtliche Maße. Meistens enthielten sie drei längliche Wohnzimmer und drei bis sechs kleine Wirtschaftsräume und Magazine. Herde, Backöfen und Vorratskästen aus Gips gehörten zur Inneneinrichtung. Von hervorragender Qualität sind zahlreiche Gefäße aus Alabaster und marmorartigem Steinmaterial, dessen Äderung raffiniert als Schmuckmotiv verwendet wurde. Becherformen mit Stummelfüßchen und verdicktem Rand haben Parallelen – allerdings aus Holz – in Çatal Hüyük. Gleichartiges kam auch in prähistorischen Siedlungen im oberen Irak zutage. Es bleibt offen, ob es sich um Import handelte.

Verbindungen zu Kleinasien sind durch reichliche Obsidianfunde belegt. Reizvolle Alabastergefäße in Form eines Hasen und eines Igels spielten vermutlich eine Rolle im Kult. Beide Tiere kommen als Fruchtbarkeitssymbole und übelabwehrende Amulette in frühneolithischen Kulturen bis hinüber nach Osteuropa vor und behielten ihre Bedeutung auch in späterer Zeit. Ähnliches stammt aus Çatal Hüyük. Dort aber wurde bereits Terrakotta verwendet, die in Buqras noch lange nicht für Gefäße gebraucht wurde. Nur auf der Oberfläche des Tells fanden sich Scherben einer polierten schwärzlichen oder braunen Keramik, deren Fundplätze von Palästina bis Anatolien reichen.

Aus Ton und aus Stein wurden jedoch menschliche und Tierfiguren hergestellt. Eine Sitzstatuette der Muttergottheit mit untergeschlagenen Beinen entspricht fast genau Skulpturen aus Çatal Hüyük. Ein lebensvolles Terrakottaköpfchen besitzt aber einen eigenen Stil. Die tiefen Augenhöhlen, die offenbar einmal farbig eingelegt waren, zeigen schon die Überbetonung der Augen, die ein Kennzeichen der altmesopotamischen Bildwerke werden sollte. Bis jetzt ist dieses durchaus naturalistische, fein ausgearbeitete kleine Kunstwerk das älteste seiner Art im Zweistromland und vielleicht ein Hinweis auf die Entwicklung, die später für die sumerisch-akkadische Plastik charakteristisch werden sollte.

Funde von Scheibenperlen aus Karneol, Alabaster und Perlmutt verraten ebenso wie schöne polierte Steingefäße einen gewissen Luxus. Ein Stempelsiegel aus Jadeit mit eingeschnittenem Zickzackmuster bezeugt Privateigentum. Damals war die egalitäre Gesellschaft der frühesten Siedlungsphasen bereits sichtlich durch eine sozial gestufte abgelöst worden, in der es neben Bauern spezialisierte Handwerker und unterschiedliche Besitzverhältnisse gab.

Buqras lag am Steppenrand, etwa 100 Kilometer südlich der Region, deren jährliche Regenmenge ausreichte, um die Ernten zu sichern. Dort und erst recht bei einer Niederlassung von der Größe Abu Hureiras konnte der Feldbau, der inzwischen durch neue Nutzpflanzen wie sechszeilige Gerste, Linsen, Erbsen und Bohnen bereichert worden war, kaum ohne künstliche Bewässerung gedeihen. Es liegt nahe, das auffallende Wachstum der Dörfer in der zweiten Hälfte des siebten Jahrtausends, das auf eine beträchtliche Zunahme der Bevölkerung hinweist, mit einer Verbesserung der Landbaumethoden und mit systematischer Bewässerung der Äcker zu verbinden. Die Bewohner von Buqras waren allerdings hauptsächlich Viehzüchter. Ziege, Schaf, Schwein und Rind waren bereits domestiziert.

Ein bedeutsamer Aspekt der Evolution im Laufe des siebten Jahrtausends v. u. Z. war die Gründung von Siedlungen in Gebieten, in denen kein Wildgetreide wuchs. Man war endgültig über das Stadium völliger Abhängigkeit von den Umweltbedingungen hinausgelangt und hierdurch viel beweglicher geworden. Das älteste Beispiel eines solchen Vorstoßes ist die Gründung einer ansehnlichen Niederlassung im Hinterland des Weißen Hafens an der syrischen Nordküste. Aus dieser Keimzelle sollte im Laufe der Jahrtausende *Ugarit* entstehen.

OBERMESOPOTAMISCHE WURZELN DER ERSTEN STADTKULTUR?

Der wirtschaftliche und kulturelle Aufschwung Nord- und Nordostsyriens setzte sich im sechsten und fünften Jahrtausend v. u. Z. fort. Die Ausgrabungen der letzten Jahrzehnte in dieser Region zeigen sie in einem ganz neuen Licht. Früher hatten die Prähistoriker sie für ein hauptsächlich von Nomaden bevölkertes Steppengebiet angesehen, das erst nach seiner Eingliederung in das akkadische Großreich der Sargoniden in der zweiten Hälfte des dritten Jahrtausends einen höheren Zivilisationsgrad erreichte. Inzwischen hat sich gerade dieser Sektor als eine Pionierzone entpuppt, die in vorgeschichtlicher Zeit dichter besiedelt war als heute. Dasselbe gilt für den benachbarten Norden des Irak. Erst seit dem fünften Jahrtausend verlor dieses blühende, fortschrittliche Land langsam seine Vorrangstellung an Südmesopotamien.

Obwohl es nur an seinem nördlichen Rand zu den von der Natur begünstigten gehörte, deren Ackerbau durch ausreichende Regenfälle gesichert war, bildete die Wasserversorgung der Felder in den Flußtälern kein schwerwiegendes Problem. Die Anlage kleiner Kanäle und Dämme, mit deren Hilfe auch die Gründe außerhalb der feuchten Ufergebiete bewässert werden konnten, war naheliegend und begann vermutlich schon im siebten Jahrtausend. Die Bewässerungsmethoden der Bauern Obermesopotamiens leiteten höchstwahrscheinlich einen entscheidenden Abschnitt der Zivilisationsgeschichte ein. Erst ihre Ausbreitung nach dem unteren Zweistromland ermöglichte die Erschließung dieses außerordentlich fruchtbaren Alluvialgebietes durch die Anlage von Kanalsystemen, die sowohl der Trockenlegung der Sümpfe als auch der Wasserversorgung der dürren Randzonen dienten.

In Nordostsyrien war das Becken des Khabur, des einzigen Seitenarms des Euphrat, der das ganze Jahr über Wasser führt, von der Natur bevorzugt. In seinem oberen Bereich, den mehrere Nebenflüsse speisen, bezeugen Tells aller Größen, deren tiefste Wohnschichten nicht selten aus dem Neolithikum stammen, die einst führende Rolle dieses Tals, in dem sich Handelsrouten und Kultureinflüsse aus allen Himmelsgegenden trafen. Max Mallowan übersiedelte 1934 in diese interessante Gegend, einem »wahren Paradies für Archäologen«, wie er sie in seinen Memoiren nennt, das ihn für die nächsten vier Jahre festhalten sollte. Er zählte mehr als 500 Tells im Khabur-Bereich.

Nur Max von Oppenheim hatte bis dahin im Tell Halaf gegraben, der nahe der türkischen Grenze im Quellgebiet des Flusses liegt. Zu den reichen Funden aus den prähistorischen Kulturschichten dieses langlebigen Siedlungshügels zählte eine dünnwandige polierte Buntkeramik, die nach ihrem Entdeckungsort genannt wurde. Diese »Halaf-Ware« aus dem sechsten bis fünften Jahrtausend wurde zum Wahrzeichen der glänzenden frühen Bauernkultur des Vorderen

Fig. 3 Bemalte Schüssel der Halaf-Kultur (6. bis 5. Jahrtausend v. u. Z.)

Orients mit weithin wirksamer Ausstrahlung. Ihre Handelsbeziehungen umspannten ein so ausgedehntes Gebiet, daß die Halaf-Keramik heute eines der wichtigsten Hilfsmittel zur Datierung vorgeschichtlicher Siedlungen im Nahen Osten darstellt. Auch Ugarit gehörte zum Halaf-Kulturkreis und erlebte unter seinem Einfluß und vielleicht durch Einwanderung aus Obermesopotamien in dieser Epoche eine Blütezeit.

Mallowan hatte bei seiner Ausgrabungsarbeit im nordirakischen Tell von Ninive und bei der Freilegung der Kuppelbauten von Arpachija, die wie Vorläufer der mykenischen Tholos-Gräber wirken, sehr viel Halaf-Ware zutage gefördert. Die Bemalung dieses schönen, außerordentlich formenreichen Geschirrs in Rot, Schwarz und Weiß oder in schwarzer Glanzfarbe auf leder- und aprikosenfarbigem Grund wird hauptsächlich durch geometrische Motive gekennzeichnet. Malteserkreuze, schematisierte Stierschädel und Blumen, die daneben vorkommen, hatten vielleicht symbolische Bedeutung. Berühmt ist eine große Schüssel aus Arpachija, die aus 76 Stücken vollständig rekonstruiert werden konnte. Eine vielblättrige rote Rosette schmückt den orangefarbenen Boden, umgeben von einem breiten Ring mit schachbrettartiger Ornamentierung in Schwarzweißrot, die auch die Innenwände bedeckt. *(Fig. 3)*

Die Halaf-Ware stellt den Höhepunkt der handgeformten vorgeschichtlichen Buntkeramik aus der oberen Hälfte Mesopotamiens dar. Diese erste, niemals übertroffene Blüte der Töpferkunst Vorderasiens begann noch vor dem Ende des siebten Jahrtausends mit der feinwandigen grauen bis schwarzen Hassuna-Keramik mit eingeritzten, weiß inkrustierten Mustern aus dem nördlichen Irak. Ihr folgte eine hochelegante Ware aus dem südlicher gelegenen Gebiet von Samarra. Zierliche, stark stilisierte Tier- und Menschenfigürchen, gerahmt von geometrischen Motiven, wurden mit dunkler oder roter Farbe auf hellen Grund gepinselt. Die dünnen Gefäßwände, die Feinheit der Tonmasse, die makellose Rundung der Näpfe sind verblüffend. *(Abb. 1)*

An Qualität Vergleichbares erreichte man erst Jahrtausende später wieder mit der sogenannten Eierschalenkeramik auf Kreta, die aber auf der Drehscheibe hergestellt wurde. Außer ihrer erlesenen Töpferware hinterließen die Halaf-Leute auch nackte weibliche Idole aus Ton mit roter Streifenbemalung und stark betontem Schamdreieck in der charakteristischen Haltung der die Brüste umfassenden Hände. *(Abb. 2)*

Die glänzende technische Entwicklung der Töpferkunst im nordwestlichen Zweistromland war sicher von entscheidendem Gewicht für den Beginn der Metallurgie. Untersuchungen mit dem Elektronenrastermikroskop bewiesen, daß die hochwertige Buntkeramik aus dem sechsten und fünften Jahrtausend bei Temperaturen bis zu 1200 Grad gebrannt wurde, einer Hitze, die ausreicht, um Kupfer zu schmelzen.

Neuerdings hat die Ausgrabung des Jarim Tepe, eines Schutthügels unweit von Hassuna, dessen Kulturschichten bis ins vorkeramische Neolithikum zurückreichen, den Nachweis geliefert, daß man bereits gegen Ende des siebten Jahrtausends gelernt hatte, Kupfer und Blei im Schmelzverfahren zu verarbeiten. Zu den Funden aus dieser Periode gehören gegossene Kupfergegenstände und ein massiver Armreif aus Blei. Im sechsten Jahrtausend entstand sogar eine Art »Industrieviertel« im Jarim Tepe mit überkuppelten, zweigeschossigen Schmelzöfen aus Ton, die weitaus ältesten, die man bisher entdeckt hat. Dies bestätigte, daß dem oberen Zweistromland auch auf dem Gebiet der Metallurgie ein Primat zukam.

Mallowans besonderes Interesse galt nach seiner Übersiedlung ins syrische Nachbarland zunächst der Halaf-Kultur, die über 1000 Jahre blühte. Er vermutete ihre Wiege in Nordsyrien und die Heimat ihrer typischen Keramik im Khabur-Bereich. Dort hoffte er die Beweise für seine Theorie zu finden. Nach ausgedehnter Feldforschung und Sondierungen in verschiedenen prähistorischen Siedlungshügeln fiel seine Wahl auf den Tell Chagar Bazar. Dieser Tell von 15 Meter Höhe, der an einem Seitenarm des Khabur liegt, enthielt unter anderem eine vier Meter starke Kulturschicht aus der Halaf-Periode. Seine Ausgrabung zwischen 1934 und 1937 brachte viele wesentliche Funde und vor allem die bis dahin fehlende Sicherheit über die zeitliche Abfolge der Keramiksequenzen, die vom sechsten bis gegen Ende des fünften Jahrtausends v. u. Z. als Leitformen verschiedener Kulturphasen auftraten.

Der schlüssige Beweis für die Herkunft der Halaf-Keramik aus dem Khabur-Becken gelang aber erst viel später durch die Anwendung der Neutronen-Aktivierungsanalyse, eines Verfahrens zur Messung von Spurenelementen in Tonerdesorten, die identisch in Töpfererzeugnissen zurückzufinden sind. Es zeigte sich, daß der Rohstoff für die Halaf-Ware, von der Scherben aus unterschiedlichen Gebieten getestet wurden, aus Tonerdelagern am Khabur kam.

Die Bewohner der oberen bis mittleren Gebiete des Zweistromlandes hatten im sechsten Jahrtausend bereits eine Zivilisationsstufe erreicht, die nicht mehr weit vom Stadium der Urbanisierung entfernt war. Eine große Niederlassung, die zwischen 1964 und 1972 von irakischen Archäologen im Tell as-Sawwan, 90 Kilometer nördlich von Bagdad, freigelegt wurde, besaß schon eine Art Zentralfunktion. Mit ihren vielräumigen Häusern, zahlreichen Magazinen, die regen Handel bezeugen, und einem fortgeschrittenen Kunsthandwerk wirkte diese Niederlassung im Schutz eines Grabens und einer starken Befestigungsmauer aus Lehmziegeln bereits wie eine kleine Stadt auf die Ausgräber. Ihre Anfänge datieren um die Mitte des sechsten Jahrtausends. Der hohe Lebensstandard der Bewohner wird durch viele wertvolle Totenbeigaben illustriert, die über 130 Bestattungen unter den Hausfluren begleitet hatten. Man entdeckte feine Alabastergefäße, viel Buntkeramik des prächtigen Samarra-Stils, Halsketten, zum Teil aus Kupferperlen, und vorwiegend weibliche Statuetten aus Alabaster. Neben primitiven Statuetten des uralten Idoltyps gibt es auch sorgfältig ausgearbeitete, feinpolierte Exemplare mit großen, in Bitumen eingelegten Muschelaugen, eingravierten schwarzgefärbten Brauen und Haaren und lose umgehängten Perlenkettchen. Halbfertige Stücke beweisen, daß diese Figürchen in lokalen Werkstätten entstanden.

Im Norden Syriens und des Irak wurden seit dem achten bis siebten Jahrtausend und vor allem im sechsten Voraussetzungen geschaffen, die wesentlich zur Entstehung städtischer Lebensformen in Untermesopotamien beitrugen. Es hat sich gezeigt, daß die wirtschaftlichen und sozialen Strukturen, die früher als Kreationen der sumerischen Stadtkultur angesehen wurden, schon lange vor dieser im Nordwesten und Norden des Zweistromlandes ausgebildet wurden. Es liegt auf der Hand, daß die Fischer, Jäger und Sammler, die etwa seit dem siebten Jahrtausend in den Marsch- und Lagunengebieten um den Persischen Golf ein Nomadendasein führten, allmählich von den Bewohnern der gut organisierten, großen Siedlungen Mittel- und Obermesopotamiens deren landwirtschaftliche und Bewässerungstechniken lernten. Erst dann konnten eine stabile Besiedlung und ausgebreitete Nutzung des außerordentlich fruchtbaren Schwemmbodens im Süden beginnen.

Ackerbau lieferte dort viel reicheren Ertrag als in Obermesopotamien. Es gab bald große Getreideüberschüsse, die einem rasch aufblühenden Fernhandel zugute kamen. Er brachte nicht nur fehlende Rohstoffe wie Stein, Holz, Metalle, sondern auch Luxusgüter wie mineralische Farbstoffe, Lapislazuli, Karneol, Türkis usw. ins Land und vermittelte neue Erfindungen und Kenntnisse.

Der gewaltige Umfang der untermesopotamischen Bewässerungskulturen, die nur durch koordinierte Anstrengungen zur Instandhaltung der lebenswichtigen Kanäle verwirklicht werden konnten, die ständige Bedrohung durch Überschwemmungen und Sandstürme aus den benachbarten Wüstengebieten, die Notwendigkeit einer genau geregelten Wasserverteilung, dies alles beförderte den Zusammenschluß von Dörfern bzw. die Gründung größerer Zentren mit einheitlicher Verwaltung. Den Mittelpunkt dieses Systems bildeten lange Zeit die Heiligtümer, in denen alle Fäden des wirtschaftlichen, sozialen und religiösen Lebens der Gemeinschaft zusammentrafen.

Durch den Mangel an Ausgrabungen von frühen untermesopotamischen Siedlungen ist die erste Phase des Aufstiegs noch zu wenig erforscht. Doch hat die Untersuchung des Tells al-Ubaid im Südosten des Irak zwischen 1919 und 1924 zur Entdeckung der nach ihm benannten Ubaid-Kultur geführt. Zu ihren Kennzeichen gehören eine lederfarbene Keramik, die mit einfachen Mustern in Braun bemalt und auf der langsamen Scheibe gedreht war, sowie weibliche und männliche Terrakottafigürchen mit hoher Kappe, schrägen »Kaffeebohnenaugen« und großer Nase, die den Gesichtern etwas Katzenartiges gibt.

Siedlungen der Ubaid-Kultur waren den meisten sumerischen Städten vorausgegangen. Dies beweist eine fortlaufende Entwicklung und berechtigt zur Gleichsetzung der Träger der Ubaid-Kultur mit den historischen Sumerern. Deren Herkunft allerdings bleibt im dunkeln. Auch die Sprachforschung konnte nichts zur Beantwortung dieser Frage beitragen. Das Sumerische gehört weder zur semitischen noch zur indoeuropäischen Sprachfamilie. Es hat auch merkwürdigerweise nichts mit dem Elamitischen seiner östlichen Nachbarn gemein, obwohl beide Idiome zum altertümlichen agglutinierenden Typ gehören, bei dem es weder Konjugation noch Deklination, sondern nur unveränderliche Wörter gibt, die als Ausdruck grammatikalischer Beziehungen mit Nachsilben versehen wurden. Ob das Sumerische mit den Ursprachen der Bewohner Ober- und Mittelmesopotamiens verwandt war, läßt sich nicht mehr feststellen, da diese in geschichtlicher Zeit bereits durch semitische Idiome fast völlig verdrängt waren.

Die Ubaid-Periode, in der sich zweifellos die komplexen wirtschaftlichen und sozialen Prozesse vollzogen, ist durch das Fehlen von Ausgrabungen in Siedlungen aus dieser Zeit noch zu wenig bekannt. Die Spatenarbeit in Untermesopotamien galt sehr lange hauptsächlich der Freilegung von Heiligtümern, Palästen und Nekropolen, die außergewöhnliche Entdeckungen und kostbare Funde versprachen. Mit dem Alltag der Schöpfer früher Hochkulturen beschäftigt sich erst die neuere Archäologie.

Die jüngsten Ausgrabungen im Zwischenstromland zeigten unter anderem deutlich, daß sich der Schwerpunkt der kulturellen Entwicklung im fünften Jahrtausend endgültig nach den südlichen Flußlandschaften, nach Sumer und nach Elam, dem südwestiranischen Gebiet zwischen dem Tigris, den Zagros-Bergen und dem Persischen Golf, verlagert hatte. Von dort sollten nun die entscheidenden Impulse ausgehen, die den Fortschritt der Zivilisation im Nahen und Mittleren Osten bestimmten.

Vermutlich war diese kulturelle Offensive, die mit der Intensivierung des Fernhandels einsetzte, auch mit Vorstößen der stark angewachsenen Bevölkerung Untermesopotamiens nach Westen und Norden verbunden. Die Kontrolle der Handelsrouten, über die vor allem fehlende lebenswichtige Rohstoffe beschafft werden mußten, erforderte die Gründung von Außenposten an Verkehrsknotenpunkten. Diese konnten dann zum Kern von Städten werden, die wirtschaftlich und kulturell eng mit dem Mutterland verbunden waren. Daß die Ausbreitung des sumerischen Einflusses nicht immer auf friedlichem Wege erfolgte, zeigte unter anderem die Ausgrabung des Chagar-Bazar-Tells durch Mallowan. Er stellte dort fest, daß die Halaf-Periode mit einer gewaltsamen Zerstörung der Siedlung endete. Über ihren Trümmern entstand eine neue, deren Gründer die typische Ubaid-Keramik mitbrachten. Diese Ware verdrängte überall die alte Halaf-Keramik und verbreitete sich als Wahrzeichen einer einheitlichen Kultur, die erstmalig das gesamte Zweistromland umfaßte und auch für Syrien den Beginn einer neuen Epoche ankündigte.

DIE URBANISIERUNG VON NORDSYRIEN

Der Augentempel vom Tell Brak und eine Stadt aus dem vierten Jahrtausend v. u. Z.

An einem schwülen Novembernachmittag des Jahres 1934 stand Max Mallowan zum erstenmal fasziniert vor der zerklüfteten Masse des Tells Brak. 800 Meter lang und 600 Meter breit ragt dieser Trümmerhügel bis zu 40 Meter Höhe an einem Seitenfluß des Khabur empor. Die Geschichte einer mehr als viertausendjährigen Niederlassung, die bis gegen Mitte des zweiten Jahrtausends v. u. Z. bestand, liegt in seinen zahlreichen Wohnschichten gestapelt. Keine archäologische Mission kann an die vollständige Ausgrabung dieses Kolosses denken. Mallowan war jedoch entschlossen, wenigstens einige seiner Geheimnisse aufzudecken. Nach dem Abschluß seiner Untersuchung des Chagar-Bazar-Tells widmete er ihm 1937 und 1938 drei Ausgrabungskampagnen, die trotz ihres begrenzten Umfanges sensationelle Ergebnisse brachten.

Die ältesten Stadien der Siedlung konnten nur durch Oberflächenfunde von Scherben etwas erhellt werden. Diese erwiesen, daß sie mindestens in den Beginn der Halaf-Periode im sechsten Jahrtausend zurückreichte. Auf dem Südabschnitt des Hügels erschienen die Baureste aus historischen Zeiten verhältnismäßig gering. Dort setzte Mallowan den Spaten an. Er hoffte, auf Ruinen aus dem vierten Jahrtausend v. u. Z. zu stoßen, und wurde nicht enttäuscht.

In der Randzone des Tells kam eine massive, langgestreckte Terrasse aus Lehmziegeln von sechs Meter Höhe ans Licht, die eine Tempelruine aus der zweiten Hälfte des vierten Jahrtausends trug. Dank eines eingestürzten Daches über dem einstigen Hauptraum blieb wesentlich mehr von dem Bauwerk bewahrt als nur die Grundfesten, mit denen sich die Ausgräber vorgeschichtlicher Denkmäler meistens begnügen müssen.

Der große Mittelsaal des Heiligtums war etwa 18 Meter lang,

sechs Meter breit und durch einander gegenüberliegende Nischen symmetrisch gegliedert. Der Flur bestand aus Asphalt über einer Lage Schilfrohr. Die Lehmziegelwände waren weiß getüncht und mit Rosetten aus schwarzem, rotem und weißem Stein auf Tonstiften verziert gewesen, wie zahlreiche Mauerreste zeigten. Vielleicht waren sie streckenweise auch mit Kupferblech verkleidet. Ein Fragment mit der Darstellung eines Auges in Treibarbeit spricht hierfür. Augen spielten, dies zeigte sich im Verlauf der Spatenarbeit, eine besondere Rolle im Kult, dem dieses Heiligtum geweiht war. Mallowan nannte es daher den »Augentempel«.

Eine besonders wertvolle Entdeckung war die Verzierung eines geweißten Podestes aus Lehmziegeln von einem Meter Höhe an der südlichen Schmalseite des Hauptraumes. Ein beträchtliches Stück des kunstvollen Frieses aus drei Steinsorten, Gold, Silber und Kupfer, das dessen oberen Teil umfaßte, blieb in seinen Einzelelementen erhalten und konnte in der ursprünglichen Form wiederhergestellt werden. Dieses Unikat gibt eine Vorstellung von der Pracht, mit der nordsyrische Tempel bereits zwischen 3500 und 3200 v. u. Z. ganz nach untermesopotamischen Vorbildern eingerichtet wurden.

Der Fries von über zwölf Zentimeter Breite war einmal auf Holz montiert. Seinen oberen und unteren Rand bildeten Leisten, bedeckt mit Goldfolie, die durch Silbernägel mit Goldköpfen auf der Unterlage fixiert wurden. Sie rahmen die Miniaturnachbildung einer Tempelfassade aus drei waagrechten Reihen rechteckiger Steinplättchen. Die oberste aus grünlichem Schiefer imitiert die typische Nischengliederung sumerischer Sakralbauten; die nächste besteht aus länglichen Plättchen von weißem Marmor; die unterste aus dunklem Kalkstein stellt eine Wand mit Stiftmosaik dar. Die Fassade des Augentempels war ebenfalls, dem sumerischen Stil entsprechend, mit einem Mosaik aus roten Tonstiften bedeckt. Vielleicht enthielt der Mittelsaal einst ein überlebensgroßes Kultbild, zu dem eine steinerne Augenhöhle gehört hatte, die bei der Ausgrabung zutage gefördert wurde.

Nach dem Einsturz des Daches hatte man die Räume des Tempels mit Lehmziegeln vollgepackt, die als Basis eines neuen Heiligtums dienen sollten. Von diesem blieb fast nichts erhalten. Es war der fünfte in der Serie von Tempeln, die einander traditionsgemäß am gleichen Ort gefolgt waren. Die Terrasse von 65 Meter Länge und 40 Meter Breite bestand durchweg aus deren aufgefüllten Ruinen. Für eine systematische schichtweise Ausgrabung der älteren Baureste fehlten Mallowan die Mittel und die Zeit.

Die »Vorarbeiten« von Schatzsuchern aus der Antike oder noch davorliegenden Zeiten ermöglichten es aber, unter Ausnutzung eines Labyrinthes von Stollen tief ins Terrassenmassiv einzudringen und viele Tausende kleiner Funde zu bergen. Die meisten stammen aus dem zweiten von unten, dem »Grauen Tempel«, so genannt wegen der Farbe seines Lehmziegel-Baumaterials. Für das erste und das dritte Heiligtum hatte man rote Ziegel verwendet.

Die Fundamente des »Grauen Tempels«, die mit einer 60 Zentimeter starken Schicht Ziegel aufgefüllt waren, erwiesen sich als wahre Schatzgrube. Über 300 merkwürdige kleine Flachidole, die meisten aus Alabaster geschnitzt, kamen intakt zutage – außerdem unzählige Fragmente dieser schematisierten menschlichen Figürchen. Nur die Schultern, der Hals und unmittelbar darüber unverhältnismäßig große Augen, die wie Brillen wirken, sind ausgearbeitet. *(Abb. 3, 4)* Darunter gibt es auch Doppelidole mit vier nebeneinandergesetzten Augen und Paare, die vielleicht eine Mutter mit Kind darstellen. Auf verschiedenen wurden Halsketten – noch in historischen Epochen wichtige Attribute der Großen Göttin – eingraviert. Manche tragen eine zeremoniell wirkende hohe Kopfbedekkung oder eine Art Krone.

Diese Funde, die von den Archäologen heftig diskutiert wurden, lassen sich am besten als Votivgaben verstehen, als Sinnbilder der Gottheit, die in den Tempeln verehrt wurde. Die überdimensionalen Augen könnten einen besonderen magischen Aspekt ihrer göttlichen Macht symbolisieren.

Dominierende Augen kennzeichnen auch mehrere Kleinplastiken aus weißem Alabaster: neun bis dreizehn Zentimeter hohe Köpfe auf langem Hals mit maskenhaftem Gesicht und zylindrischer Kappe. Eine vertikale Rinne an ihrer Rückseite sowie Löcher beweisen, daß sie einmal an etwas befestigt waren, vermutlich an einem Stab. Auf syrischen Rollsiegeln aus dem zweiten Jahrtausend v. u. Z. kommen ähnliche »Kultstandarten« vor.

Weitere Funde aus dem Grauen Tempel sind kleine Meisterwerke der Steinschneidekunst: Stempelsiegel in Tierform, die zugleich Amulette waren und an einer Schnur um den Hals getragen wurden. Sie zeigen stilisierte, aber dennoch erstaunlich lebensechte Gazellen, Ziegen, Frösche, Bären, Raubvögel, Igel. Solche Sinnbilder der Schnelligkeit, Kraft, Fruchtbarkeit usw. sollten ihrem Besitzer dieselben Eigenschaften verleihen und ihn beschützen. Eine ähnlich magische Funktion hatten Anhänger, meistens aus Alabaster, die ebenfalls Tiere, darunter köstliche sitzende Bären, darstellen.

Hunderttausende von Perlen aus schwarzem Steatit und einer Art Fayence, mit denen die Basis des Grauen Tempels übersät war, bewiesen, daß Halsketten zu den häufigsten Gaben gehörten. Auch dies deutet auf den Kult einer weiblichen Gottheit an diesem Ort.

Die Freilegung des Augentempels, dessen Bauweise und Ausstattung durchaus frühsumerischen Vorbildern entsprach, beleuchtete erstmalig den engen Kontakt zwischen Obermesopotamien und der untermesopotamischen Hochkultur, die sich im fünften und vierten Jahrtausend v. u. Z. in Sumer und Elam entwickelt hatte. Seither zeigten deutsche, belgische und holländische Ausgrabungen am nordsyrischen Euphrat, die zwischen 1967 und 1979 stattfanden, daß es auch dort zwischen etwa 3500 und 3200 blühende, gut geplante und befestigte Städte gab, die alle Errungenschaften des Südens übernommen hatten und wahrscheinlich sumerische Gründungen waren.

Die umfangreichste Spatenforschung galt Habuba Kabira/Quannas am rechten Euphrat-Ufer. Dort wurden große Teile einer Niederlassung untersucht, die gegen 18 Hektar Grund bedeckte. Sie bestand nur relativ kurz, 100 bis 150 Jahre. Dies war ein Glücksfall für die Archäologen, die ihre Ruinen nicht unter den Bauresten späterer Perioden hervorholen mußten, sondern sie in ihrer ursprünglichen Form aus der Erde schälen konnten. Man fand noch die untersten Lehmziegelreihen des drei Meter starken Verteidigungswalles, der mit zahlreichen Bastionen verstärkt, an der Außenseite durch Vor- und Rücksprünge gegliedert und durch eine kleinere Mauer im Vorfeld zusätzlich geschützt war. Zwei Tore führten in die dichtbevölkerte Stadt.

Ihre gemeinnützigen Anlagen, die Werkstätten und Wohnhäuser verraten den hohen Stand der Technik und Lebenskultur, den auch Nordsyrien damals erreicht hatte. Die Hauptstraßen waren mit Kies gehärtet. Offene und gedeckte Kanäle und tönerne Rohrleitungen sorgten für die Wasserabfuhr. Die rechteckigen Wohnhäuser waren dreischiffig, bis gegen 13 Meter lang und zehn Meter breit. Ein geräumiger Mittelsaal, dessen Langseiten von Nebengelassen flankiert waren, bildete den Kern des symmetrischen Bauwerkes. Um den anschließenden Hof lagen Wirtschafts- und Empfangsräume.

Solche »Mittelsaalhäuser« waren die typische Architekturform jener Epoche, die auch für öffentliche und sakrale Bauten angewendet wurde, die sich nur durch ihre Größe von den Wohnhäusern unterschieden. Der Augentempel war nach demselben Prinzip gestaltet worden. Eine umhegte Gruppe stattlicher Mittelsaalhäuser, die sich in Habuba Kabira/Quannas, abgesondert von den enggedrängten Wohnblöcken und Gäßchen, freistehend erhob, wurde von den belgischen Ausgräbern dieses Abschnittes (Tell Quannas) als administratives, vielleicht auch kultisches Zentrum interpretiert. In ihrer Nähe fanden sich Spuren eines bewässerten Gartens.

Der Gesamteindruck, den die Freilegung von Habuba Kabira/Quannas vermittelte, war der einer technisch fortgeschrittenen, wohlhabenden und zivilisierten Stadt, die Jahrtausende später kaum anders ausgesehen hätte. Töpferei, Metall- und Steinbearbeitung standen auf hohem Niveau, wie viele größere und kleinere Funde zeigten. Die Prosperität der Bewohner dieser von der Natur begünstigten Flußlandschaft beruhte einerseits auf Acker- und Gartenbau, vermutlich ergänzt durch Viehzucht, andererseits aber auch auf Fernhandel zu Wasser und zu Lande, der Rohmaterialien aus Kleinasien und der Levante, den Hauptlieferanten für Holz, nach den großen sumerischen Städten verfrachtete.

In verschiedenen Häusern, die von Feuer verwüstet worden

waren, blieb das nichtbrennbare Inventar bewahrt und verschaffte unter anderem wertvolle Informationen über die Abwicklung des wohlorganisierten Handels. Ganz modern wirken Plomben, mit denen Gütersendungen gesichert wurden. Die Ausgräber fanden Tonklumpen, die man um den Knoten einer Warenverschnürung modelliert und dann gesiegelt hatte, so daß niemand das Paket öffnen konnte, ohne den Siegelabdruck zu beschädigen.

Neben den Stempelsiegeln, einer Erfindung aus der nordostsyrischen Kupfersteinzeit, wurden bereits Rollsiegel gebraucht. Ab der Mitte des vierten Jahrtausends verdrängten walzenförmige Rollsiegel, in die Ornamente oder bildliche Darstellungen spiegelverkehrt eingeschnitten wurden, allmählich die Stempel. Sie waren im Süden, wahrscheinlich für die sumerische Tempelverwaltung, erdacht worden. Aus Habuba Kabira kommen einige der ältesten Rollsiegel, die bisher gefunden wurden. Eines besteht aus rötlichem Stein mit eingravierten Skorpionen, die später ein Symbol der Liebesgöttin Ischchara waren und vermutlich als übelabwehrend galten.

Wichtige Funde waren gesiegelte Tontäfelchen mit Zahlzeichen aus Gruppen eingedrückter Linien von unterschiedlicher Breite und Tiefe und punktförmigen Einstichen. Sie gaben die Menge der versandten Güter an, und das Siegelbild daneben war die Signatur des Absenders. Mit solchen Täfelchen begann die Schrift, die zuerst nur Ziffern kannte. Die nächste Stufe war die meist noch bildhafte Darstellung bestimmter Objekte. Wir kennen sie von Aufzeichnungen der sumerischen Tempelverwaltung von Uruk, die um 3200 v. u. Z. entstanden. Aus dieser frühen Bilderschrift von etwa 2000 Zeichen entwickelte sich ab dem dritten Jahrtausend die aus Wort- und Silbenzeichen bestehende Keilschrift. Ihren Namen erhielt sie nach den keilförmigen Eindrücken, die der kantige Schreibgriffel im weichen Ton hinterließ.

In Habuba-Kabira-Süd kannte man nur die erste Stufe, die aber ein auch in verschiedenen Sprachgebieten durchaus verständliches, einheitliches System darstellte. Allgemein begreiflich waren ebenfalls die doppelt gesicherten »Begleitdokumente« von Warenlieferungen in Gestalt hohler Tonbälle. Diese enthielten kleine Tonsymbole der Ware in den Sendungen in entsprechender Zahl. Auf der Außenwand der Kugel, die Siegelabrollungen des Absenders trug, waren diese Sinnbilder nochmals dargestellt. Eine nachträgliche Verfälschung dieser Angabe konnte durch den Vergleich mit dem Inhalt der Kugel ohne weiteres kontrolliert werden.

Die Übereinstimmung der Architektur, die sich bis auf die Form der verbauten Lehmziegel erstreckte, der Keramik und vieler anderer Produkte und Kulturerscheinungen von Habuba-Kabira-Süd mit untermesopotamischen Vorbildern sowie die den sumerischen entsprechenden Tempelbauten vom Tell Brak und eine Reihe anderer Ergebnisse der archäologischen Forschung in Nordsyrien werfen die Frage auf, ob dieses Gebiet in einem direkten Abhängigkeitsverhältnis zu Sumer stand.

Holländische Ausgrabungen auf dem Djabal Aruda nördlich von Habuba-Kabira-Süd, wo zwischen 1974 und 1979 zwei Tempel und mehrere große Bauten auf einer 60 Meter aufragenden Felsterrasse freigelegt wurden, weisen auf ein religiöses und administratives Zentrum hin. Verwaltungsbelege, die sogenannten Notationstäfelchen, die nur mit Zahlen beschrieben wurden, vom Djabal Aruda, aus Habuba-Kabira-Süd und vom Tell Brak sind, ebenso wie Siegel und Siegelabdrücke, identisch mit sumerisch-elamischen. Befand sich auf der das Flußtal dominierenden Felshöhe der Sitz einer sumerischen Provinzialverwaltung? Sicher ist jedenfalls, daß damals eine sehr enge wirtschaftliche Konföderation im Zweistromland bestand, innerhalb welcher neben Gütern auch neue Errungenschaften und vermutlich Menschen ausgetauscht wurden.

Die Blüte der Talsiedlungen im Bannkreis des Djabal Aruda war von verhältnismäßig kurzer Dauer. Habuba Kabira wurde schon gegen 3300 v. u. Z. aufgegeben. Erst Jahrhunderte später entstanden wieder Siedlungen in diesem Gebiet. Die Befestigung der Stadt weist auf Bedrohung von außen. Es liegt nahe, diese auf die semitischen Nomaden und Halbnomaden aus dem unerschöpflichen Völkerreservoir der Steppen- und Wüstengebiete Syriens und Arabiens zurückzuführen. Seit vorgeschichtlichen Zeiten bestanden Beziehungen zwischen diesen herumziehenden Viehzüchtern, die am Rand des mesopotamischen Kulturlandes lebten, und den Seßhaften. Es gab sicher friedlichen Austausch von Gütern und Diensten, aber auch Raubüberfälle auf Eselskarawanen, die den lebensnotwendigen Handel mit Anatolien und dem Mittelmeergebiet versorgten, und Plünderungen und Verwüstungen von Niederlassungen. Die fortlaufende Infiltration des Zwischenstromlandes durch diese Stämme, die später im Alten Testament Amoriter, von den Sumerern Martu und auf akkadisch Amurru, das heißt »aus dem Westen kommend«, genannt wurden, nahm gegen Ende des vierten Jahrtausends zu und führte zur endgültigen Festsetzung semitischer Gruppen.

Mari, die in altmesopotamischen Texten vielfach erwähnte mächtige Handelsmetropole am Mittleren Euphrat, die ein ausgedehntes Territorium beherrschte, war ein Beispiel für diese Entwicklung. Ihre Ruinen wurden 1933 im Tell Hariri, nahe der syrisch-irakischen Grenze, entdeckt.

Die sagenhaft reiche Stadt spielte eine so wichtige Rolle im Konglomerat der Stadtstaaten, die sich in der »frühdynastischen« Periode (3000 bis etwa 2460 v. u. Z.) in Mesopotamien gebildet hatten, daß ihre Herrscher sogar in die »sumerische Königsliste« aufgenommen wurden. Diese datiert allerdings erst um 2000 v. u. Z. und ist daher kein absolut zuverlässiges historisches Dokument. Doch enthält es wertvolle Informationen. Nach ihr hatte der Begründer der Dynastie von Mari den semitischen Namen Ilum-pu. Auch die ihm nachfolgenden fünf Könige trugen keine sumerischen Namen.

In Untermesopotamien zeichnet sich gegen Ende der frühgeschichtlichen Periode (3500–3000) ein Zusammenbruch ab, der zu wesentlichen Veränderungen auf kulturellem Gebiet führte. Diese werden besonders in der Tempelarchitektur sichtbar und in der Verwendung neuartiger, plankonvexer Lehmziegel für die Bauwerke. Beides könnte das Einströmen neuer Volkselemente signalisieren. Die sumerische Königsliste nennt auch für den Stadtstaat von Kisch, den bedeutendsten der älteren frühdynastischen Epoche, mehrere semitische Königsnamen.

Die Expansionskraft der sumerischen Hochkultur hatte im vierten Jahrtausend zur Entstehung der ersten großen Stadtkulturen im Nahen Osten geführt. Im dritten Jahrtausend aber schlug die Stunde der semitischen Völker. Damals übernahmen sie die führende Rolle in der politischen Entwicklung des Zweistromlandes und drückten auch der kulturellen ihren Stempel auf.

Im syrischen Bereich gewannen semitische Einwanderer überall die Oberhand und brachten es zu eigenen blühenden Königtümern. Die Entdeckung von Ebla im Tell Mardikh, 55 Kilometer südlich von Aleppo, lieferte die jüngsten Beweise dieses glänzenden Aufstieges.

Die Freilegung von Ugarit war die erste großangelegte Unternehmung französischer Archäologen im nordsyrischen Raum; die Ausgrabung von Mari, die nach einer Pause von 13 Jahren seit 1951 weitergeht, die zweite. Sie erhellt einen hoch wichtigen Abschnitt der vorderasiatischen Historie und Kulturgeschichte im vierten, dritten und frühen zweiten Jahrtausend v. u. Z., in denen die schöpferische Verschmelzung verschiedener Völker und Rassen erfolgte.

MARI, DIE ENTDECKUNG EINER LEGENDÄREN STADT

Ein Kapitel altmesopotamischer Geschichte

Im August 1933 stießen Beduinen bei der Aushebung eines Grabes auf dem Tell Hariri am rechten Euphrat-Ufer auf das Bruchstück einer großen Statue. Dieser Fund war der Anlaß zu einer Ausgrabung, die im Dezember desselben Jahres im Auftrag des Wissenschaftlichen Forschungszentrums im Louvre begann. Zum Leiter der französischen archäologischen Mission wurde André Parrot ernannt.

Bereits die erste Kampagne brachte den Beweis, daß der Trümmerhügel von 1000 Meter Länge und 600 Meter Breite aus den Ruinen der berühmten Stadt Mari, der bedeutendsten Metropole am Mittleren Euphrat, bestand. Mit einer Anzahl von Weihestatuetten aus weißem Stein kam auch das Bildnis eines Mannes ans Licht, den eine Inschrift auf Rücken und Oberarm als König Lamgi von Mari bezeichnet. Die barfüßige Figur von fast 30 Zentimeter Höhe mit dem typischen »Umhängebart«, der bis in die Epoche der Assyrerherrscher im Zweistromland Mode blieb, trägt ein Wickelkleid aus Zottenstoff, das die rechte Hälfte des Oberkörpers frei läßt. Das eigenartige Gewebe aus langen Schlingen, die in Reihen übereinander angeordnet wurden, sollte wahrscheinlich an die urtümlichen Schaffellkleider der Hirtenstämme erinnern, aus denen später die Herren Mesopotamiens hervorgingen. Die ehrwürdigen Zottengewänder gehörten vielleicht zu Kulthandlungen. Der König ist in Bethaltung dargestellt. Seine Linke umfaßt das rechte Handgelenk. Er hatte sein Abbild, das gegen 2450 v. u. Z. datiert wird, der männlichen Erscheinungsform der Ischtar geweiht.

Der Aufstieg von Mari beruhte vor allem auf einer ungewöhnlich günstigen Lage im Schnittpunkt von Handelsrouten, die von Kleinasien, Nord- und Westsyrien und den Ostküsten des Mittelmeers zu

Wasser und zu Lande nach Untermesopotamien und dem Iran führten und sich am Mittleren Euphrat mit Karawanenwegen nach dem Süden kreuzten. Daneben trug die Fruchtbarkeit der umliegenden Gebiete zum Wohlstand der Stadt bei.

Ihr gigantischer Königspalast war mehr als 1000 Jahre lang die Zentrale eines Fernhandels, der von Kreta, Palästina, Zypern, Anatolien und dem Iran bis nach Afghanistan und Tilmun (die Insel Bahrain) reichte. Kupfer und Zinn gehörten zu den wichtigsten Importgütern. Das erstgenannte Metall kam aus Zypern. Aus dem Nordwestiran bezog man große Mengen Zinn, aus Afghanistan Lapislazuli und Karneol. Holz, Wein und Öl spielten ebenfalls eine wichtige Rolle im Austausch. Die hohen Einnahmen des Palastes bestanden aber hauptsächlich aus den Zöllen, die ihm die Kontrolle des Warenverkehrs über den Euphrat und die Landrouten einbrachten. Aus Dokumenten des königlichen Archivs geht hervor, daß Mari in verschiedenen Städten Gesandte und Händler unterhielt, die seine Interessen wahrnahmen.

Einer der neu entdeckten Keilschrifttexte aus Ebla, der großen Konkurrentin von Mari, illustrierte die Schätze, über die man in den beiden reichsten und mächtigsten Stadtstaaten Syriens im dritten Jahrtausend verfügte. Er handelt von einer Sendung (einem Tribut?) von 325 Kilogramm Silber und fast 20 Kilogramm Gold, die von Mari nach Ebla oder umgekehrt ging. Dieser schwer zu entziffernde Text führte übrigens zu einer der ärgsten Fehlinterpretationen der an Irrtümern reichen ersten Phase der Enträtselung der beschriebenen Tontafeln aus dem dritten Viertel des dritten Jahrtausends v. u. Z., die 1974 im Palastarchiv von Ebla ans Licht kamen.

Man brachte seinen Inhalt in Verbindung mit einem Brief, der als Bericht einer blutigen Eroberung von Mari durch einen eblaitischen General namens Enna Dagan ausgelegt wurde. Dieser Feldherr sei nach seinem Sieg König von Mari geworden. Inzwischen wurde aber herausgefunden, daß das umstrittene Dokument von einem König von Mari dieses Namens stammte. Er sandte dem Herrscher von Ebla einen Bericht über die militärischen Erfolge seiner Vorgänger, in dem er auch die eroberten Städte aufzählte. Es ging daher durchaus nicht um die Unterwerfung von Mari durch Ebla, wie ursprünglich angenommen wurde.

Ohne Zweifel wurde die Handelsstadt am Euphrat aber von Anbeginn fortwährend durch eroberungslüsterne Nachbarn und kriegerische Nomadenstämme bedroht. Die Reste eines gewaltigen Lehmziegelwalles, der am Westrand der Stadt freigelegt wurde, beweisen, daß Mari bereits in der älteren frühdynastischen Periode (etwa 3000–2685) schwer befestigt werden mußte. Selbst diese starken Mauern konnten es gegen 2470 v. u. Z. nicht vor der Besetzung und anschließenden Eingliederung in das sumerisch-akkadische Großreich bewahren.

Der Begründer dieses ersten mesopotamischen Imperiums nannte sich »Scharrun-Kin«, wahrer König, und residierte in Akkad, das vermutlich unweit von Babylon lag. Dieser Emporkömmling, ein ehemaliger Mundschenk am Hofe des Königs von Kisch, ging als Sargon I. und Ahnherr einer tatkräftigen semitischen Dynastie in die Geschichte ein. Er unterwarf zunächst den sumerischen Süden und bemächtigte sich damit auch des lukrativen Seehandels im Persischen Golf. Der nächste Eroberungszug ging nach Norden und Nordwesten, um den lebenswichtigen Nachschub von Holz aus den mediterranen Küstenregionen und von Edelmetallen aus Kleinasien und ganz allgemein die Handelsrouten nach dem Westen zu sichern. Mari wie Ebla in Mittelsyrien gerieten damals unter akkadische Herrschaft.

Nach dem erfolgreichen Abschluß seiner Feldzüge erstreckte sich das Reich des Scharrun-Kin, wie er stolz berichtet, vom »Unteren Meer«, dem Persischen Golf, bis zum »Oberen«, dem Mittelmeer. In den Kapitalen der unterworfenen Fürstentümer wurden akkadische Statthalter eingesetzt. Der nördliche Teil von Sumer wurde seither Akkad genannt. Die semitischen Dialekte des sumerisch-akkadischen Imperiums erhielten die Sammelbezeichnung Akkadisch.

Trotz der straffen Organisation des Reiches, das aus einem Konglomerat von Kleinstaaten zu einem absolutistisch regierten zentralistischen Beamtenstaat geworden war, konnten manche der gewaltsam einverleibten Gebiete nur durch wiederholte militärische

Aktionen in Abhängigkeit gehalten werden. Der vierte König der Sargonidendynastie, Naram-Sin, sah sich im 23. Jahrhundert v. u. Z. zu einem neuerlichen Feldzug durch Syrien gezwungen, der in der Zerstörung des unbotmäßigen Ebla gipfelte. Mari erscheint in dieser Periode noch fest in akkadischer Hand. Eine Tochter des Naram-Sin bekleidete ein hohes Priesteramt im Tempel des Sonnengottes Schamasch, dem sie, gemeinsam mit einer Schwester, Bronzeschalen für das Leben des königlichen Vaters weihte. Der Spaten der Ausgräber brachte diese beschrifteten Gaben wieder ans Licht.

Das imponierende Imperium der Sargoniden zerfiel trotz seiner schlagkräftigen Armee nach etwa 180 Jahren. Die Hauptursache wird im wachsenden Druck nomadischer und halbnomadischer Stämme aus dem Westen, der Amoriter, gesehen, die in den kommenden Jahrhunderten auch die politische und militärische Szene in Syrien beherrschen sollten. Der unmittelbare Anlaß des endgültigen Zusammenbruchs aber war der Einbruch eines wilden Bergvolkes, der Gutäer. Wir wissen von ihnen nur, daß sie aus den Zagros-Bergen kamen, einem Gebiet, das heute von Kurden bewohnt wird.

Es scheint, daß die Gutäer vor allem das nördliche Zweistromland beherrschten. Die Stadtfürsten im Süden erlangten hingegen nach dem Wegfall der akkadischen Oberherrschaft mehr Selbständigkeit und besannen sich auf ihre ruhmreiche sumerische Vergangenheit. Eine Wiederbelebung dieses Erbes in allen Bereichen kennzeichnet diese Epoche, die daher als die »neusumerische« bezeichnet wird.

Nach der Vertreibung der Gutäer begann um die Mitte des 23. Jahrhunderts noch einmal eine Blütezeit unter der dritten Dynastie von Ur. Ihr Gründer, Urnammu, konnte Sumer und Akkad wieder in einem Großstaat vereinen. Eine geschickte Bündnispolitik gegenüber den Nachbarn, untermauert durch Heiraten zwischen den Fürstenfamilien, und die Ernennung von Statthaltern, den »Schakkanakku«, in den unterworfenen Stadtstaaten sicherten dieses neusumerische Reich, das die Ruinen grandioser Tempeltürme, monumentale Königsgrüfte und eindrucksvolle Bildwerke und Kunstdenkmäler hinterließ. Aus Mari, das ihm ebenfalls eingegliedert wurde, kommt die fast lebensgroße Statue des Schakkanakku

Ischtup-Ilum, die im Palastbereich ausgegraben wurde. *(Abb. 5)* Das massige, strenglinige Bildnis aus schwarzglänzendem Stein mit dem waagrecht abgeschnittenen, stilisierten Bart und den weiten Augen atmet wieder ganz den Geist der frühen sumerischen Beterfiguren.

Auf die Dauer sah sich die dritte Dynastie von Ur aber mit denselben Problemen konfrontiert wie die vormaligen akkadischen Herrscher: mit dem unausrottbaren Hang der mesopotamischen Völker zur Kleinstaaterei und dem unaufhaltsamen, teils gewalttätigen, teils friedlichen Zustrom westsemitischer Stämme. Auch eine Art Chinesische Mauer, ein Wall von 280 Kilometer Länge, der angeblich errichtet wurde, konnte die zunehmende Durchsetzung der Bevölkerung mit den Eindringlingen nicht verhindern. Viele dieser Nomaden und Halbnomaden wurden seßhaft und brachten es zu Reichtum und Ansehen.

Die zahlreichen amoritischen Namen in Schriftzeugnissen aus dieser Periode sprechen eine deutliche Sprache. Syrien wurde in dieser Zeit bereits weitgehend von Amoritern regiert. Nachdem das neusumerische Reich um die Neige des dritten Jahrtausends auseinandergebrochen und die dritte Dynastie von Ur durch einen elamitischen Überfall zugrunde gegangen war, ergriffen auch in Mari amoritische Könige die Macht. Der zweite amoritische König, Jachdun-Lim, zeichnete sich durch Energie und Unternehmungsgeist aus. Ein Eroberungszug stromaufwärts brachte ihm die Herrschaft über den Mittleren Euphrat und den Stadtstaat von Terqa.

Bei der Ausgrabung des Schamasch-Tempels von Mari kamen neun Gründungsziegel aus den Fundamenten des Heiligtums zutage. Jachdun-Lim hatte sie in Keilschrift mit einem Bericht über seine Taten versehen lassen. Wir erfahren von einer politisch und wirtschaftlich erfolgreichen Expedition zum Mittelmeer, dem Sieg über drei Könige, die am Mittleren Euphrat residierten, der Zerstörung von Haman, eines Vorpostens des Nomadenstammes der Hanäer, aber auch von friedlichen Leistungen wie Regulierungsarbeiten am Flußufer und dem Bau des Schamasch-Tempels.

Die Eroberung von Terqa und die Vertreibung der dort regierenden Dynastie kamen Jachdun-Lim später teuer zu stehen. Ein Mitglied der geflüchteten Königsfamilie, Schamschi-Adad, kehrte mit einer überlegenen Streitmacht aus dem Exil zurück. Er besiegte Jachdun-Lim, der Asyl im Lande Jamchad suchte, dessen Hauptstadt Halap, das heutige Aleppo, war. Schamschi-Adad bemächtigte sich der gesamten mittleren Euphrat-Zone, der fruchtbaren Flußgebiete des Khabur und des Balich und stieß nach Osten bis ins Zagros-Gebirge vor. Er residierte nicht in Mari, sondern in Assur am rechten Tigris-Ufer, der künftigen Hauptstadt des Assyrer-Imperiums. Die Regierung über Mari delegierte er an seinen Sohn Jasmach-Adad. Er war die letzte bedeutende Herrscherpersönlichkeit im nordostsyrischen Bereich und unternahm auch den traditionellen Zug zum Mittelmeer, der ihn bis zum Libanon führte.

Sein Sohn, dessen mangelnde Entschluß- und Tatkraft in vorwurfsvollen Briefen des Vaters gerügt werden, verlor bald nach dessen Tod den Thron an einen Sohn des Jachdun-Lim. Dieser Zimri-Lim war der letzte König von Mari. Hammurapi von Babylon, dessen Regierungszeit noch immer eine Streitfrage unter den Archäologen ist, deren Datierungen bis zu 200 Jahren voneinander abweichen, zerstörte die Stadt so gründlich, daß ihre Rolle für immer ausgespielt war. Mit ihrem Untergang verlor Mesopotamien eines seiner wichtigsten Handelszentren. Ob dies zu Beginn des 19. oder erst spät im 18. Jahrhundert v. u. Z. geschah, bleibt vorläufig ungeklärt.

Der Königspalast von Mari bedeckte in seiner letzten Phase mit über 300 Räumen, den Höfen und Korridoren eine Fläche von mehr als zweieinhalb Hektar. Er war im gesamten Nahen Osten berühmt. Aus einem wiederentdeckten Brief geht hervor, daß selbst der König von Ugarit dieses Weltwunder, ungeachtet der beträchtlichen Entfernung, zu besuchen wünschte.

Heute, nach über 40 Jahren Spatenarbeit auf dem Tell Hariri, sind von der Palastanlage Thronsäle und ein Hof, die mit einem Schutzdach versehen wurden, noch verhältnismäßig gut erhalten. Ansonsten haben Wind und Wetter die freigelegten Mauern aus ungebrannten Ziegeln vielfach in undefinierbare Lehmhaufen verwandelt. Die Ausgrabungen von Mari galten hauptsächlich dem

Palast und verschiedenen Heiligtümern. Von den Wohnvierteln mit ihren mehrräumigen Häusern mit zentralem Hof wurde nur wenig freigelegt. Das Alltagsdasein der Stadt blieb weitgehend anonym.

Die rund 25 000 beschriebenen Tontafeln aus dem königlichen Archiv illustrieren das Leben von Mari naturgemäß aus der Sicht des Machtzentrums, von dem aus alle politischen und wirtschaftlichen Vorgänge gelenkt wurden. Zu diesen Dokumenten aus der Spätzeit kommen Inschriften auf Weihestatuetten und Gründungsziegeln aus älteren Perioden hinzu, denen man wertvolle Informationen über das religiöse Leben und die Geschichte von Mari verdankt. In den letzten Jahren mehrten sich auch die Funde von Tontafeln aus der älteren frühdynastischen Epoche.

Die unzähligen Kunstwerke, Schmuck- und Gebrauchsgegenstände, die heute Säle in den Museen von Damaskus, Aleppo und dem Louvre füllen, stammen hauptsächlich aus Tempeln und aus dem Palast. Die Spatenforschung zeigte, daß dessen Anfänge weit in die frühdynastische Zeit zurückreichten. Tiefgrabungen im Osttrakt förderten Baureste zutage, nach denen seiner letzten Erweiterung und Ausschmückung zu Anfang des zweiten Jahrtausends v. u. Z. drei ältere Bauphasen vorangegangen waren.

Die bemerkenswerteste war die Entdeckung eines bedeutenden frühen Palastheiligtums, eines vielräumigen Komplexes von fast 50 Meter Länge und 40 Meter Breite, der mehrfach erneuert und durch einen umlaufenden Gang von der profanen Architektur getrennt worden war. In seinem Mittelhof mit dekorativ gegliederten, verzierten Wänden kamen Einrichtungen für flüssige Opfer und ein Altar ans Licht. An der Südseite gab es einen langgestreckten rechteckigen Kultraum mit einem abgeteilten Allerheiligsten am Ostende. Dort entdeckte man eine Grube, vielleicht das Relikt eines Ahnengrabes, über der zuerst ein Podest, wahrscheinlich für eine Statue, und später ein Altar stand.

Aus diesem frühen Sanktuarium stammt ein aufsehenerregender Schatzfund in einem vergrabenen Topf: drei kleine weibliche Figuren, zwei davon aus Elfenbein, die dritte aus massivem Kupfer; Arm- und Halsschmuck aus Gold-, Karneol- und Lapislazuliperlen,

Gewandnadeln und 14 neue Rollsiegel. Eine Perle von fast zwölf Zentimeter Länge trägt eine beschädigte Inschrift. Ihre umstrittene Entzifferung führte zunächst zur Erklärung des Schatzes als eines Geschenkes des Königs von Ur. Heute halten die Archäologen den kostbaren Fund aus dem 27. Jahrhundert eher für syrischer Herkunft und für einen Bestandteil des Tempelinventars. Ein Argument für die Anfertigung der meisten Stücke in Nordmesopotamien bildet die Kupferstatuette, die sich wesentlich von den blockhaften Figuren der sumerischen Kunst unterscheidet und viel mehr einen Typ verkörpert, der im syrischen Küstenbereich aufkam. Verwandte

Fig. 4 Weibliche Kupferstatuette aus dem frühbronzezeitlichen Palastheiligtum von Mari (Zeichnung: Louis Chatrer)

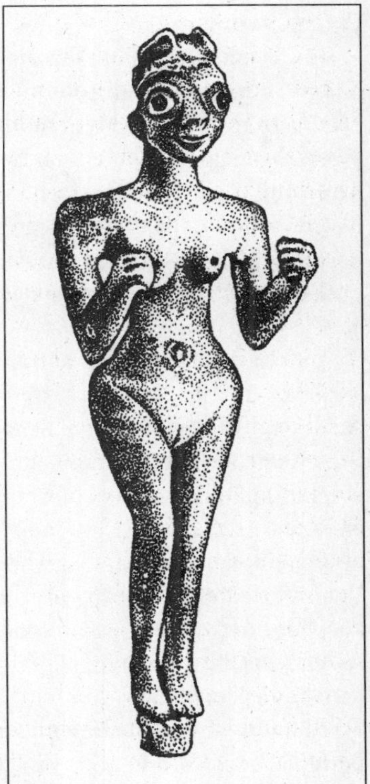

Kleinbronzen derselben Epoche stammen aus einem Tempel, der im Tell Judeideh in der Ebene von Antiochia freigelegt wurde. *(Fig. 4)*

Zwei zierliche Rinderhörner über einem Käppchen und einem Stirnband aus Silbergold erweisen das Figürchen als Bildnis einer Göttin. Ihre übergroßen Augen blicken mit blauen Pupillen aus grellweißen Augäpfeln. Die vorgestreckten Unterarme und geballten Hände hielten ursprünglich etwas, vielleicht Schlangen. Breite, gerade Schultern, kleine Brüste, deren Spitzen einst eingelegt waren, eine dünne Taille über eckig ausschwingenden Hüften und schlanke Beine erinnern an frühkykladische Marmoridole des sogenannten Plastiras-Typs, hinter deren neuartiger Form man nordsyrischen Einfluß vermutet.

Ein faszinierendes Stück aus dem Schatz bildet ein großer Anhänger, eine Darstellung des mythischen Anzu, eines löwenköpfigen Adlers. *(Fig. 5)* Er erscheint im dritten Jahrtausend – manchmal auf zwei Löwen stehend, oft auch Herdentiere reißend – auf Reliefs und Kult- und Zeremonialgeräten. Wahrscheinlich verkörperte er den bedrohlichen Aspekt des kriegerischen Sternengottes Ningirsu, der besonders im südmesopotamischen Lagasch verehrt wurde und andererseits als Beschirmer der Felder und Bewässerungsanlagen galt.

Das stark schematisierte Bildwerk besteht aus einer dreieckigen Lapislazuliplatte mit geritzten Mustern, die das Federkleid des Adlers mit ausgebreiteten Schwingen andeuten, aus angesetzten Schwanzfedern und einem Löwenhaupt aus Goldblech, die über einem Asphaltkern modelliert und mit gravierten Ornamenten verziert wurden. Die Augenhöhlen sind noch mit Asphalt gefüllt, mit dem man die Augäpfel aus wertvollem Material befestigt hatte. Vielleicht gehörte das Juwel zum Ornat eines Hohenpriesters oder zum Schmuck einer Götterstatue. Ein solches Prunkstück paßte zur bunten Pracht der Tempelausstattung in frühgeschichtlicher und frühdynastischer Zeit.

Damals wurden die Innenwände der Sanktuarien nach südmesopotamischem Vorbild auch in Syrien mit kunstvollen Einlagefriesen aus Elfenbein, Perlmutt, Kupfer, grünlichem und schwärzlichem

Schiefer und anderen farbigen Steinsorten bedeckt, die in mehreren Bändern von höchstens 25 Zentimeter Breite übereinander angebracht wurden. Die dargestellten Szenen waren vorwiegend religiöser Art. Details der Figuren wurden eingeritzt. Kleine Teile solcher Friese aus Mari konnten aus vielen Bruchstücken rekonstruiert werden. Sie zeigen Prozessionen, die Schlachtung eines Opfertieres und andere rituelle Handlungen, deren Sinn dunkel bleibt.

Die kahlköpfigen Priester in langen Röcken mit Zottenrand tragen Gefäße oder halten die Hände in der üblichen Gebetsgeste verschränkt. Die Frauen erscheinen in Kulttracht mit Gewändern, die bis zu den Knöcheln reichen und ebenfalls in einem Zottenrand enden. Der rechte Arm und die Schulter bleiben frei. Eine hohe steife Kappe, der typisch syrische »Polos«, oder eine Art Turban bedeckt ihre Häupter. Auch sie bringen Gegenstände wie eine große Fußschale, die eine Funktion im Ritual hatten.

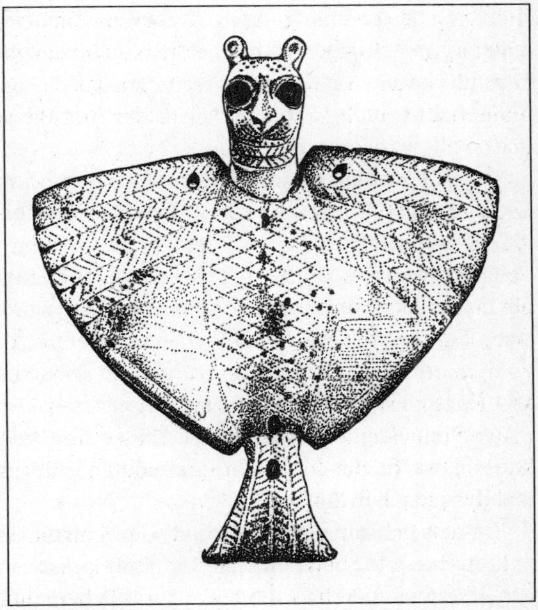

Fig. 5 Anhänger aus Lapislazuli und Goldblech über einem Asphaltkern in Gestalt des Anzu, eines löwenköpfigen Adlers (Zeichnung: Louis Chatrer)

Manche Tempelwände waren mit Friesen aus Kupferblech verkleidet. Eine deutliche Vorstellung ihres Aussehens vermittelt ein Fragment aus dem sumerischen Ninschursang-Heiligtum von El-Obed in Untermesopotamien mit dem Relief eines liegenden Stieres. Das Kupferblech wurde über einem geschnitzten Holzkern, der mit Erdpech bestrichen war, angehämmert; der vollplastische Stierkopf wurde hohlgegossen und gesondert eingesetzt.

In verschiedenen altmesopotamischen Sanktuarien fanden sich Teile von Weiheplatten aus Stein, die in den Räumen aufgehängt waren. Eine solche Gipssteinplatte aus Mari war in quadratische Felder mit umrahmten Darstellungen in flachem Relief aufgeteilt, die wahrscheinlich eine Silberauflage trugen. Anzu schlägt darauf seine Fänge in zwei Steinböcke, und auch der »Nackte Held«, eines der mythischen Wesen der altorientalischen Kunst, der zwei menschengesichtige Wisente festhält, erscheint darauf.

Die zahlreichen männlichen und weiblichen Statuetten aus Gipsstein, Alabaster und Marmor, die in den Tempeln von Mari zutage kamen, waren sicher Votivgaben. Sie sollten als Vertreter der Spender die Gottheit an deren Anliegen erinnern. Alle zeigen die blockhafte Schwere und Strenglinigkeit, die beinahe zylindrische Form, die das Kennzeichen der sumerischen Plastik war, gepaart mit einer außerordentlichen Intensität des Ausdrucks frommer Andacht. Die Mehrzahl der Figuren wurde stehend, in Beterhaltung, dargestellt. Sitzfiguren sind selten. Auf den Schultern mancher männlicher Bildnisse wurden Widmungsinschriften eingraviert, welche die Namen der Geber für uns bewahrten. Die Höhe der Plastiken reicht von zehn Zentimetern bis zu zwei Dritteln Lebensgröße.

Einstmals standen sie wahrscheinlich auf den niedrigen Bänken, die an den Innenwänden der Heiligtümer freigelegt wurden, als eine würdevolle Versammlung von Gläubigen. Die weitgeöffneten Augen aus Lapislazuli und Muschel sind dunkel umrandet und von geschwungenen Brauen überwölbt, die Nasen sind prominent. Der Hauch eines Lächelns spielt um die fleischigen Lippen. Die Männer tragen meist nur den Zottenrock und die typischen langen Bärte aus welligen Strähnen, die unten waagrecht abgeschnitten wurden. Ihre

Köpfe sind kahlgeschoren. Die Häupter der Frauen krönt vielfach der plumpe Polos, der auf einem Wulst sitzt. Besonders bei den weiblichen Statuetten wirken die lebensvollen, verschiedenartigen Gesichter manchmal wie Porträts. In den durchlochten Ohren hingen Ringe aus Kupfer oder Edelmetall. Haare und Bärte der Bildnisse wurden mit Asphalt schwarz gefärbt.

Einige Votivfiguren aus der jüngeren frühdynastischen Zeit (etwa 2700 bis 2460 v. u. Z.), die in den Heiligtümern von Mari entdeckt wurden, stellen Höhepunkte altmesopotamischer Bildkunst dar. Kaum 25 Zentimeter hoch ist die Statuette des Obersängers Urnan-

Fig. 6 Statuette des Sängers Urnansche aus Gipsstein, Höhe 25 cm (Zeichnung: Louis Chatrer)

sche, ein kleines Meisterwerk aus Gipsstein von eigenartigem Reiz. *(Fig. 6)* Urnansche, den eine Inschrift auf seinem Rücken und der Zottenrock eindeutig als männliches Wesen legitimieren, sitzt mit gekreuzten Beinen auf einem Kissen. Seine frei modellierten Arme, die ursprünglich durch Stützen mit dem Unterkörper verbunden waren, blieben nur in Bruchstücken erhalten. Einstmals hielten sie ein Saiteninstrument, wie das Fragment einer ähnlichen Figur aus dem gleichen Raum beweist.

Die weichen, ausladenden Formen der Gestalt, das runde bartlose Gesicht mit den ausdrucksvollen Augen aus blauem Lapislazuli unter gescheiteltem schwarzem Haar, das in gewellten Strähnen, die in einer Locke enden, über den Rücken fällt, und die Anmut der ganzen Erscheinung wirken so weiblich, daß man lange fälschlich an das Bildnis einer Sängerin dachte. Vielleicht waren die berühmten Musikanten des königlichen Hofes von Mari Kastraten. Aus verschiedenen Briefen im Palastarchiv geht hervor, daß sie auch an anderen Fürstenhöfen sehr geschätzt wurden. Ihre Aufgabe war vor allem das Anstimmen von Lobeshymnen zu Ehren der Gottheiten und Herrscher. Dabei wurden sie von Saiteninstrumenten und Trommeln begleitet. Als Höhepunkt der Sangeskunst galt das Tremolieren.

Die Beterfiguren verkörpern nur einen Aspekt der hervorragenden Bildkunst, die in der ersten Hälfte des dritten Jahrtausends im mesopotamisch-syrischen Bereich entstand. Sie blieben in beträchtlicher Zahl und oft in gutem Zustand erhalten, weil sie zum heiligen Tempelinventar gehört hatten, das weder zerstört noch weggeworfen werden durfte. Wenn Raum für neue Votivgaben geschaffen werden mußte, barg man die älteren in Depots unter dem Flur, in denen sie manchmal ungestört jahrtausendelang ruhten.

Verloren gingen aber die frühen großen Götterstatuen, die höchstwahrscheinlich in den Allerheiligsten der Kultbauten standen. Sie gehörten zu den wichtigsten Trophäen der Sieger in den zahlreichen Kriegen, wurden fortgeschleppt oder gingen mit den eingeäscherten Tempeln zugrunde. Es ist anzunehmen, daß schon in der frühdynastischen Periode auch Kupfer- und Bronzebildnisse in den Tempeln thronten. Das Fragment eines feingearbeiteten Bronzefußes gehört zu den minimalen Resten dieser Kunstwerke. Er stammt aus dem Schara-Tempel im Tell Agreb, der im Osten von Bagdad liegt.

Es ist ungewiß, ob es in jener Epoche bereits Standbilder aus Edelmetall in den Sanktuarien gab. Der älteste schriftliche Beweis für ihre Existenz datiert vom Beginn des zweiten Jahrtausends v. u. Z. Er handelt von der Lieferung von über elf Kilogramm Silber und drei Pfund Gold, die für zwei Statuen im Dagan-Tempel von Mari bestimmt waren. Fest steht, daß die Edelmetallschmiede des mesopotamischen Bereiches schon im ersten Viertel des dritten Jahrtausends fast alle technischen Verfahren der Metallbearbeitung beherrschten. Man kannte den Guß in verlorener Form, zog feinste Gold- und Silberfäden für Filigranarbeiten, konnte löten, prägen, ziselieren, gravieren und selbst granulieren, das heißt, winzige Goldkügelchen auf eine glatte Fläche löten.

Die großen Götterbilder waren zweifellos ebenso bunt wie die Beterfiguren mit eingelegten Brauen, Augen, Stirnlocken und Bändern und manchmal getrennt hergestellten Perücken und Kopfbedeckungen aus Metall oder Stein. Eine frühe weibliche Statue aus durchscheinendem grünlichem Aragonit, die in Nippur ans Licht kam, zeigt noch einen Goldbelag auf Gesicht und Hals. Komplett – die Füße und der obere Teil des Kopfes fehlen – war sie beinahe lebensgroß. Welche Vollendung die monumentale Metallplastik in der zweiten Hälfte des dritten Jahrtausends erreicht hatte, beweist das wundervolle Haupt eines akkadischen Herrschers aus Kupfer oder Bronze, das in der Nähe des Ischtar-Tempels von Ninive entdeckt wurde.

Die einzigen Reste von Großplastiken, die in größerer Zahl gefunden wurden, sind Augen. Ovale, runde und öfter fast rechteckige Augäpfel aus weißem Material mit dunklen oder blauen Pupillen, alle mehr als naturgroß. Einige messen fast 15 Zentimeter im Längsdurchschnitt! Gehörten sie zu Götter- oder zu Menschenbildnissen, zu dämonischen Wesen oder auch zu Torlöwen, die die Eingänge zu Tempeln und Palästen hüteten? Zwei dieser Bronzelöwen mit aufgerissenen Rachen und böse starrenden Augen wurden in der Nähe des Tores zum Dagan-Tempel von Mari ausgegraben.

Von der Bekleidung und Aufmachung der Götterbildnisse in frühdynastischer Zeit berichten hauptsächlich Rollsiegel und einige reliefgeschmückte Stelen. Auf diesen Darstellungen vom Ende der frühdynastischen und aus der akkadischen Periode erscheinen die Gottheiten, je nach ihrem Rang, mit einfacher oder mehrfacher Hörnerkrone, in knöchellangen Zotten- oder Falbelgewändern, versehen mit ihren Attributen.

Kulturell gehörte Mari zu Südmesopotamien. Die Ausstrahlung der jungen sumerisch-elamischen Hochkultur hatte in der zweiten Hälfte des vierten Jahrtausends v. u. Z. das gesamte Zweistromland bis in die Randgebiete von Kleinasien und ganz Syrien erreicht. Selbst Ägypten blieb wahrscheinlich nicht unberührt. In Mari entsprachen die Bauweise und die Ausstattung der Tempel- und Palastanlagen weitgehend untermesopotamischen Vorbildern. Das gleiche gilt für die religiösen Vorstellungen, die Kultbräuche, die Kunst und die technischen Errungenschaften. Allerdings hatte die Architektur der sumerischen Heiligtümer, wie schon erwähnt, zu Beginn des dritten Jahrtausends wesentliche Veränderungen erfahren. Anstatt der kleinen, rechteckigen Lehmziegel, die eine geradlinige Mauerstruktur bedingten, kamen plankonvexe, das heißt Ziegel mit einer gewölbten Oberfläche auf, die in Schräglage verbaut wurden.

Die Fundamente der Tempel wurden nicht mehr auf eine ebene Fläche gesetzt, sondern tief in Baugräben gesenkt, gleichsam unverrückbar mit der Erde verbunden. Die Verschalung der Mauern mit bunten Stiftmosaiken, die an Textilmuster erinnern, vielleicht ein Ersatz für Flechtmatten zum Schutz der Lehmwände in vorgeschichtlicher Zeit, kam aus der Mode. An die Befestigung von Zeltwänden auf dem Boden erinnern eigenartige Gründungsfiguren mit menschlichem Oberkörper, nagel- oder pflockförmigem Unterleib und Bügel, die in die Tempelfundamente eingemauert wurden. Das Dagan-Heiligtum von Mari ruhte auf 13 solcher »Gründungsbügel« aus Bleibronze, die bis zu 40 Zentimeter lang waren. Man

Abb. 1 *oben:* Bemalte Schüssel der Halaf-Kultur

Abb. 2 *unten links:* Weibliches Idol der Halaf-Kultur

Abb. 3 *unten rechts:* Augenidol aus Tell Brak

Abb. 4: Augenidol mit zeremonieller Kopfbedeckung

Abb. 5: Statue des Schakkanakku Ischtup-Ilum aus dem Palast von Mari

Abb. 6 und 7:
Kuchenformen aus dem Palast von Mari

Abb. 8: Statue einer Wassergöttin aus dem Palast von Mari

Abb. 9 *links:* Claude Schaeffer auf dem Weg zum Minet el-Beida

Abb. 10 *unten:* Das erste Lager am Weißen Hafen

Abb. 11 *folgende Doppelseite:* Blick auf den Minet el-Beida und die Ausgrabung des Hafenviertels

Abb. 12 *rechts:* Freigelegter Grabkeller unter einer Hausruine

Abb. 13 *unten:* Portal einer Grabkammer

Abb. 14: Geschnitzter Deckel einer Elfenbeinbüchse mit Darstellung einer thronenden Göttin

Abb. 15: Die Entdeckung eines Depots mit 74 Gegenständen aus Bronze durch Schaeffer und Chenet

Abb. 16 *links:* Kessel-
untersatz aus dem
Sammelfund mit 74
Objekten aus Bronze

Abb. 17 *unten:* Be-
malte altkanaanäische
Keramik aus dem
ersten Viertel des zwei-
ten Jahrtausends v.u.Z.

Abb. 18 *linke Seite:* Topfbestattung mit gesondert begrabenem Schädel

Abb. 19 *oben:* Erdgrab mit Steinumrandung aus der Mittleren Bronzezeit

Abb. 20: Eingang in ein ugaritisches Sippengrab

Abb. 21 *oben:* Spitzbogiges Gewölbe einer Familiengruft

Abb. 22 *links:* Zwei Wassergefäße mit herausgeschlagenen Böden, die flüssige Spenden zu den Toten leiten sollten

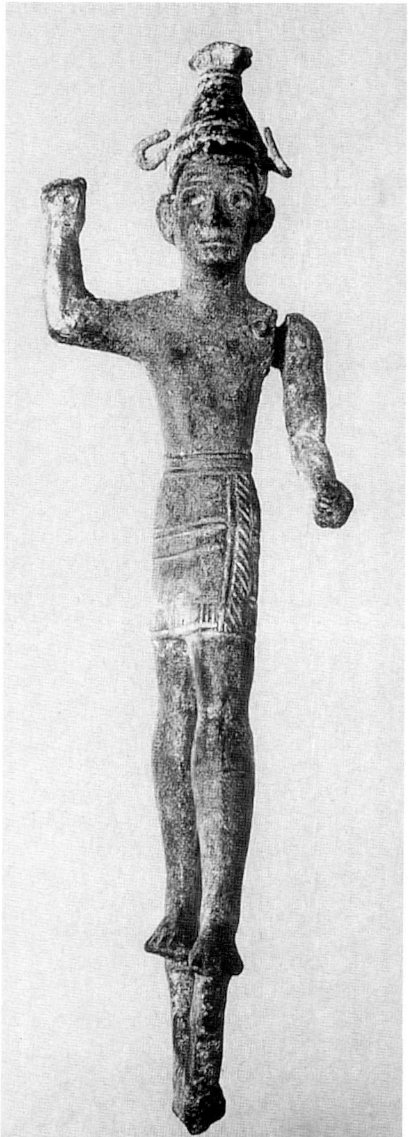

Abb. 23: Bronze-
statuette eines Gottes
(Baal?) mit Steatithelm
und goldenen Hörnern

Abb. 24: Rückseite
derselben Statuette

hatte sie waagrecht in die Basismauer eingelegt und mit einem mächtigen Stift, der vertikal eingeschlagen wurde, festgesetzt. Das Haus des Gottes wurde wie ein Zelt gleichsam in der Erde verankert.

Den zunehmenden Einfluß der semitischen Welt in Mari bezeugen auch die Tempel für die Gottheiten ihres Pantheons, den Wettergott Adad und den Getreidegott Dagan. Es ist bezeichnend, daß im Vorhof des Dagan-Tempels im Stadtzentrum Steinmale und Pfeiler ans Licht kamen, typische altsemitische Kultobjekte. Im Mittelhof des Ninni-Zaza-Heiligtums, dessen Wände ganz in sumerischem Stil durch Vor- und Rücksprünge gegliedert waren, bildete eine konisch zulaufende Basaltsäule von anderthalb Meter Höhe, ein bildloses Göttermal altkanaanäischer Art, den Mittelpunkt.

Die Endphase, die zugleich ein Höhepunkt in der Geschichte von Mari war, wurde vor allem durch die Ausgrabung des Palastes wieder lebendig. Die Könige von Mari herrschten damals über ein

Fig. 7 Grundriß des Palastes von Mari

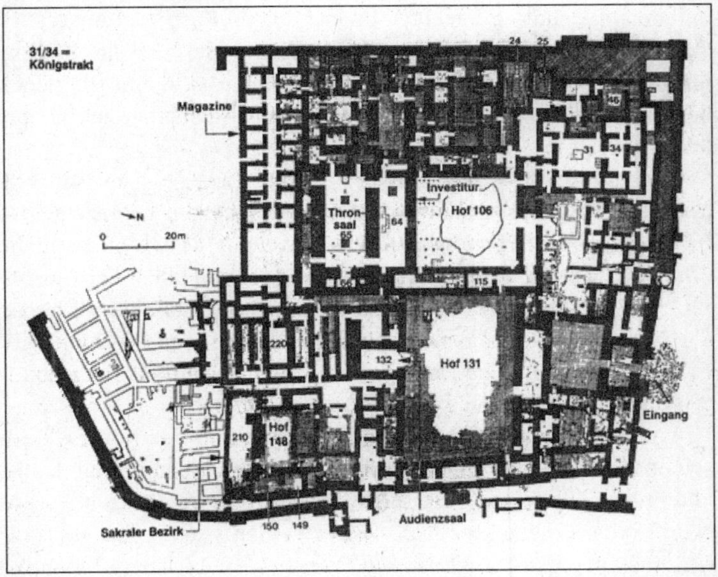

Territorium, das vom Unterlauf des Khabur und des Balich bis weit in den heutigen Irak reichte. Ihr Palast gehörte zu den größten Bauwerken Altmesopotamiens. Die letzte Erweiterung des labyrinthischen Fürstensitzes wurde an dessen Westseite, wahrscheinlich durch Jasmach-Adad, vorgenommen.

Das Erdgeschoß gruppierte sich um zwei weite Innenhöfe, zwischen denen Verwaltungsräume und ein Archiv lagen. Es umfaßte einen Audienz- und einen Thronsaal, zwei Wirtschaftsbereiche, zahlreiche Magazine, Büros und Schmiedewerkstätten, in denen wahrscheinlich nur für den Palast gearbeitet wurde. An der Nordwestseite befand sich die reich ausgestattete königliche Wohnung mit anschließenden Bädern, einem Heiligtum und einer Flucht kleinerer Gästezimmer. In zwei Räumen mit Bänken an der Südseite des fürstlichen Appartements, die man zuerst für eine Schule hielt, wird heute die Schatzkammer vermutet. Daneben erstreckte sich entlang der Westfassade noch ein ausgedehnter Wohnkomplex, zu dem ein Küchentrakt gehörte. Ein Hof mit einem dreieinhalb Meter weiten und einem kleineren Backofen bildete dessen Kern. Die Ausgräber förderten darin Basaltmörser, Vorratsgefäße und reizvolle Kuchenformen mit Figuren ans Licht, die sichtlich aus einem Oberstock heruntergefallen waren, der ebenfalls zum Küchenbereich gehört hatte. *(Abb. 6, 7)*

Bedeutende Teile des Palastes waren zweifellos zweistöckig. Doch von den oberen Mauern aus luftgetrockneten Lehmziegeln – Backsteine wurden nur sporadisch verwendet – blieb nichts mehr erhalten. Über der Königswohnung lag wahrscheinlich der Harem. Ein rund 65 Meter langer und 20 Meter breiter Gebäudeteil hinter der Südfassade des Palastes enthielt Speicher. In seiner Osthälfte gab es den sakralen Bereich, in dem die bereits erwähnten Tiefgrabungen das frühe Palastheiligtum freilegten. *(Fig. 7)*

Von den reichen Wandmalereien, mit denen der Königssitz in seiner vorletzten und letzten Periode ausgeschmückt wurde, konnten einige Teile in endloser, mühevoller Arbeit aus Tausenden abgebröckelter Fragmente rekonstruiert werden. Nur wenige Freskenreste befanden sich noch an den Wänden. André Parrot hatte alle

Wandbilder anfänglich in die Zeit des Zimri-Lim, des letzten Herrschers von Mari, datiert. Der namhafte Archäologe und Nahost-Kenner A. Moortgat schloß jedoch aus stilistischen Merkmalen und Vergleichen mit Reliefs und Rollsiegeldarstellungen aus der Epoche der dritten Dynastie von Ur auf die Entstehung eines Teiles der Bilder in dieser Periode. Sie wären damit das bisher einzige Beispiel neosumerischer Wandmalerei in Mesopotamien!

Diese älteren Fresken wurden in fünf übereinanderliegenden Friesen im »Audienzsaal« entdeckt, zu dem eine halbrunde Freitreppe führt. Die Farben, Rotbraun, Weiß, Schwarz und etwas Gelb, wurden direkt auf den Lehmputz der Mauer aufgetragen. Eine schwarze Linie umrandet alle Figuren und Ornamente. Der Hintergrund wurde ockerrot, lichtbraun oder orange getönt. Das Hauptthema der Bilder sind Kulthandlungen. Der Herrscher opfert, begleitet von »fürbittenden Göttinnen« und Ministranten, den Landesgottheiten. Die Hörnerkronen werden noch auf altertümliche Weise en face über den im Profil gezeichneten Häuptern gezeigt, eines der Details, die für eine frühere Datierung der Fresken sprechen. *(Fig. 8)*

Fig. 8 Wandgemälde im Audienzsaal (132) des Palastes von Mari

Etwas später, unter Jasmach-Adad, entstanden vermutlich die Malereien, die auf den vier Seiten des westlichen Palasthofes in rund zwei Meter Höhe auf dickem weißem Gipsputz angebracht wurden. Sie stellen hauptsächlich Kultprozessionen dar. Der Kopf eines Opferstieres mit metallenen Hörnerspitzen und einer Mondsichel über der Stirn und die obere Hälfte eines Mannes mit hoher Filzkappe, der ihn an einem Nasenring führt, gehören zu den wenigen gut erhaltenen Partien dieser Wandbilder, für die auch Blau verwendet wurde. In Fragmenten einer großen Gestalt, die über zwei Friese reicht, vermutet man ein Porträt des Königs als Anführer eines Opferzuges.

Wahrscheinlich ließ Zimri-Lim, nachdem er das Reich seiner Väter zurückerobert hatte, im gleichen Hof das berühmte Wandgemälde anbringen, das als Darstellung seiner Investitur gilt. *(Fig. 9)* Es befand sich ebenerdig an der rechten Seite des Eingangs in den »Thronsaal« mit seinem breiten Podest an der Rückwand, auf dem der thronende Fürst bereits in 45 Meter Entfernung vom Portal des Westhofes aus erblickt werden konnte. Ein weiter Raum hinter dieser Halle mit einer angebauten Cella, zu der eine Treppe führte, und einem kleineren Podest diente vermutlich sakralen Zwecken. Dort fand vielleicht die feierliche Amtseinführung statt, von der das große Wandbild, das verhältnismäßig gut erhalten blieb, in mythischer Form berichtet.

Der König ist darauf mit einer hohen ovalen Kappe und einem drapierten, fransengeschmückten Umhang mit grüßend erhobener rechter Hand vor einer Göttin dargestellt. Das zweifache Symbol einer Keule zwischen Äxten hinter den Schultern der Göttin kennzeichnet sie als die kriegerische Ischtar. Ihr rechter Fuß ruht auf einem Löwen. In der gesenkten linken Hand hält sie ein Sichelschwert, mit der Rechten überreicht sie dem Fürsten Ring und Stab, die Wahrzeichen der Herrschaft. Zwei Göttinnen und ein bärtiger Gott geringeren Ranges wohnen der Zeremonie bei. Alle Hörnerkronen wurden richtig im Profil wiedergegeben. Dies datiert die Malerei in die Zeit des Zimri-Lim.

Unter der Darstellung seiner Investitur zeigt ein zweites Gemälde gleichen Formats zwei Wassergöttinnen, die einander gegenüberstehen. Jede der beiden identischen Figuren hält in den vorgestreckten Händen eine Vase, aus der Wasserströme mit Fischen fließen. Den unteren Abschluß des umrahmten Doppelbildes formen eine Borte mit laufenden Spiralen und eine Reihe von Troddeln. Dieser Rand erscheint wie die Nachbildung eines gewebten Wandteppichs, den das Bild ersetzen sollte.

In seiner Nähe kamen Bruchstücke der fast lebensgroßen Statue einer Wassergöttin aus weißem Stein zutage, die weitgehend restauriert werden konnte. *(Abb. 8)* In Aufmachung und Haltung entspricht sie den gemalten Figuren. Ihre Hände tragen dasselbe Gefäß, das auf dem Fresko vorkommt. Früher floß daraus echtes Wasser, das durch eine Röhre im Inneren der Statue geleitet wurde. War sie eine

Fig. 9 Ausschnitt aus dem großen Wandgemälde im Hof 106 des Palastes von Mari, sogenannte Investitur des Zimri-Lim

Brunnenfigur am Bassin im Hof 106, an dem ihr Haupt gefunden wurde? Oder hatte sie eine Funktion bei kultischen Handlungen, die sich im Saal 65 abspielten, in dem Wasserleitungen entdeckt wurden? Die sehr fein gearbeitete, jugendliche Gestalt trägt eine einfache Hörnerkrone über einem Kopftuch, unter dem üppige gedrehte Haarschöpfe hervordrängen. Das Antlitz ist trotz der beschädigten Nase und der leeren Augenhöhlen, aus denen einstmals das tiefe Blau einer Lapislazuli-Iris geleuchtet haben mag, noch immer von zarter Schönheit. Zahlreiche Ringe garnieren die Ohrmuscheln, eine sechsreihige Kette umschließt den Hals. Je drei Reifen schmücken die Handgelenke. Über einem anliegenden kurzärmligen Kleid mit langem, gestuftem Rock scheint ein Schleier in gewellten Streifen zu fallen, in den Fische gezeichnet sind. Symbolisiert er herabrinnendes Wasser?

Das bezaubernde Bildnis der mädchenhaften Wassergöttin, heute ein Prunkstück im Museum von Aleppo, verkörpert wie kein anderer Fund aus der Spätzeit von Mari den hohen künstlerischen und technischen Stand und das Raffinement seiner Palastkultur. Der Fürst von Ugarit sah den berühmten Herrschersitz noch auf dem Höhepunkt seines Glanzes mit seinen weiten, freskengeschmückten Höfen und Empfangsräumen, den farbenleuchtenden Heiligtümern mit den gold- und silberüberzogenen Götterbildern und Votivfiguren, den Schatzkammern und riesigen Magazinen mit Waren aus fernen Ländern: Ein perfekt organisiertes kleines Universum, in dem alles konzentriert war, was die mächtige Stadt am Euphrat in ihrer mehr als tausendjährigen Geschichte hervorgebracht und erworben hatte. Nicht viel später sollte dies alles für immer verschwinden.

Es fällt schwer, sich heute angesichts der verwischten Mauerumrisse aus rötlichem Lehm unter dichten Staubschleiern, die das Aussehen des jahrzehntelang vom Spaten durchwühlten Tells Hariri bestimmen, die einstige Pracht eines Märchenbaus aus Tausendundeiner Nacht vorzustellen. Doch die Stimmen der Menschen, die ihn errichteten und bewohnten, erreichen uns aus der Tiefe der Jahrtausende. In den Schriftzeugnissen des Palastarchivs von Mari erwacht ein für Mesopotamien und auch für die gesamte Ägäis bedeutsamer Abschnitt früher Geschichte wieder zum Leben. Die Tontafeln aus dem Königssitz von Mari, die gegen Ende des dritten Jahrtausends und bis zur Zerstörung der Stadt durch Hammurapi beschrieben wurden, ergaben erstmalig eine Vorstellung von den politischen, wirtschaftlichen und kulturellen Verhältnissen in Nordostsyrien zu jener Epoche. Zuvor schon hatten die mehrsprachigen Texte aus Ugarit einen fast unbekannten Abschnitt syrischer Geschichte in der zweiten Hälfte des zweiten Jahrtausends v. u. Z. beleuchtet und einen ungeahnten Schatz religiöser und literarischer Dokumente geliefert. Seit 1975, dem Jahr der Entdeckung des Palastarchivs von Ebla, gewinnt eine weitere dunkle Periode der Historie Altsyriens langsam Gestalt.

EBLA, EIN VERSCHOLLENES KÖNIGREICH IN NORDSYRIEN

Der bedeutendste archäologische Schriftfund der Nachkriegszeit

Etwa 900 Jahre nach dem Untergang von Ugarit wurde zwölf Kilometer südlicher gegen 300 v. u. Z. wieder eine Küstenstadt gegründet: das griechische Laodikeia. Heute heißt sie Latakia und ist Syriens wichtigster Seehafen. Wie vor Jahrtausenden führt eine Straße vom grünen Uferstreifen, der einmal viel dichter besiedelt war als heute, über das Alawiten-Gebirge und das Orontes-Tal zu den Kalksteinplateaus des Inlandes. Von den Wäldern, die einst mesopotamische Herrscher zu Eroberungszügen nach den Höhen der Levante lockten, ist wenig geblieben. Fels- und Steingrund in rötlichen und metallischen Farben bestimmen weite Strecken der bergigen Landschaft. Doch der Orontes, Innersyriens Lebensader, fließt unverändert in seinem breiten Bett. In Hama, an seinem Oberlauf, dreht er noch die altertümlichen Norias, riesige Schöpfräder aus Holz, die sein Wasser über Aquädukte zu den Feldern leiten. Der Burghügel im Stadtkern wuchs aus dem Schutt von Hamath, dessen Geschichte in der Jungsteinzeit begann. Hier war die Erde immer fruchtbar. Die unverwechselbaren Profile von Tells aller Größen begleiten die Fahrt durch das Flußtal und hinauf nach Aleppo.

Gegen Osten erscheinen manchmal kleine goldfarbene Dörfer am Horizont. Ihre bienenkorbähnlichen Lehmziegelhäuser bewahren eine Bauform, die bis in die Urzeit zurückreicht. Unter den sauber gefügten Kraggewölben, die jeden Raum überspannen, ist es im Sommer kühl und im Winter warm. Auch Mardikh, das dem Tell von Ebla seinen Namen gab, ist ein solch umwalltes Gebilde aus Rundhäuschen mit spitz zulaufenden Kuppeln. In einiger Entfernung erhebt sich ein breit hingelagerter Hügel aus der kahlen Ebene. Es verlangt Phantasie, um sich vorzustellen, daß er vor über 4000 Jahren eine blühende Stadt mit etwa 20 000 Einwohnern war.

Schatzsucher durchwühlten immer wieder seine Trümmerschichten. Die prächtigen Quader und Platten, die einmal Paläste, Tempel und Befestigungswerke bildeten, dienten zahllosen Generationen als Baumaterial. Vor Jahrzehnten kam auch ein Basaltbecken mit Löwenfüßen und reliefgeschmückten Außenwänden im Bereich des Tells zutage, das im Museum von Aleppo landete. Dieser eigenartige Fund, der sich auf den Beginn des zweiten Jahrtausends v. u. Z. datieren ließ, die eindrucksvollen Maße des Trümmerhügels, der 900 Meter lang, 700 Meter breit und maximal 13 Meter hoch ist; Keramikscherben, hauptsächlich aus dem dritten und zweiten Jahrtausend v. u. Z., und die Zeichen vieler Raubgrabungen ließen die Wahl einer archäologischen Mission aus Italien, die auf der Suche nach einem vielversprechenden Forschungsobjekt war, auf den Tell Mardikh fallen. Paolo Matthiae, ihr Leiter, schloß aus dessen Größe, einer noch unterscheidbaren kranzförmigen Umwallung mit vier Toröffnungen und einer zentralen Erhöhung, die wie eine Akropolis wirkte, auf eine bedeutende frühe Stadt in diesem Sektor. Das Gebiet war archäologisches Neuland. Man wußte fast nichts von den Bewohnern und der Kultur der nordsyrischen Region jenseits des rechten Euphrat-Ufers im dritten Jahrtausend und wenig von den Städten aus den ersten Jahrhunderten des zweiten Jahrtausends.

1964 begann die Ausgrabung im Auftrag der Universität von Rom. Zunächst galt sie hauptsächlich den oberen Wohnschichten, die zu einer Stadt aus der »altsyrischen Periode« (etwa von 2000 bis 1600 v. u. Z.) gehört hatte, der auch das Basaltbecken entstammte. Die Untersuchung des drei Kilometer langen und 15 Meter hohen Erdwalles, der an der Basis gegen 40 Meter breit war, mit Steinblöcken verstärkt und mit einer Lage aus Ton und Kalk gefestigt wurde, ergab, daß er ebenfalls in dieser Zeit, wahrscheinlich im 20./19. Jahrhundert, errichtet worden war. Der Schutt einer Stadt, die um das Ende des dritten Jahrtausends zerstört wurde, hatte viel Material für das enorme Befestigungswerk geliefert, in dem zahlreiche Scherben aus dem späten dritten Jahrtausend vorkamen. Professor Matthiae schloß aus diesen Funden, daß der Wall, den ursprünglich eine turmbewehrte Lehmziegelmauer bekrönte, nicht lange nach der Katastrophe errichtet wurde.

Das Südwesttor der Stadt, dessen Ostseite ein Turm geschützt hatte, wurde vollständig ausgegraben. Die untersten Strukturen der mächtigen Anlage blieben verhältnismäßig gut erhalten. Der alte Hauptzugang in die Metropole liegt heute wieder frei und führt durch ein einkammeriges Außentor über einen Hof zum doppelt verstärkten Innentor mit zwei Kammern, die vorne und rückwärts durch Flügeltüren verschlossen werden konnten. Ihre Schleifspur ist noch im Steinboden sichtbar. *(Fig. 10)* Ein Teil der schönen, meterhohen Platten, mit denen der Basissockel der Mauern verkleidet war, widerstand der Zerstörung und bezeugt die meisterhafte Ausführung der monumentalen Torbauten, die eine Länge von 48 Meter hatten. *(Taf. 1)*

Hinter dem Durchgang, der die Wälle heute wie ein Paß durchschneidet, erstreckt sich das Gelände der einstigen Unterstadt um die unregelmäßige Erhöhung der alten Akropolis. Die Randbezirke von Ebla, das im Zenit seiner Bedeutung über 55 Hektar groß war, schlummern teilweise noch unter den steinigen Äckern der Bauern von Mardikh, die dort nach den Winterregen eine bescheidene Getreide- und Melonenernte erzielen. Das Gitterwerk der Grabungsareale, die in Vierecke mit Zwischenwänden aufgeteilt sind, und die bereits freigelegten Räume und Baureste finden sich vorwiegend am Fuß der Akropolis, an ihren Hängen und auf ihrem Gipfel.

Das unwirklich glühende Rot der syrischen Sonnenuntergänge, die einen durchsichtigen Feuerschleier über das nackte Land werfen, verzaubert allabendlich die Ruinen von Ebla – schweigende Zeugen einer versunkenen Welt, die wieder aus dem Strom der Zeit getaucht sind: Treppen, die nirgends mehr hinführen, leere Höfe, Säle und Gemächer, die einstmals unvorstellbar bunt und prächtig waren. Die Durchgänge zwischen mächtigen Türpfeilern sind von den vielen Füßen, die sie vor Jahrtausenden überschritten, abgeschliffen. Fast drei Meter starke Grundmauern trugen wahrscheinlich einen turmhohen Tempel; mehrere Meter lange Platten vom Sockel des Palastes und Lehmziegelmauern mit einem dunkelroten Ziermuster erzählen von vergangener Macht und Pracht. *(Taf. 2)*

Jedes Jahr wird zehn Wochen lang, von Anfang August bis Mitte

Oktober, ausgegraben. Anfänglich bildete Aleppo die Basis der italienischen Mission; später wurde ein eigenes Camp für Professor Matthiae und seine rund zwei Dutzend Mitarbeiter errichtet. Es liegt halbwegs zwischen Mardikh und dem Tell als kleines, umwalltes Fort aus Lehmziegeln mit verschiedenen Gebäuden und zwei Höfen, dessen Eingänge nachts verschlossen werden.

Fünf Jahre lang holte man die Relikte einer unbekannten, großen und hochzivilisierten Stadt ans Licht, die unter einer dicken Ascheschicht, der Hinterlassenschaft eines gewaltsamen Endes, ruhten. Die Ruinen von komfortablen Wohnhäusern mit Vestibül und mehreren Räumen um einen Innenhof, von Heiligtümern und Torbauten kamen zutage. Man fand noch mehrere reliefgeschmückte Kultbekken bis auf eines alle in Bruchstücken.

Am Westrand der Akropolis wurde das vermutliche Hauptsank-

Fig. 10 Das Südwesttor von Ebla

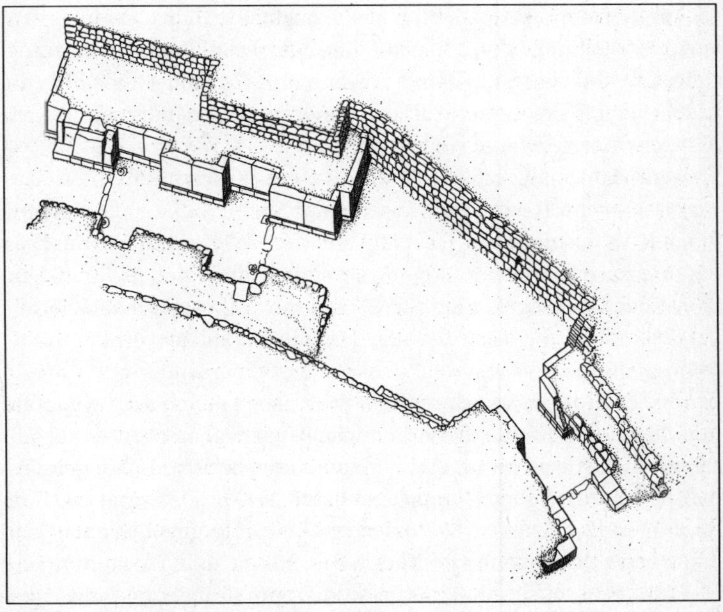

tuarium der altsyrischen Periode freigelegt, ein imposanter Tempel, den Matthiae mit D bezeichnete. *(Fig. 11)* Er umschloß eine lange, rechteckige Cella mit Kultnische und zwei quergestellten Vorräumen. Der innere wurde von einem Löwenpaar bewacht. In der Nische standen eine Opfertafel aus Basalt und ein fast unbeschädigtes steinernes Kultbecken. Zwei Baetyle wiesen auf denselben altsemitischen Steinkult wie im Dagan-Tempel von Mari.

Das Becken ist in der Mitte geteilt, 1,17 Meter lang, 0,79 Meter breit und 0,64 Meter tief. Das Frontrelief zeigt einen Mann und eine Frau, die einander an einem Tisch gegenübersitzen. Jeder hält ein Gefäß in der erhobenen Rechten. Wahrscheinlich wurde hier das Königspaar von Ebla bei einer Opferhandlung dargestellt. Hinter ihm stehen je drei Gestalten mit Standarten und Krügen. Auf dem Fries darunter ist eine Tierherde zu sehen, die von einem Löwen bedroht und von einem Bogenschützen verteidigt wird. Auf den beiden Schmalseiten erscheinen Fabelwesen aus der altmesopotamischen Mythologie. Der »gelockte nackte Held« packt einen Drachen mit Schuppenleib, Vogelkrallen und Pranken am Schlangenschwanz. Das wasserspeiende Löwenhaupt des Monstrums trägt die Hörnermütze der Götter. Auf der anderen Seite bändigt ein löwenköpfiger Heros zwei Löwen.

Fünf Jahre lang blieb Tell Mardikh eine anonyme Ruinenstätte. Dann aber, im Herbst 1968, wurde der Oberteil einer Basaltstatue ohne Kopf aus der Erde geschält. Die Brust trägt einen akkadischen Weihetext in Keilschrift, der sie als Bildnis eines Königs, Ibbit-Lim, von Ebla bezeichnet. Eine Streitfrage der Nahost-Archäologie, die fast 80 Jahre die Gemüter der Altertumsforscher erhitzt hatte, schien plötzlich beantwortet.

Der Name Ebla war den Archäologen seit langem aus mesopotamischen Texten bekannt. Sargon, der Begründer der ersten akkadischen Dynastie, erwähnt ihn in einem Siegesbericht. Darin heißt es, daß ihm der Gott Dagan »das Obere Land mit Mari, Jarmuti und Ebla bis hinauf zum Zedernwald und dem Silberberg« gegeben habe. Und einer seiner Nachkommen, Naram-Sin, rühmt sich, »Armanum und Ebla mit Hilfe der Götter Nergal und Dagan erobert und mit Feuer und Schwert vertilgt« zu haben. In einem Verwaltungsdokument aus der Zeit der südmesopotamischen Dynastie von Lagasch wird bereits um 2400 v. u. Z. ein »Kanal von Ebla« bei Adab genannt. Auch in den ersten Jahrhunderten des zweiten Jahrtausends v. u. Z. kommt Ebla noch in Schriftzeugnissen vor. Eines stammt aus Kanesch, dem heutigen Kültepe bei Kayseri im östlichen Zentralanatolien, einer frühbronzezeitlichen Stadt. An ihrem Rand florierte seit dem 19. Jahrhundert v. u. Z. eine Handelsniederlassung der Assyrer, die eine reiche Geschäftskorrespondenz hinterließen.

Die Lokalisierung von Ebla, einer sichtlich bedeutenden Metropole mit weitgespannten Verbindungen, hatte den Archäologen endloses Kopfzerbrechen bereitet. Seit Poebel sie 1914 in der Zone zwischen dem Taurus-Gebirge und Kommagene in Südkleinasien vermutete, gab es bis 1968 nicht weniger als 17 Hypothesen. Man suchte sie in einem Bereich, der vom Quellgebiet des Khabur und vom Balich-Tal bis zum Unterlauf des Orontes ging. Der richtigen Gegend am nächsten kam Götze, der 1953 die Umgebung von Aleppo vorschlug. Niemand aber dachte an den Tell Mardikh. Die Beschriftung der Statue des Ibbit-Lim erregte daher kein geringes Aufsehen

Fig. 11 Grundriß des Tempels D in Ebla (2000–1800 v. u. Z.)

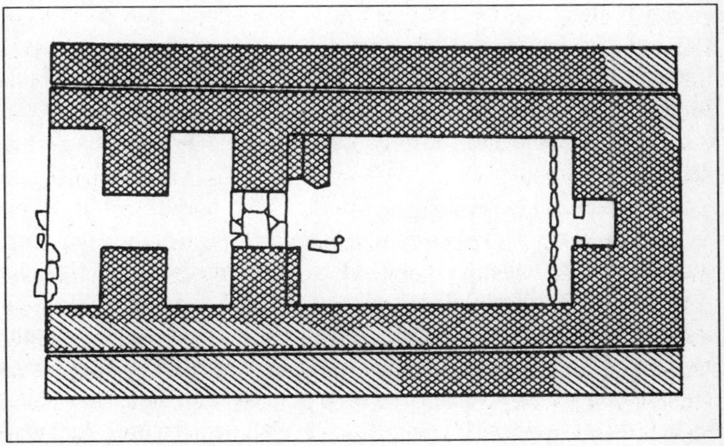

in Fachkreisen. Kunstvoll aufgebaute Theorien gerieten ins Wanken, und eine beträchtliche Zahl von Gelehrten weigerte sich, den Fund als Beweis zu akzeptieren. Noch 1974 wurde die Gleichsetzung von Tell Mardikh mit Ebla von den deutschen Forschern Edzard und Farber abgelehnt.

Professor Matthiae und seine Mitarbeiter waren jedoch überzeugt, die langgesuchte Stadt wiedergefunden zu haben, und veränderten den ursprünglichen Ausgrabungsplan, der vor allem auf die Erkundung der altsyrischen beziehungsweise mittelbronzezeitlichen Periode zugeschnitten war. Nun aber versprach die Erforschung einer Stadt aus der Frühbronzezeit, die offensichtlich seit der Mitte des dritten Jahrtausends eine hervorragende Rolle in Vorderasien gespielt hatte, hochwichtige Entdeckungen und Erkenntnisse, die einen frühen Abschnitt der ethnischen, politischen und kulturellen Geschichte Nordsyriens erhellen konnten.

Es war keine leichte Aufgabe, zu den Wohnhorizonten der Frühbronzezeit hinabzugelangen, ohne die jüngeren Siedlungsschichten wesentlich zu beschädigen. Scherbenfunde aus Sondierungen, bei denen man jedoch nicht bis auf den gewachsenen Boden gelangte, zeigten, daß die Gründung von Ebla wahrscheinlich zu Beginn des dritten Jahrtausends anzusetzen war. Zwischen 1969 und 1972 erfolgten mehrere Ausgrabungen an verschiedenen Stellen. Sie bestätigten die Existenz einer ausgedehnten Stadt aus der zweiten Hälfte des dritten Jahrtausends v. u. Z., brachten aber keine aufsehenerregenden Entdeckungen. 1973 sollte sich dies im Laufe von Probegrabungen an den West- und Südhängen der Akropolis gründlich ändern.

Die italienischen Archäologen hatten sich bereits bei der Freilegung des Tempels D über die terrassenartige Gestaltung der Zone unterhalb des Heiligtums gewundert. Nun wurde deren Ursache deutlich: Die Terrassen überdeckten mächtige Strukturen, die sich als mehrere Meter starke Lehmziegelmauern von Bauten aus der zweiten Hälfte des dritten Jahrtausends entpuppten. Die Ruine eines rechteckigen Turmes von elf mal zehn Metern Seitenlänge umschloß nicht weniger als vier Treppenaufgänge. Anfänglich wurde der Turm als Teil einer Befestigung der Akropolis angesehen. Verkohlte Reste einer reichen Verzierung der Stufen, die ursprünglich holzverkleidet und mit Intarsien aus Muscheln geschmückt waren, sprachen aber gegen eine militärische Bestimmung.

1974 schien es sicher, daß man einem bedeutenden Baukomplex, vermutlich dem Sitz der frühen Könige von Ebla, auf die Spur gekommen war. Feuer hatte auch dort gewütet, vielleicht im Verlauf der blutigen Eroberung der Stadt durch Naram-Sin. Die Katastrophe mußte sich sehr rasch abgespielt haben. Die kostbare Einrichtung des Palastes konnte nicht mehr gerettet werden. Unter dem Schutt der eingestürzten Decken lagen viele Relikte des Inventars. Fragmente von Prunkstühlen und Tischen aus Holz, verziert mit Schnitzwerk und Figürchen, Goldbeschlägen und eingelegten geometrischen Ornamenten aus Muschelschalen vermitteln eine Ahnung von der luxuriösen Ausstattung der Räume. Man weiß, daß die Möbelmacher von Ebla weithin berühmte Meister ihres Faches waren. In neosumerischen Texten ist von Möbellieferungen aus Ebla die Rede.

An den Wänden gab es Hochreliefs in der Art der altmesopotamischen. Deren geschnitzte Holzkerne waren mit Goldblech verkleidet und mit Lapislazuli, Steatit und Kalkstein intarsiert. Holz spielte auch eine wesentliche Rolle bei den Kompositskulpturen. Nur einige ihrer nichtbrennbaren Teile überdauerten die Jahrtausende. Eine fast naturgroße Perücke aus graugrünem Stein besteht aus zehn fein gravierten, welligen Haarsträhnen von bis zu 30 Zentimetern Länge, die einzeln angefertigt und mit Bitumen aneinandergefügt waren. Das Antlitz, das sie einmal halbkreisförmig umrahmten – vielleicht war es mit Goldfolie bedeckt, welche die Habgier der Plünderer reizte –, ist vergangen. Löcher an der Innenseite des Haarteils zeigen, daß es vermutlich mit Stiften an einem Holzkern befestigt wurde. Von einer Statue fand sich keine Spur, obwohl Keile an den Enden der langen Strähnen auf deren Fixierung am Nacken oder Rücken einer Figur deuten.

Matthiae denkt an die Aufstellung von Bildnissen in der Form von Köpfen oder Büsten, die Ahnen, Mitglieder der Herrscherfamilie und hohe Würdenträger darstellten, im Palast. Der Fund eines Köpfchens aus Kalkstein verrät, daß die Skulpturen stilistisch weitgehend sumerischen Vorbildern entsprachen. Augen und Brauen wurden eingelegt, Frisuren und Kopfbedeckungen gesondert aus feinen Steinsorten gearbeitet und mit Bitumen befestigt. Ein kunstvolles Haargebilde mit Spiral- und Korkenzieherlocken, das die Jahrtausende überstanden hat, gibt eine Vorstellung von der Haarmode am königlichen Hof von Ebla. *(Fig. 12)*

Zu den reizvollsten Entdeckungen aus dem frühen Palast, den Matthiae mit G bezeichnete, gehört das Figürchen eines menschengesichtigen Wisents, eines der mythischen Geschöpfe des Alten Orients, deren Bedeutung Geheimnis bleibt. Sein holzgeschnitzter liegender Körper und das maskenhafte Antlitz unter den schweren Hörnern, das dem Beschauer zugewandt ist, wurden mit Goldfolie überzogen. Die weiten Augenhöhlen waren einmal farbig eingelegt. Eine unten gelockte Haarflut aus schwärzlichem Steatit wallt in drei Stufen von dem majestätischen Haupt bis über die Brust hinab. *(Fig. 13)*

Gold muß überreichlich zu den Bildwerken und der Innenausstattung des Palastes gehört haben. Die Ausgräber stoßen immer wieder

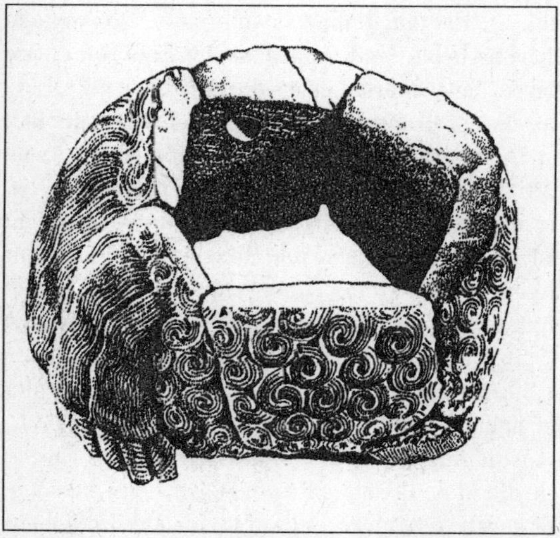

Fig. 12 Steinerne Perücke aus dem Palast G von Ebla (Zeichnung: Louis Chatrer)

auf Reste von Goldfolie und Zierat, die bei der Plünderung der fürstlichen Gemächer zurückblieben. Rohe Hände zerstörten damals die köstlichen Schöpfungen der Hofkünstler. Nur das Gold zählte, das dafür verwendet worden war.

Die Ausgrabung der Ruine des Palastes G wird durch die späteren Überbauungen sehr erschwert. Sein oberer Teil verschwand unter anderem durch die Anlage einer breiten Freitreppe, die zu dem neuen Tempel auf der Akropolis führte. *(Taf. 3)* Bis jetzt wurden mehr als 2500 Quadratmeter freigelegt; der gesamte Gebäudekomplex war aber mindestens viermal so groß. Er umfaßte den Regierungssitz mit den Repräsentationsräumen, den königlichen Wohnungen und dem mächtigen Turm, der sich bis zum Südabschnitt des Gipfels der Akropolis erstreckte, die Büros und Verwaltungsgebäude am Westfuß der Akropolis, Wirtschaftsräume, Werkstätten und Magazine. An einem ausgedehnten Hof lagen zwei Säulenhallen. Die eine, mit einem Podest, das offenbar für einen Thron bestimmt war, wird als der Audienzsaal des Königs betrachtet. Zwischen den Hallen stand der Turm. Der Palast war mit Sicherheit zweigeschossig. Sondierun-

Fig. 13 Menschengesichtiger Wisent aus dem Palast G von Ebla. Material: Holz, Goldfolie, Steatit (Zeichnung: Louis Chatrer)

gen zeigten, daß er auf den Resten eines älteren Bauwerkes errichtet worden war. Einzelne steinerne Augen, die vor der Ostfassade der Residenz ans Licht kamen, deuten auf Skulpturenschmuck.

Die Ausgrabungen im Palastbereich sollten Ebla nach kurzer Zeit ins Scheinwerferlicht der Öffentlichkeit rücken. 1974, zehn Jahre nach dem Beginn der Erforschung des Tell Mardikh, schlug die Sternstunde der italienischen Archäologen. Vermengt mit herabgestürzten Ziegeln kamen in einer Kammer Tontafeln mit Keilschrift zutage!

In dem archäologischen Lexikon *Cambridge Ancient History* konnte man zu jener Zeit noch lesen, daß man nichts über die ethnische Zugehörigkeit und die Sprache der Bewohner Nordsyriens im dritten Jahrtausend v. u. Z. wisse und daß diese vermutlich keine Schrift kannten. Der Fund im Palast G sorgte daher für beträchtliche Aufregung unter den Experten der Nahostforschung und weckte große Hoffnungen.

Der entscheidende Coup gelang bei der Kampagne von 1975. Der 1. Oktober des Jahres wurde zu einem historischen Datum in der Forschungsgeschichte des Alten Orients. Ein Schacht, der in eine Kammer an der Ostseite des Palasthofes hinabgetrieben wurde, enthüllte auf deren Flur eine atemberaubende Menge von Tontafeln und beschriebenen Bruchstücken. Man war auf eine ganze Bibliothek gestoßen. Sie lag in Haufen auf dem Boden, genau so, wie sie vor etwa 4290 Jahren von den verkohlten Holzgestellen herabgefallen war. Die Feuersbrunst, die den Palast vernichtete, hatte die luftgetrockneten Tafeln nachträglich steinhart gebrannt.

Die kleinsten von rundlicher, leicht gewölbter Form und fünf bis sechs Zentimetern Durchmesser blieben naturgemäß am besten erhalten. Aber auch von den größten, quadratischen mit über 33 Zentimeter Seitenlänge sind manche unbeschädigt und bezaubern durch die Eleganz des dichten Netzes sauber eingravierter Zeichen. Die Schreiber von Ebla beherrschten die Keilschrift, die sie in einer zum Hof gehörenden Schule erlernt hatten, in allen ihren Finessen. 1976 kamen in einem Raum neben der Bibliothek gegen 400 Tafeln und Bruchstücke zum Vorschein, die teilweise mit ungelenken Schriftzügen von Schülerhand bedeckt sind. Ein Terrakottafaß mit Ton, kantige Bleigriffel und Gerät zum Auslöschen von Geschriebenem in noch weichem Ton verrieten, daß man auf die königliche Schreiberschule gestoßen war.

Zwischen 1974 und 1976 wurden gegen 2000 komplette Tafeln, etwa 4000 größere und rund 10 000 kleine bis winzige Bruchstücke gefunden. Weitere Ausgrabungen ließen die Zahl der Dokumente auf etwa 20 000 ansteigen. Man hatte die bisher größte Gruppe von Texten aus dem dritten Jahrtausend v. u. Z. im Bereich des Fruchtbaren Halbmondes entdeckt. Die zeitlich nächstliegende aus Mari stammt erst aus dem 20. bis 18. Jahrhundert v. u. Z.

Aufschlußreich für die Datierung der Schriftzeugnisse aus Ebla war der Fund von etwa 20 zerbrochenen Tafeln im Palasthof zusammen mit den verkohlten Brettern, auf denen sie transportiert wurden. Dieser Fund und zur Beschriftung vorbereitete Tafeln aus dem Archiv beweisen, daß die Dokumente fortlaufend bis zum Fall der Stadt im 23. Jahrhundert v. u. Z. angefertigt wurden. Man schätzt, daß sie in einem Zeitraum von 70 bis 80 Jahren entstanden. Im Verlauf der Ausgrabung des Palastes G kommen immer noch vereinzelt Tontafeln in verschiedenen Räumen zutage. Professor Matthiae hält es für möglich, daß es mehr als nur das eine große Archiv im Palast gab.

Die Entzifferung und Übersetzung der Texte wurde zunächst dem italienischen Altphilologen und Assyriologen Giovanni Pettinato anvertraut, den man bereits bei der Lesung der Weihe-Inschrift des Ibbit-Lim konsultiert hatte. Die Texte waren in zwei Sprachen abgefaßt: auf sumerisch und in einem bis dahin unbekannten Idiom, das Pettinato rasch als ein hocharchaisches Semitisch erkannte. Er hielt die neuentdeckte Sprache für Altkanaanäisch, für eine Verwandte der anderen nordwestsemitischen Idiome Hebräisch, Ugaritisch und Phönizisch. Er taufte sie kurzweg Eblaitisch. Die Keilschrift von Ebla war, nach der Art ihrer Zeichen, in einem ziemlich frühen Entwicklungsstadium aus Sumer übernommen worden. Sie muß von oben nach unten gelesen werden. Nur die Spalteneinteilung läuft von rechts nach links.

Weitaus die meisten Dokumente wurden in Eblaitisch abgefaßt, nur Lehrtexte und literarische Kompositionen in Sumerisch. Die unterschiedliche Schreibweise der Texte entspricht der in Mesopotamien im dritten Jahrtausend üblichen. Für Zauber- und Beschwörungsformeln wurden ausschließlich Silbenzeichen verwendet. Für Briefe, historische Aufzeichnungen und literarische Texte gebrauchte man sowohl Silben- als auch Wortzeichen. Die Verwaltungs- und Wirtschaftstexte, die weitaus in der Mehrzahl sind, bestehen aus Wort- und nur wenigen eingeschobenen Silbenzeichen.

Mit der Entzifferung der Schriftzeugnisse aus Ebla begann ein neues, außerordentlich spannendes Kapitel der Geschichte altorientalischer Schriftfunde. Es enthält revolutionäre Erkenntnisse über die ethnische Struktur, den Sprachtyp, die politischen, sozialen und kulturellen Verhältnisse, die »internationalen« Verbindungen, die Götterwelt und die Literatur eines führenden innersyrischen Königreiches im dritten Jahrtausend. Die Entzifferung des umfangreichen Materials wird noch Jahrzehnte dauern und stellt die Sprachforscher vor ungeheure Probleme.

Die Interpretation der einzelnen Zeichen, die oft ein Dutzend verschiedener Bedeutungen haben können, die Ungewißheit, die noch über die Aussprache der Konsonanten herrscht – Zeichen für Vokale fehlen –, und das hohe Alter der Texte, das einen Vergleich mit jüngeren erschwert, führten bereits zu vielen Irrtümern, Polemiken und selbst zu politischen Verwicklungen. Eine Vorstellung von den Schwierigkeiten vermittelte der internationale Kongreß, der 1981 in Neapel abgehalten wurde und ausschließlich der Sprache von Ebla gewidmet war. Er führte nicht einmal zu ihrer endgültigen Klassifikation. Es blieb umstritten, ob Eblaitisch als eigene Sprache oder als altakkadischer Dialekt, ob als ost- oder als westsemitisches Idiom gelten könne. Grammatikalisch hat Eblaitisch mehr mit Altakkadisch gemein als mit dem Hebräischen. Es scheint sogar möglich, daß sich das Altakkadische erst aus dem Eblaitischen entwickelte!

Einig waren sich die Gelehrten nur, daß es sich um eine sehr frühe Sprachform handele. In phonologischer Hinsicht sei noch der Einfluß einer nicht-semitischen Sprache erkennbar, eines vorsumerischen asiatischen Idioms, das vermutlich von Stämmen gesprochen wurde, die Nordsyrien in der Kupfersteinzeit bewohnten. Unter den einigen hundert Vokabeln, die bis jetzt entziffert werden konnten, entsprach der höchste Prozentsatz dem gemeinsamen Wortschatz der semitischen Sprachen. Eine Gruppe kommt mit dem Akkadischen überein und hat keine Entsprechungen im Westsemitischen. Für viele eblaitische Vokabeln gibt es andererseits nur Äquivalente im Westsemitischen.

Bis jetzt wurden nicht viel mehr als zwei Prozent der Texte aus Ebla entziffert, und auch diese Lesungen blieben nicht unumstritten. Zu den Überraschungen der Palastbibliothek zählen die ältesten bisher entdeckten Wörterbücher in sumerischer und eblaitischer Sprache. Sogar die Aussprache sumerischer Wörter ist darin angegeben. Da aber auch im Sumerischen Wort- und Silbenzeichen viele Bedeutungen haben können, trugen sie relativ wenig zum Verständnis der Schriftstücke bei.

Zum Archiv gehörten ferner spezialisierte Lexika nach südmesopotamischem Vorbild mit Listen von Vögeln, Fischen, Gegenständen aus Holz und Metall usw. Sehr aufschlußreich ist ein Verzeichnis mit 289 Namen syrischer, palästinensischer und obermesopotamischer Orte, die auf einen weiten Bereich der semitischen Sprachen im dritten Jahrtausend v. u. Z. hinweisen. Daraus wird deutlich, daß es schon damals im syrischen Raum Städte gab, in denen eine Hochkultur blühte, die vom Orontes bis zum Mittleren Euphrat verbreitet war und vorwiegend von Semiten getragen wurde. Die Vorstellung von einem Gebiet, das nur von unzivilisierten Nomaden und Halbnomaden bevölkert wurde, muß endgültig aufgegeben und der semitische Anteil an der kulturellen Entwicklung in der oberen Hälfte Mesopotamiens viel höher bewertet werden.

Wie zu erwarten enthält das Palastarchiv vorwiegend Staats- und Wirtschaftsakten. Es fanden sich Verlautbarungen der Regierung, Verträge, darunter ein Wirtschaftsabkommen zwischen Ebla und Assur, Handelskontrakte, politische Korrespondenz des Königshauses. Dessen weitreichende Beziehungen werden durch eine Allianz mit dem 1000 Kilometer entfernten nordiranischen Hazi-Reich illustriert. Enge Verbindungen bestanden auch mit dem mächtigen Stadtstaat von Kisch, der in der Nähe von Babylon lag und vielfach in den Texten vorkommt. Zahlreich sind die Belege über die Verteilung von Gütern wie Woll- und Leinenkleider, von Lebensmitteln wie Schaffleisch, Gerste, Malzbier, Wein sowie über die Zuteilung von Ackerland. Abgaben werden registriert, ebenso die Anzahl der Rinder und Schafe, der Herden, die durch den Palast kontrolliert wurden. Auf einer Tafel sind 22 Oberhirten des Königs aus umliegenden Orten aufgezählt, die für 67 200 Stück Vieh verantwortlich waren. Man erfährt auch von kostbaren Geschenken wie Prunkdolchen für Prinzen und Würdenträger. Einige große Tafeln, die doppelseitig mit zwei- bis dreitausend Zeilen beschrieben sind, erwiesen sich als Jahresabrechnungen. Einmal werden 16 000 Stück Vieh genannt, die für Tempelopfer und den Verbrauch der Stadtbewohner bestimmt waren. Viehzucht hatte eine Vorrangstellung. Nach den Aufzeichnungen betrug der Bestand des Königtums etwa eine Million Stück, wahrscheinlich in der Mehrzahl Schafe.

Zur Zeit von Ebla gab es auf dessen Territorium sicher noch Wald und vor allem ausgedehnte Weidegründe, obwohl das Klima dieses Gebietes am Rand der Wüstenzone schon damals regenarm war und keine ständigen Wasserläufe besaß. Die Ausgrabungen zeigten, daß die Bevölkerung auf Zisternen und Brunnen mit Grundwasser angewiesen war. Angesichts der dürren Steppe mit vereinzelten Stachelpflanzen, die sich heute um den Tell Mardikh erstreckt, ist es fast unvorstellbar, daß dort einmal eine dichtbevölkerte Metropole existieren konnte.

Die intensive Viehzucht und Entforstung müssen bereits im dritten Jahrtausend die Versteppung der Landschaft eingeleitet haben. Nicht das Klima, sondern der Mensch verschlechterte die Lebensbedingungen. Noch in den vergangenen 100 Jahren sank der Grundwasserspiegel im Gefolge eines intensivierten Ackerbaus um mehr als einen halben Meter! Der Ertrag der Felder im Bereich des Stadtstaates war sicher nicht sehr hoch, da man ohne künstliche Bewässerung auskommen mußte. Auf den Tontafeln werden allerdings zahlreiche Getreidesorten, Öl, Wein und Früchte angeführt.

Vermutlich wurde die einheimische Produktion durch Importe aus Ländern unter der Oberhoheit von Ebla ergänzt. Der Wohlstand des Königreiches beruhte schwerlich auf agrarischen Überschüssen, sondern vielmehr auf Handel.

Die geographische Lage von Ebla prädestinierte es für eine Mittlerfunktion zwischen Nordpalästina, Anatolien und Mesopotamien. Rohstoffe wie Holz und Metalle gelangten wahrscheinlich zum Großteil über Ebla nach dem mittleren und unteren Zweistromland. Die Texte bezeugen Warenverkehr mit Mari, Assur, Kisch und Byblos. Mehr als 5000 darin vorkommende Ortsnamen veranschaulichen weitgespannte Beziehungen. Die Beherrschung der hierfür nötigen Fremdsprachen geht aus der Erwähnung von Dolmetschern hervor. Bedeutend war der Export von Rohwolle sowie von Produkten einer hochentwickelten Textilindustrie, die Leinen und Wolle verarbeitete. Die Nennung von scharlachfarbenem Tuch, durchwirkt mit Goldfäden, zeigt, daß Syriens berühmte Brokate eine sehr lange Geschichte haben. Außerordentlich hoch waren die Eingänge an Silber und Gold, wohl hauptsächlich Tributleistungen. Unter Ibbi Zikir, dem letzten König, der in den Dokumenten des Archivs angeführt wird, betrugen sie rund 705 Kilogramm und 470 Kilogramm jährlich. Der Löwenanteil des Edelmetalls ging an den König.

Diese und viele andere Informationen über den hierarchischen Aufbau und die soziale Struktur sowie die wirtschaftlichen Verhältnisse in Ebla stammen aus den bisher übersetzten Schriftstücken der Palastbibliothek. Sie zerstreuten auch jeden Zweifel an der Gleichsetzung des Tell Mardikh mit Ebla. Die Könige erscheinen darin stets als »Herren von Ebla«. Sie werden in den Texten mit dem sumerischen Logogramm EN gleich Herr bezeichnet, das in den Wörterbüchern mit Malikum, dem semitischen Wort für König übersetzt wird. Vielleicht ist dieser Titel ein Hinweis auf alte Bande mit Uruk, dem führenden Stadtstaat der sumerischen Frühzeit, den einst der legendäre Held Gilgamesch regiert haben soll. Dessen Könige trugen als einzige den Titel EN. Alle anderen mesopotamischen Fürsten wurden LUGAL genannt. Diese Bezeichnung gab es auch in Ebla, aber nur für hohe Würdenträger.

Aus den Akten des Palastarchivs geht hervor, daß der König von Ebla kein absoluter Herrscher war wie die akkadischen Despoten, die sich »Gott von Akkad« nennen ließen. Neben ihm gab es eine beträchtliche Zahl von Funktionären, die wichtige Posten bekleideten. Auch die Königin, MALIKUM genannt, hatte großen Einfluß und schwerwiegende Verantwortlichkeiten. Ihr waren unter anderem die staatlichen Spinnereien und Webereien unterstellt. Das Gerüst der Institutionen Eblas wurde zwar von Sumer übernommen, doch bewahrte man beim Aufbau des Staatswesens auch die eigenen Traditionen.

Nicht mehr als etwa 150 Tafeln aus dem Palastarchiv sind mit literarischen und religiösen Texten wie Hymnen, Mythen, Ritualen, Epen, Sprichwörtern und Zauberformeln beschrieben. Es gibt darunter einige von ungewöhnlicher Länge, wahrscheinlich Hymnen. Eines dieser Schriftstücke ist mit seinen 100 Zeilen der längste literarische Text in semitischer Sprache aus dem dritten Jahrtausend v. u. Z., der bis jetzt ans Licht gekommen ist. Die Entzifferer halten ihn für einen Lobgesang zu Ehren des Sonnengottes. Dieser wird mit dem sumerischen Namen Utu – Krieger und Sohn des Mondgottes – angerufen. Die Übersetzung bereitet große Schwierigkeiten; vorläufig konnten nur einzelne Wörter entziffert werden. Bis jetzt blieb kein einziger längerer Text aus Ebla ohne Rätsel für die Philologen!

Der geringe Bestand an religiöser Literatur im königlichen Archiv bedeutet sicher nicht, daß sie in Ebla nicht reichlich vorhanden war. Vermutlich wurde sie aber, wie in Ugarit, hauptsächlich von Priestern bewahrt. Die Aufzählung von Opfergaben für verschiedene Heiligtümer belegt die Existenz von Tempeln im Stadtbereich.

Trotz der begrenzten Zahl kultischer Texte wurden aus diesen, den Spendenlisten und anderen Dokumenten, wie einem Abkommen zwischen dem König von Ebla und einem anderen Fürsten, in dem bei Vertragsbruch mit Bestrafung durch verschiedene Gottheiten gedroht wird, rund 500, in der Mehrzahl semitische und lokale Götter bekannt. An hervorragender Stelle standen der Getreidegott Dagan und Aschtart, die etwa der Liebes- und Kriegsgöttin Ischtar der Akkader und der sumerischen Inanna entsprach. In Ebla wurde sie aber auch als »Herrin der Tiere« und Beschützerin der Herden dargestellt.

Eine Überraschung bedeutete die Nennung des Baal Hadad, des Wettergottes aus den ugaritischen Mythen. Zuvor wurde seine Verehrung von den Nahost-Archäologen für verhältnismäßig jung gehalten. Sumerische Gottheiten kommen ebenfalls in den Texten vor. In den Wörterbüchern werden einige mit eblaitischen gleichgesetzt. Im Kult spielten sie anscheinend keine wesentliche Rolle. Bemerkenswert ist die Nennung hurritischer Gottheiten wie Adamma, Aschtapi, Hebat, Ammarigu. Letzterer wurde noch von den Hethitern, den Erben hurritischer Kulte, verehrt.

Diese Namen bezeugen eine unerwartet frühe Anwesenheit von Hurritern in Syrien. Später gründete dieses Bergvolk aus der Gegend des Van-Sees im 16. Jahrhundert v. u. Z. den mächtigen Staat von Mitanni, der von Obermesopotamien bis zum Mittelmeer reichte. Ihre Sprache war weder indoeuropäisch noch semitisch. Der Kriegeradel der Hurriter bestand anscheinend jedoch aus zugewanderten Gruppen indoeuropäischer Sprache, die den zweirädrigen, pferdebespannten Streitwagen im Vorderen Orient einführten. Den Gottheiten Adamma und Aschtapi waren je ein Monat des Jahres geweiht, ein Beweis für die bedeutende Rolle der Hurriter in Ebla.

Pettinato las auch einen Gott Ya oder Yaw aus den Texten, und dies gehörte zu dem Sprengstoff, der sich unerwartet aus seinen ersten Publikationen eblaitischer Dokumente entwickelte. Nicht nur ein Gott, dessen Name sich mit dem Jahwe der Hebräer in Verbindung bringen ließ, sondern auch Namen, bekannt aus dem Alten Testament: Ab-ra-mu, Ish-ma-il, Da-u-dum (David) und der besonders geladene Ish-ra-il, tauchten darin auf. Pettinato stieß in den Schriftstücken weiterhin auf einen König Ebrum oder Ebrium, der an Eber, den Urahnen Abrahams und der Hebräer (Genesis 10,21), und an deren Stammesbezeichnung »ibri« erinnert. Auch entdeckte er Ortsnamen wie Sodom und Gomorrha und andere, die in Genesis 14,2 erscheinen; außerdem glaubte er in einer Hymne den Schöpfungsmythos aus Genesis 1 wiederzufinden. In seiner Übersetzung lautete sie etwa:

Herr des Himmels und der Erde:
Die Erde war nicht;
Du hast sie geschaffen.
Das Licht des Tages war nicht;
Du hast es geschaffen…

Pettinatos Entdeckungen erregten nicht nur in Fachkreisen anläßlich des Assyriologen-Kongresses 1976 in Birmingham Aufsehen; sie entzündeten auch innerhalb kurzer Zeit, zunächst in den USA, das leidenschaftliche Interesse einer breiten Öffentlichkeit. Den Anstoß gab eine Indiskretion des amerikanischen Religionsforschers und Herausgebers der Zeitschrift *Biblical Archeologist*, Professor N. D. Freedman von der Universität Michigan. Tief unter dem Eindruck der Texte aus Ebla, die ihn als eine Bestätigung der Bibel trafen, besuchte er Tell Mardikh und anschließend Pettinato in Rom, um Näheres über die Funde von Ebla zu erfahren. Vertrauliche Auskünfte wurden dann von ihm in einem Memorandum verarbeitet, das er in einem kleinen Kreis von Kollegen und Interessierten zirkulieren ließ, was keineswegs im Sinne von Matthiae und Pettinato war.

Ein Exemplar fand den Weg in die Redaktion der *Los Angeles Times,* die eine Sensation witterte und einen groß aufgemachten Artikel herausbrachte: Dies war der Beginn einer wahren Lawine von Zeitungsberichten, in denen die Schriftzeugnisse von Ebla vielfach in direkte Beziehung zum Alten Testament gebracht wurden und man sie als Beweis für die Geschichtlichkeit der darin erwähnten Personen und Ereignisse anführte. Auch wurde die Frage aufgeworfen, ob die Eblaiten die Vorfahren der Israeliten waren. Vor allem bei den Fundamentalisten, die in den USA eine bedeutende und rasch wachsende Rolle innerhalb der christlichen Gemeinschaften spielen, schlugen die Emotionen hohe Wellen. Sie sind nämlich der Überzeugung, daß die Heilige Schrift als Gottes Offenbarung niemals irren könne und wörtlich zu nehmen sei. Pettinatos Veröffentlichungen der Texte aus Ebla waren Wasser auf ihre Mühle und wurden mit

Begeisterung ausgewertet. In einer Broschüre hieß es, daß diese Schriftzeugnisse die gesamte liberal-moderne Bibelforschung und deren Auffassungen von der religiösen Entwicklung in Israel erschüttert hätten. Aber auch sonst wurden diese in weiten Kreisen, die an der Bibelforschung interessiert waren, als Bestätigung gefeiert, daß »die Bibel doch recht hat«.

Die Ausgrabung des Tell Mardikh, ein fast zwölf Jahre lang nur in Fachkreisen verfolgtes Unternehmen, war plötzlich berühmt und zu einer internationalen, öffentlichen Angelegenheit geworden, die sich darüber hinaus zu einem Politikum zu entwickeln drohte. Der zuvor reibungslose Verlauf der von Syrien wohlwollend unterstützten Arbeit der italienischen Mission schien gefährdet. Allein die Vorstellung, die Eblaiten könnten die Ahnen der Israeliten gewesen sein, wirkte wie eine Bombe. In Syrien entstand der Verdacht einer »zionistischen Verschwörung«. Der unvergessene Passus in Genesis 15,18, »Deinem Samen habe ich dieses Land vom Fluß in Ägypten bis zum Flusse Euphrat gegeben«, nährt noch immer die Vorstellung, die Israeliten könnten von einem solchen Imperium träumen. Es kam zu heftigen Reaktionen von offizieller syrischer Seite. Professor Freedman wurde zur Persona non grata erklärt, und die Mitglieder der italienischen Mission begannen sich unbehaglich zu fühlen und befürchteten selbst eine Ausweisung. Die zuvor enge Zusammenarbeit zwischen Matthiae und Pettinato erlitt infolge dieser Entwicklung Schiffbruch.

Matthiae hatte von Anbeginn eine vorsichtige Haltung gegenüber den Übersetzungen eingenommen und die Pressebehauptungen, die Texte bewiesen die historische Zuverlässigkeit des Alten Testaments, als Unsinn bezeichnet. Er betonte, daß Ähnlichkeiten der Sprache und von Namen keinesfalls als Beweise gelten könnten, die Eblaiter seien die Vorfahren der Israeliten gewesen. Die Schriftstücke aus dem Palastarchiv lieferten allein wertvolle Informationen über den kulturellen Hintergrund, den die Juden vorfanden, als sie etwa 1000 Jahre später in Palästina erschienen. Auch Pettinato hatte nie von einer direkten Verbindung zwischen Ebla und der Welt des Alten Testaments gesprochen. Doch hatte er die Analogien von

Personen und Ortsnamen stark betont, die »eine Verwandtschaft der Kultur von Ebla und der biblischen einer späteren Periode als gesichert erscheinen lassen«. Seine Ausführungen lieferten für Spekulationen sicher mehr Spielraum, als Matthiae lieb war, der zudem an der Richtigkeit der Übersetzungen zweifelte.

Die von Pettinato auf Grund der Texte vorgeschlagenen Datierungen deckten sich nicht immer mit den Ausgrabungsbefunden. Und die Verehrung eines Gottes Ya oder Yaw in Ebla, die Pettinato als einen ersten Schritt auf dem Weg zum Monotheismus sehen wollte, erschien Matthiae um so unglaubwürdiger, als diese Gottheit auf keiner der bisher entzifferten Opferlisten vorkommt. Ya wird von den meisten Sprachforschern für eine Endung gehalten, die Namen angefügt wurde. Im heutigen Sprachgebrauch würde sie etwa der Abkürzung von Viktoria in Vicki entsprechen. Der Königsname Ebrium oder Ebrum könnte nach Professor Matthiaes Ansicht einfach einen sehr alten Namen der syrisch-palästinensischen Region darstellen, der später in die hebräische Genealogie aufgenommen wurde. Auch die Möglichkeit, daß »ebrium« auf das hurritische Wort »ewri« (»ebri«) zurückging, das soviel wie »Herr« bedeutet, ist nicht auszuschließen.

Die Meinungsverschiedenheiten der beiden Forscher, die teilweise absurden Folgen der ersten Textveröffentlichungen, die in der amerikanischen und selbst in der englischen Presse als Beweise für die Geschichtlichkeit der biblischen Patriarchen und für eine sehr alte Herrschaft der Hebräer über die Region von Aleppo angeführt wurden, führten 1977 zum Ende der Zusammenarbeit. Pettinato wartete in Rom vergeblich auf die Photos der 1630 Tontafeln, die 1976 gefunden wurden. An ihrer Stelle kam die Mitteilung, auf Wunsch der Generaldirektion der Syrischen Altertümer sei ein internationales Komitee von qualifizierten Altphilologen zur Entzifferung der Schriftzeugnisse aus Ebla eingesetzt worden. Nach vergeblichen Protesten gegen diese für ihn völlig unerwartete Entscheidung entschloß sich Pettinato im Interesse seiner weiteren Arbeit zu einem Schreiben an den Generaldirektor der Syrischen Altertümer. Darin unterstrich er, daß die Dokumente aus Ebla die bedeutende Rolle

Syriens im dritten Jahrtausend und die älteste semitische Sprache enthüllt hätten. Er distanzierte sich von den »tendenziösen und gefährlichen Übertreibungen und Mißverständnissen von Kollegen jenseits des Ozeans und vor allem von den Sensationsmeldungen der amerikanischen Presse«. Wenn das Studium der Orts- und Personennamen aus Ebla Raum für Vergleiche mit biblischen biete, so beweise dies einzig, daß die Namen ein gemeinschaftliches Kulturgut der alten Zivilisationen des nordwestsemitischen Bereiches gewesen seien.

Pettinatos Erklärungen wurden im September 1977 in einem langen Artikel zitiert, den eine führende Zeitung von Damaskus über die Ausgrabung des Tell Mardikh veröffentlichte. Der Artikel enthielt auch ein Interview mit dem Generaldirektor der Syrischen Altertümer und Museen, der von Verfälschern der Wissenschaft sprach, die aus politischen Gründen die Ziele des Zionismus zu fördern versucht hätten. Danach beruhigte sich die syrische Öffentlichkeit allmählich, dies um so mehr, als die italienischen Archäologen 1978 neue glänzende Erfolge verbuchen konnten. Das heikle Thema der Analogien zwischen der Welt von Ebla und jener des Alten Testaments wird seither in den Publikationen tunlichst vermieden.

Die mühsame Entzifferung der Schriftzeugnisse aus dem Palast G geht inzwischen in internationalem Verband weiter. Pettinato verlor zwar sein anfängliches Monopol, wurde aber nicht ausgeschaltet. Doch mußte er zahlreiche Irrtümer und voreilige Schlußfolgerungen zugeben. Von den fünf Namen der biblischen »Städte der Ebene«, die in den Ebla-Texten in derselben Reihenfolge wie in Genesis 13,2–3 vorkommen sollten, hielt kein einziger gründlichen Überprüfungen stand. Gomorrha wurde als die bekannte Stadt Emar (amorha) am Mittleren Euphrat »entlarvt« und Sodom als Sedom, ein Ort in der Nachbarschaft von Ebla. Von einem Schöpfungsmythos blieb nach der kritischen Untersuchung des Textes nichts übrig, ebensowenig von einer Sintflut-Erzählung, die Pettinato in einem anderen Text vermutet hatte. Auch vom Kult eines Gottes Ya ist nicht mehr die Rede.

Die bereits im Kapitel über Mari erwähnte Interpretation eines Schreibens, in dem Pettinato einen Beweis für die Eroberung von

Mari durch einen eblaitischen General namens Enna Dagan gesehen hatte, gehört zu den ärgsten Irrtümern der ersten Übersetzungsphase. Gerade dieser Brief entpuppte sich bei neuerlicher Bearbeitung als eines der historisch wichtigsten Dokumente des königlichen Archivs. Enna Dagan von Mari hatte ihn, vielleicht anläßlich seiner Thronbesteigung, an einen ungenannten Herrscher von Ebla gerichtet, den Matthiae mit dem aus Schriftzeugnissen bekannten König Ar-Ennum identifizieren möchte.

Der Bericht des Enna Dagan handelt von den Siegen und Eroberungen dreier seiner Vorgänger: Iblul-Il, Ishtup-Shar und Sa-umu. Die Erwähnung von Iblul-Il, dessen Name auf verschiedenen, allerdings nicht genau datierbaren Weihe-Inschriften aus Mari vorkommt, ergibt einen wertvollen chronologischen Anhaltspunkt. Laut einem Verwaltungstext aus Ebla scheint er noch zur Zeit des Ar-Ennum regiert zu haben, dessen Herrschaft allerdings sehr lange gedauert hätte, wenn er drei Könige von Mari überlebt hätte und noch ein Schreiben des vierten empfangen konnte.

Einen weiteren chronologischen Hinweis lieferte ein Fund, der 1977 bei der Spatenarbeit in einem Innenhof des Palastes G zutage kam. Zusammen mit Bruchstücken ägyptischer Gefäße aus Alabaster und Diorit kamen ein runder Deckel aus Alabaster und Fragmente zweier Dioritlampen ans Licht. Ersterer trägt eine Inschrift, die verschiedene Titel des Pharaos Pepi I. aus der IV. Dynastie aufzählt, dessen Regierung zwischen 2332 und 2283 angesetzt wird. Auf den Lampenscherben wurde der Name des berühmten Chephren aus der IV. Dynastie eingeritzt, der gegen die Mitte des dritten Jahrtausends die zweite große Pyramide erbaute.

Diese Objekte sind die bis heute östlichsten Funde ägyptischer Importe aus dem Alten Reich. Beweise direkter Verbindungen zwischen Ebla und Ägypten im dritten Jahrtausend v. u. Z. fehlen, doch bezeugen Schriftstücke aus dem Palastarchiv Handelsverbindungen mit Byblos, dem Haupthafen für die Ausfuhr von Zedernholz aus dem Libanon in das baumlose Nil-Tal und Umschlagplatz für Papyrus und andere ägyptische Exportprodukte. Wahrscheinlich gelangten die kostbaren Steingefäße über Byblos nach Ebla. Jedenfalls bestätigen sie die Existenz des Königspalastes G in dem von Matthiae vorgestellten Zeitraum zwischen 2400 und etwa 2250 v. u. Z.

1978 wurde aufs neue ein Kronjahr der Ausgrabung des Tell Mardikh. Neben der Fortsetzung der Spatenforschung im frühbronzezeitlichen Königssitz wurde in der Unterstadt mit der Freilegung eines weitläufigen Baukomplexes aus der Phase III von Ebla begonnen. Sondierungen vor dem alten Palast G hatten bereits 1976 dessen Existenz im Westsektor der Unterstadt verraten. Die Erforschung dieser gewaltigen Anlage, die sich 60 bis 75 Meter breit und mindestens 115 Meter lang über etwa 7500 Quadratmeter erstreckte, ist noch im Gange. Die Ausgräber stellten fest, daß sie aus dem 20. bis 19. Jahrhundert v. u. Z. stammte und in mehreren Etappen, in denen fortlaufend neue Bauten hinzukamen, errichtet wurde.

Die West- und die Ostfassade des neuen Palastes waren geradlinig bis auf eine Konstruktion für eine Treppe im Südosten. Die monumentale Südfront, zu der eine Rampe und Stufen führten, besaß einen Portikus mit wenigstens zwei Säulen. Der zentrale Teil bestand aus zwei einander gegenüberliegenden Blöcken. Im nördlichen wurden die Audienzen abgehalten. Vom südlichen blieb kaum etwas übrig. Seine Bestimmung ist ungeklärt. Stiegenreste zeigen, daß es ein Obergeschoß gab. Kleine Höfe entlang der Umfassungsmauer dienten als Verbindung zwischen den verschiedenen Gebäudeteilen. Ein Tempel und ein kleines Heiligtum gehörten ebenfalls zum Palast, in dem Professor Matthiae das Regierungs- und Verwaltungszentrum der altsyrischen Stadt sieht. Von der Außenmauer, die 3,20 Meter dick war, wurde wenig wiedergefunden. Ihre tiefreichenden Steinfundamente und der mächtige Sockel, der mit Kalksteinplatten – manche waren dreieinhalb Meter lang – verkleidet war, lieferten bis in die Römerzeit Baumaterial. Das aufgehende Mauerwerk bestand, wie üblich, aus luftgetrockneten Lehmziegeln.

Die Ausgrabung der mittelbronzezeitlichen Wohnschichten zeigte, daß Ebla seine letzte Blütezeit als amoritische Stadt unter einer neuen Dynastie erlebte. Bis jetzt sind nur zwei Königsnamen aus dieser Epoche bekannt: der amoritische Ibbit-Lim und der hurritische Igrisch-Chepa. Ein Kulturbruch ist deutlich, der nicht nur in der Architektur, der Keramik, den Kleinfunden, den neuartigen Kultbecken sichtbar wird, sondern auch im Abreißen der Bautraditionen.

Der Haupttempel B auf der Akropolis und der Tempel N in der Unterstadt fußten zwar auf den Ruinen älterer Heiligtümer, und der Stadtwall mit seinen vier Toren folgte höchstwahrscheinlich den Linien des frühbronzezeitlichen Festungswerkes, von dessen vier Eingängen in Texten aus dem Staatsarchiv die Rede ist. Doch der riesenhafte Westpalast in der Unterstadt und ein zweiter auf dem Nordabschnitt der Akropolis, vermutlich die Residenz der königlichen Familie, der nur zu einem geringen Teil untersucht ist, haben nichts mehr mit dem alten Herrschersitz zu tun, dessen obere Trakte unter den bereits erwähnten Terrassenanlagen und dem neuen Aufgang zur Akropolis begraben liegen. Die Ruinen an deren Westfuß wurden zugeschüttet, die benachbarten Kanalisationsanlagen und Zisternen versiegelt. Zwei der einstigen Wasserreservoire sollten später eine ganz andere Bestimmung erhalten.

Ausgedehnte Bereiche der Ruinen von Ebla II dienten der Beschaffung von Baumaterial für den neuen Verteidigungswall. Diese Ausgrabungen und Zerstörungen in den alten Wohnvierteln vernichteten viel von den Kulturschichten aus der letzten Phase der frühbronzezeitlichen Stadt. Ihre Geschicke nach der Eroberung durch einen akkadischen Herrscher konnten aus diesem Grund nicht aufgehellt werden. Fest steht nur, daß sie nach der Katastrophe nicht verlassen wurde. Doch der Königspalast wurde nicht wieder aufgebaut. War die alte Dynastie erloschen?

Mit der Erforschung des Westpalastes begann ein neuer, spannender Abschnitt der Ausgrabungsgeschichte des Tell Mardikh. Der Einbruch im Steinflur eines Hofes und anderes wiesen auf das Bestehen unterirdischer Hohlräume und führten im Oktober 1978 zur Entdeckung von drei Fürstengräbern in teils künstlichen, teils natürlichen Grotten im Kalksteingrund. Eines dieser Hypogäen war – ein ganz seltener Glücksfall – der Plünderung durch die vermutlich hethitischen Eroberer entgangen, die Ebla III in der zweiten Hälfte des 17. Jahrhunderts brandschatzten. Die Grabräuber hatten die Deckplatten eines der verschiedenen Zugänge zu der verborgenen Nekropole verschoben – vielleicht war die Überdachung des Dromos damals noch sichtbar – und waren auf diesem Weg in die nördlichen Kammern eingedrungen. Eine südliche, die durch eine Ziegelmauer abgeriegelt worden war, wurde übersehen. Es scheint, als seien sie in großer Hast gewesen. Hatte die furchtbare Feuersbrunst, die den Palast vernichtete, bereits begonnen?

Jedenfalls wurden kostbare Stücke von den Dieben zurückgelassen oder nicht bemerkt. Die Beute muß trotzdem enorm gewesen sein. Der echte Zugang zum »Grab der Ziegen«, wie die größte Kammer von den Ausgräbern getauft wurde, war ein Schacht, der später mit einer Mauer und einer Steinfüllung verrammelt worden war. Er führte zu einer geräumigen Gruft, in der wahrscheinlich neben viel Keramik auch ein Wagen stand. Eine Deichsel und Beschläge aus Bronze waren noch vorhanden. Durch ein kleines Gelaß mit Resten von Tieropfern und Tonscherben gelangten die Ausgräber in die fünf Meter weite halbrunde Grabkammer. *(Fig. 14)*

Vom Körper des Bestatteten fand sich keine Spur. Wurde er von den Eindringlingen verschleppt und mit dem Palast verbrannt? Ohne Zweifel handelte es sich um eine Person von hohem Rang, die in vollem Ornat mit Juwelen, Machtinsignien und Prunkwaffen in einem goldverzierten Gewand beigesetzt wurde. Goldene Knöpfe waren von der Bekleidung abgefallen und lagen mit zylindrischen und runden gerillten Goldperlen von zerrissenen Halsketten auf dem Lehmboden: Zeugnisse einer eiligen Flucht der Grabräuber, deren Rückzug auf Grund von Fragmenten eines Alabastergefäßes auf den Stufen des Dromos und oben in einem Palastraum zu verfolgen war.

Zu den schönsten der zurückgelassenen Schmuckstücke gehört ein goldenes Halsband aus drei länglichen Plättchen mit Schnurdekor, von denen je eine Scheibe mit einem umrahmten Sternenmotiv herabhängt, das in Granuliertechnik ausgeführt wurde. *(Taf. 4)* Granulierung war eine Kunst, die seit der frühdynastischen Periode in Mesopotamien ausgeübt wurde. Sie verleiht den Juwelen mehr Relief und ein zauberhaftes Glitzern. In Europa wurde sie dann viel später durch die Etrusker zu höchster Meisterschaft entwickelt. Erst im 20. Jahrhundert gelang es wieder, Granulation von ähnlicher Feinheit zu produzieren.

Wunderbar erhalten blieb auch eine vielgliedrige Goldkette mit zwei eichelförmigen Anhängern aus durchscheinendem graugrünem Stein mit dunklen Querstreifen in granulierter Fassung. Matthiae hält diese Schmuckstücke für lokale Schöpfungen, die den hohen Stand der altsyrischen Goldschmiedekunst zeigen. Daß daneben auch ägyp-

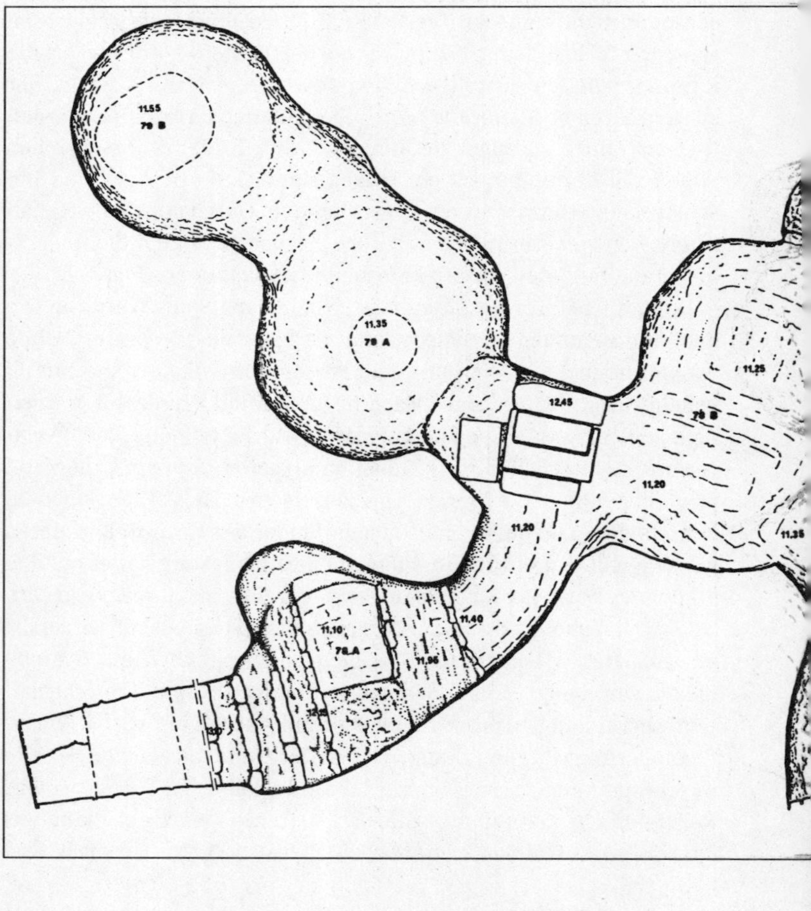

tischer Zierat geschätzt wurde, bezeugen andere Funde wie ein Goldring mit zwei Lotosblüten in Cloisonné-Technik, die einen Stein in Skarabäusform umgeben, und Teile einer Halsschnur aus goldenen und Glaspasteperlen. Der historisch wichtigste Gegenstand aus dem Nil-Tal aber war eine zerbrochene Zeremonialkeule aus Kalkstein mit einem kunstvoll verzierten Griff aus Bein, Bronze, Silber und Gold. Zwei Paviane mit anbetend erhobenen Vorderpfoten rahmen darauf

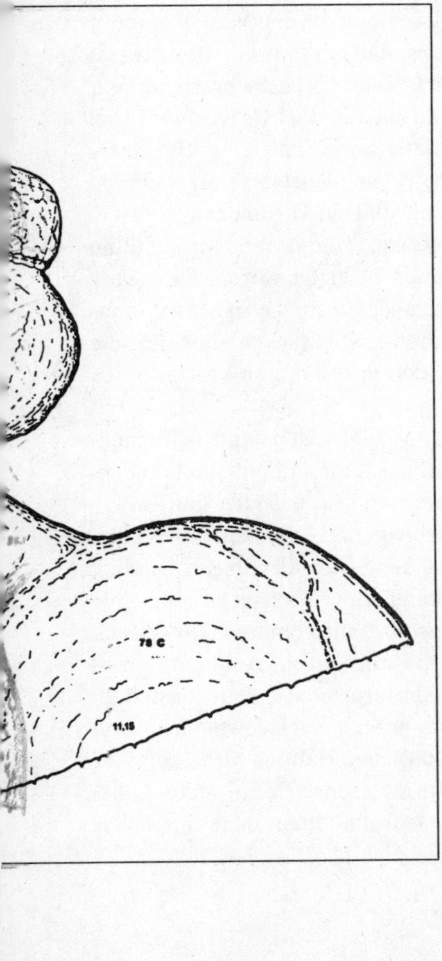

Fig. 14 Grundplan der Hypogäen mit den drei Fürstengräbern unter dem Palast Q von Ebla (ca. 1800–1600 v. u. Z.)

den Königsnamen Hotepibra. Er kann nur den Pharao Hotepibra der XIII. Dynastie meinen, der von 1775 bis 1765 v. u. Z. in Ägypten regierte und dieses wertvolle Geschenk an den König von Ebla gesandt hatte. Es lieferte einen wichtigen Anhaltspunkt für das Datum der Beisetzung, die kaum vor 1770 erfolgt sein kann.

Eine zweite, historisch bedeutsame Totenbeigabe, die der Plünderung entgangen war, bildet eine Silberschale, die 1979 beim Eingang der Grabkammer zutage kam. Anläßlich ihrer Restaurierung wurde unterhalb des Randes eine Inschrift sichtbar, die den Namen Immeya enthält. Ein seltsamer Zufall wollte es, daß ein Immeya als Adressat auf einem babylonischen Brief aus derselben Epoche erscheint, der im gleichen Jahr gefunden wurde. Auf der Silberschale wird kein Titel vermeldet, doch ist es naheliegend, daß sie den Namen ihres Besitzers trug, der seine kostbarsten Güter ins Jenseits mitzunehmen wünschte. Es scheint, daß auch Möbel und ein Thron dazugehörten. Von dessen Verzierung wurden noch zwei Protome mit langen Stiften entdeckt, die wohl an den Armlehnen befestigt waren. Sie stellen gehörnte ziegenartige Tiere mit eingelegten Augen dar. Zwei ähnliche Bronzefiguren bekrönten vermutlich die Rückenlehne. Für die Archäologen waren sie der Anlaß, den unbekannten Verstorbenen »Herr der Ziegen« zu taufen.

Der merkwürdigste, bis jetzt einzigartige Gegenstand aus seinem Grab ist ein gekrümmter Hirtenstab aus feinen Elfenbeinplättchen, die durch Stäbchen festgehalten werden. Sie lieferten den Untergrund für Relieffigürchen, die mit Bronze- und Elfenbeinstiften befestigt wurden und zwei Szenen auf beiden Seiten des Objektes bilden, die sich wohl auf den Totenkult beziehen. Die eine zeigt eine sitzende Gestalt, an deren Schulter ein Hirtenstab lehnt, vor einem Opfertisch, dem sich einige Diener nähern, die andere die Anbetung eines Stieres durch zwei Paviane und mehrere menschliche Gestalten. Auf beiden Darstellungen kommen je eine nackte weibliche und eine nackte männliche Figur in feierlicher Haltung vor. Professor Matthiae vermutet in dem Stab ein magisches Gerät, einen Talisman, der dem Toten den Weg ins Jenseits öffnen oder ihn sicher dorthin geleiten sollte.

Fast gänzlich leer war das Grab, in das man zwei ehemalige Zisternen verwandelt hatte. Ihre Öffnungen wurden bereits beim Bau der mittelbronzezeitlichen Stadt durch große Blöcke verschlossen. Unter dem letzten Treppenabsatz des Zugangsschachtes, der durch übereinandergelegte Platten in einen Dromos verwandelt wurde, fanden die Ausgräber Ton-, Alabastergefäße sowie eine weitere Zeremonialkeule ägyptischer Herkunft mit einem kugeligen Kalksteinkopf und einem ornamentierten Griff aus Elfenbein und Gold mit Silbereinlagen. Dieser Hort hatte wahrscheinlich noch zu dem älteren Grab des »Herrn der Ziegen« gehört.

Für die Plünderung des Zisternengrabes verfügten die Räuber sichtlich über genügend Zeit. Außer Scherben von Keramik und Bruchstücken von Alabastervasen hinterließen sie nichts. Einige Knochen und ein halbverkohlter Schädel bezeugten, daß es Bestattungen gegeben hatte. Durch den aufgebrochenen Dromos drangen im Gefolge des Palastbrandes Lehmmassen von eingestürzten Ziegelwänden und Teile verbrannter Balken in die unterirdischen Räume ein. Die Winterregen spülten Jahr um Jahr Erde und Schlamm hinab und brachten schließlich die Mauer, die das dritte Hypogäum verborgen hatte, zum Einsturz. Die Ausgräber fanden nur noch ihren niedrigen Steinsockel, über den mehrere Krüge aus dem Grab gerollt waren.

In dieser kleinsten Kammer der Nekropole hatte man eine Frau beigesetzt. Ihr Haupt ruhte auf der untersten Stufe der Zugangstreppe am Südende des Grabes, die nach der Bestattung mit schweren Basaltblöcken blockiert wurde. Das Skelett war durch das eingedrungene Wasser weitgehend zerstört. Der Schädel war nach Osten gewendet. Der reiche Goldschmuck lag noch an den ursprünglichen Stellen. Die zahlreichen kostbaren Beigaben sprechen für ein Mitglied der königlichen Familie. »Grab der Prinzessin« erschien den Archäologen eine passende Bezeichnung.

Allein an Krügen, Töpfen und Schalen hatte man der Verstorbenen etwa 70 Stück mitgegeben, die hauptsächlich entlang der Trennwand und der Ostwand des Hypogäums aufgestellt wurden. Eine ansehnliche Zahl blieb unbeschädigt. Elegante rotgefärbte Krüge mit schlankem Hals und gedrehten Henkeln, deren Schulter aufgemalte Metopen und stilisierte Ziegen schmücken, entsprechen nordsyrisch-kilikischer Tonware, die aus dem unteren Orontes-Tal wohlbekannt ist. Import aus Nordpalästina war hingegen Keramik mit rotem Überzug und Strichmustern in Glanzfarbe. Ein schönes Fayencegefäß, vermutlich ägyptischer Herkunft, war sorgfältig zwischen zwei Schalen festgesetzt worden. Zwei hochpolierte Parfumfläschchen aus weißem Stein und zartgeädertem Onyx von bewundernswerter Ausführung stammten vielleicht aus dem Nordiran. Sie haben Gegenstücke aus Bronze, die auch in den Königsgräbern von Byblos zutage kamen.

Meisterhaft gearbeitet ist der Goldschmuck der Prinzessin. Ein schimmernder gedrehter Armreif – einer der sechs, die sie getragen hatte – ist an den Kanten gerieft und mit winzigen Goldkügelchen besät. Auch ein Juwel, in dem Matthiae nicht einen Ohr-, sondern eher einen Nasenring sieht, weil nur ein Exemplar vorhanden war, wurde mit einem Rautenmuster in feinster Granulation versehen. Die zahlreichen prächtigen Schmuckstücke einheimischer Herkunft aus den Gräbern bezeugen, daß die Kunst der altsyrischen Goldschmiede im zweiten Jahrtausend v. u. Z. durchaus auf der Höhe der altmesopotamischen und altägyptischen stand. *(Taf. 5)*

Mit den Grüften unter dem Westpalast wurden erstmalig Fürstengräber einer bedeutenden Stadt Nordsyriens gefunden, die wertvolle Hinweise auf die Zivilisation und Religion der altsyrischen Epoche in diesem Raum lieferten. Rückschlüsse auf die Kultbräuche jener Zeit, in der in Syrien wie in Babylon Amoriter herrschten, ermöglicht auch die Verbindung einer Nekropole, zu der noch andere Gräber an verschiedenen Stellen gehört hatten, mit dem Palastkomplex und dessen beiden Heiligtümern. Professor Matthiae vermutet, daß der Tempel, bei dem sich auch zwei Grabstätten befanden, dem Unterwelts- und Kriegsgott Reshef geweiht war, der den Königsfriedhof beschützen sollte. Das kleinere Sanktuarium, dessen Eingang im Westen lag, wo sich nach uraltem Glauben das Land der Toten befand, diente vielleicht dem Kult der Ahnen, deren Wohlwollen als unerläßlich für das Gedeihen der Stadt angesehen wurde.

Die religiöse Literatur aus Ugarit, die zwar einige Jahrhunderte später niedergeschrieben wurde, aber sicher Altsyrisches überlieferte, enthält Ritualvorschriften für Bestattungen und Feiern zu Ehren der Verstorbenen. Die Anrufung der mythischen, heroisierten Vorfahren nahm darin einen Hauptplatz ein. In altbabylonischen Ritualbüchern findet sich Gleichartiges. Dies beweist die Einheitlichkeit der religiösen Vorstellungen innerhalb der amoritischen Kulturen Syriens und Mesopotamiens in der Mittleren Bronzezeit.

Die Ausgrabung des Tell Mardikh hat die zuvor kaum bekannte Welt Nordsyriens im dritten und zweiten Jahrtausend v. u. Z. erschlossen und einen ungeahnten kulturellen und politischen Aufstieg in diesem Raum beleuchtet. Sie hat auch gezeigt, daß der Süden Mesopotamiens im dritten Jahrtausend noch sumerisch, der Norden aber schon semitisch war. Zahlreiche Fragen blieben offen, doch glaubt Professor Matthiae anhand der bisherigen Entdeckungen die Geschichte von Ebla in großen Linien rekonstruieren zu können.

Die Anfänge der Stadt sieht er im Zusammenhang mit der frühen Expansion der Sumerer nach Westen und Norden. Habuba Kabira und Tell Brak mit seinen Tempeln wirken deutlich wie Vorposten der sumerisch-elamischen Hochkultur. Matthiae denkt an Uruk, das heutige Warka, als Ausgangspunkt der Kolonisation Nordsyriens. Deutsche Ausgrabungen seit 1912 legten dort die ältesten monumentalen Kultbauten des Zwischenstromlandes frei, und aus Uruk kommen auch die ersten Schriftzeugnisse. Nordsyrien war geographisch für eine Mittlerrolle im Holzhandel der Levante vorbestimmt, der sich zunächst über Land und anschließend über den Euphrat abwickelte.

Die Feldforschung der italienischen Archäologen vom Tell Mardikh im Bereich der 15 Kilometer nordöstlich von Ebla liegenden Math-Sümpfe, die heute ausgetrocknet sind, brachte Stempelsiegel aus frühgeschichtlicher Zeit zutage, die auf Siedlungen deuten. Matthiae hält es für möglich, daß sich Sumerer bereits im vierten Jahrtausend v. u. Z. in diesem Gebiet festsetzten, das damals ähnliche Lebensbedingungen bot wie Südmesopotamien. An der Gründung von Ebla auf einer Felsbank aus weißlichem Kalkstein, die an einem verkehrsmäßig günstigen Ort in der weiten Hochebene aufragte, hätten dann semitische Bauern und Hirten mitgewirkt, die sich gegen Ende des vierten Jahrtausends in Nordsyrien anzusiedeln begannen. Der Name Ebla könnte vom semitischen Wort *abl* abgeleitet werden, das soviel wie »weißer Fels« bedeutet.

Die neue Niederlassung lag etwa in der Mitte zwischen dem Oberen Euphrat und der Küste, vermutlich an einer uralten Karawanenstraße, die von Mesopotamien über das Orontes-Tal und das Alawiten-Gebirge in die nordsyrische Uferzone führte. Pettinato entzifferte auf einer der großen Tontafeln von Ebla die Namen U-ga-ra-at und Alašiya (der einstige Name von Zypern) in Zusammenhang mit Kupferlieferungen. Aus Dokumenten des frühen zweiten Jahrtausends v. u. Z., die in Mari zutage kamen, geht hervor, daß zyprisches Kupfer über Ugarit nach Mesopotamien gelangte. Es ist anzunehmen, daß die Hafenstadt, die in der zweiten Hälfte des dritten Jahrtausends ihre erste Blütezeit erlebte, schon damals in den Kupferhandel eingeschaltet war.

Die bereits erwähnte Anwendung des Titels EN für den König von Ebla, der nur in Uruk, dort aber seit der archaischen Periode, für den Herrscher gebraucht wurde, weist auf eine alte wesentliche Bindung hin. Später bestand jedoch eine enge Beziehung zu Kisch. Kisch, laut der sumerischen Königsliste Sitz der ersten Dynastie nach der Sintflut, erscheint in der frühdynastischen Epoche als der mächtigste sumerische Stadtstaat und wird in den Urkunden aus dem Palastarchiv von Ebla häufig genannt. Aus Kisch, das wahrscheinlich lange vor Ebla eine kulturelle Vorrangstellung innerhalb der aufstrebenden semitischen Welt innehatte, und nicht aus Uruk kam vermutlich die Keilschrift nach Ebla. Der Sprachforscher I. J. Gelb konstatierte eine weitgehende Übereinstimmung zwischen den Schrifttraditionen der beiden Städte. Hierzu paßt die Erwähnung von Schreibern und eines Mathematiklehrers aus Kisch auf den Tontafeln des Palastarchivs. Auch Schreiber aus Mari, mit dem Ebla lebhafte Kontakte wirtschaftlicher, diplomatischer und kultureller Art unterhielt, werden genannt.

Der erste Abschnitt der Geschichte von Ebla bleibt noch dunkel.

Die Ausgräber stießen nirgends, selbst nicht auf der Akropolis, wo Matthiae den ältesten Stadtkern vermutet, bis auf den gewachsenen Grund vor. Nur Scherbenfunde belegen einen frühen Beginn der Niederlassung. Außer Palast G wurden bislang keine großen Monumente aus dem dritten Jahrtausend freigelegt. Dieser aber verkörpert Ebla II, eine große, hochzivilisierte Kapitale, die sicher auf eine jahrhundertealte Geschichte zurückblicken konnte.

Der entscheidende Einfluß der sumerischen Kultur auf ihre Entwicklung ist unverkennbar. Dies muß aber nicht heißen, daß Ebla, wie wahrscheinlich Habuba Kabira, anfänglich eine Kolonie der Sumerer war. In Ebla II zeichnen sich auch eigenständige, typisch syrische Züge ab, die in der Palastarchitektur mit dem zur Stadt hin geöffneten Audienzhof, der Religion und Kunst, in dem hierarchischen Aufbau der Gesellschaft, der landwirtschaftlichen Organisation, dem Tributsystem sichtbar werden. LUGAL war dort nur der Titel eines hohen Funktionärs, der nach den Dokumenten vor allem im Finanzwesen tätig war, aber kein Königstitel wie in Mesopotamien. Der Kern der Götterwelt war frühsyrisch. Auf den Rollsiegeln kommen Gestalten vor, die in der sumerischen Bildsprache fehlen: die »Herrin der Tiere«, der »löwenköpfige Heros«, um nur zwei Beispiele zu nennen.

In der Epoche seiner Hochblüte, etwa zwischen 2400 und 2250 v. u. Z., war Ebla zweifellos eine führende Wirtschaftsmacht, mehr ein Handels- als ein Militärstaat, obwohl die Stadt sicher befestigt war und in den Palastmagazinen zahlreiche Schleudergeschosse aus Basalt ans Licht kamen. Zum intensiven Austausch mit Mesopotamien, das außer mit Holz noch mit vielen anderen Waren beliefert wurde, kamen auch Handelsverbindungen zu Palästina, die vielleicht bis zur Sinaihalbinsel mit ihren seit dem vierten Jahrtausend ausgebeuteten Kupfer-, Malachit- und Türkisvorkommen reichten, sowie zu dem Erzlieferanten Anatolien. Kamen die riesigen Silbermengen, die in den Verwaltungstexten genannt werden, aus dem Hochland nördlich von Malatya und das Gold aus Lydien?

Große Entfernungen bildeten auch in vorgeschichtlichen Zeiten kein entscheidendes Hindernis für die Verbreitung von Dingen, denen man magische Kräfte zuschrieb, und von Luxusgütern, die Prestige verliehen. Der Handel mit Lapislazuli, einem Statussymbol, das damals für Schmuck und Kunstwerke unerläßlich schien, ist hierfür ein Beispiel. Die Ausgrabung des Palastes G förderte in den Magazinen noch zahlreiche Rohblöcke dieses begehrten Materials ans Licht, das Ebla vermutlich über Mari und den Euphrat aus Nordafghanistan bezog und vielleicht auch nach Ägypten weiterleitete. War der Handel mit Lapislazuli ein Monopol des Königshauses?

Die Bevölkerung des eblaitischen Staates, die man auf Grund der vom Palast ausgeteilten Lebensmittelrationen auf etwa 260 000 Seelen schätzt, war nach heutigen Begriffen klein. Doch die politische und wirtschaftliche Hegemonie von Ebla reichte weit über die Staatsgrenzen hinaus und erstreckte sich bis zum Mittleren Euphrat und – vor allem an dessen Oberlauf – mindestens bis Karkemisch, dem heutigen Dscherablus am Westufer des Flusses. Seine Handelskolonien waren jedoch über ein viel größeres Gebiet verstreut. Noch in der neosumerischen Periode wird ein Ort namens Ebla in der Gegend von Kirkuk im Irak genannt. Die Allianz mit dem nordiranischen Hamazi-Reich schließlich zeigt das außerordentliche politische Gewicht dieses syrischen Königtums in ganz Vorderasien.

Mit der Vernichtung von Ebla II B1, wie Matthiae die vorletzte Periode der frühbronzezeitlichen Stadt bezeichnete, endete vermutlich seine Machtstellung in Nordsyrien. Ebla blieb wohl bestehen, wurde aber wesentlich kleiner. Sein altes Lebenszentrum, der Palast, blieb eine Ruine. Es ist anzunehmen, daß die Eroberung der reichen Metropole erst gegen 2250 v. u. Z. durch Naram-Sin erfolgte, der sich im Gegensatz zu Sargon ausdrücklich ihrer Zerstörung rühmte. Sargon könnte zuvor bereits ihre politische Unterwerfung erreicht und sie zu Tributleistungen gezwungen haben. Naram-Sin war sehr aktiv in der Sicherung seines Reiches. An der Grenze des Tell Brak ließ er einen befestigten Palast errichten, und es gibt zu denken, daß auch in Hamat am Orontes bei dänischen Ausgrabungen zwischen 1931 und 1938 eine Zerstörungsschicht aus dieser Periode aufgedeckt wurde.

Etwa um die Wende des dritten Jahrtausends – Professor Matthiae denkt an den Zeitraum zwischen 2050 und 1950 v. u. Z. – wurde Ebla II B verwüstet und bald danach wiederaufgebaut. Vermutlich waren die neuen Herren Amoriter, die damals ihre Macht in ganz Syrien festigten. Ebla III erlebte unter ihnen in der frühen altsyrischen Epoche (etwa zwischen 2000 und 1800 v. u. Z.) nochmals einen Aufschwung, der in der Errichtung der gewaltigen Festungsanlagen, zweier großer Tempel und des Westpalastes sichtbar wird. In der Architektur wie den Kunstäußerungen zeichnete sich immer mehr ein eigenständiger Stil ab, der vorbildlich für den gesamten syrisch-palästinensischen Bereich wurde. Die reliefgeschmückten Kultbecken haben keine altmesopotamischen Vorbilder, die Figuren auf Rollsiegeln tragen typisch syrische, zylinderförmige Kopfbedeckungen und Wulstmäntel. Der Grundriß des Tempels D von Ebla III war noch für den Bau des berühmten Tempels von Jerusalem gültig, den König Salomon 1000 Jahre später in Auftrag gab.

Nicht nur die kulturellen, sondern auch die wirtschaftlichen Verbindungen von Ebla zu Untermesopotamien lockerten sich zu Beginn der Mittelbronzezeit, obwohl dort ebenfalls amoritische Dynastien in Isin und Larsa und später auch in Babylon regierten. Ebla kommt in den Urkunden aus den beiden erstgenannten Städten nach 2000 v. u. Z. nicht mehr vor, und die einst engen Beziehungen zu Mari scheinen abgerissen. Dies gilt nicht für Anatolien. Gegen 1850 werden in der Korrespondenz von Kanisch in Kappadokien Männer aus Ebla erwähnt, und in Texten aus Alalach (Tell Açana) in der, heute türkischen, Amuq-Ebene ist von Heiraten zwischen den Königshäusern der beiden Staaten die Rede. Mit Palästina und Transjordanien wurde der Austausch intensiviert, und der Einfluß des Nil-Reiches unter der XII. Dynastie wird in der Übernahme ägyptischer Symbole wie der Flügelsonne und des Lebenszeichens Ankh sichtbar.

Nord- und Innersyrien erlebten in den ersten beiden Jahrhunderten des zweiten Jahrtausends eine Blütezeit mit wieder dichter Besiedlung. Ebla, Qatne am Oberlauf des Orontes und Halap (Aleppo), die Hauptstadt des Reiches von Jamchad, erscheinen als die hervorragendsten Macht- und Kulturzentren. Gegen 1800 errang Halap unter Jarimlin I. die Oberherrschaft über ganz Nordsyrien. Nach einem Dokument aus dieser Zeit waren 20 Könige zu seinen Vasallen geworden. Vermutlich befand sich unter ihnen auch der Herrscher von Ebla. Jamchad wurde Großkönigtum, und Ebla verlor seine führende Rolle. Danach wird ein gewisser Niedergang in der Stadt sichtbar. Der Westpalast wurde zwar umgebaut und auch restauriert, doch die Bautechnik wirkt dekadent. Die Fürstengräber aber spiegeln noch den Glanz und Reichtum einer hohen Kultur von internationaler Prägung. Im Süden des monumentalen Tempels B aus der frühen altsyrischen Periode wurde das von Matthiae mit B 2 bezeichnete Heiligtum mit dem Eingang an der Westseite errichtet, in dem er eine Stätte des Ahnenkultes sieht.

Der Untergang von Ebla III B wird von Professor Matthiae zwischen 1650 und 1600 v. u. Z. angesetzt, in die unruhige Periode von Völkerbewegungen, die einschneidende Veränderungen in den nahöstlichen Machtverhältnissen und im Nil-Tal verursachten. Unterägypten wurde von den asiatischen Hyksos, den »Herrn der Fremdländer«, unterworfen, die vielleicht unter hurritischer Führung standen. In Anatolien gründeten die Hethiter, ein indoeuropäisches Volk, das aus dem Norden eingewandert war, ein Reich, das sie durch Vorstöße nach Süden und Osten vergrößern konnten. Die hohe Stadtkultur Obersyriens ging damals durch hethitische Überfälle weitgehend zugrunde.

Der Hethiter-König Hattuşili I., der gegen 1600 v. u. Z. regierte, berichtet auf zwei Tontafeln, die im Staatsarchiv seiner Hauptstadt Hattuşa, 150 Kilometer östlich von Ankara, aufbewahrt wurden, über die enorme Beute, die er von seinen Feldzügen zum Euphrat und nach Nordsyrien heimbrachte: »Das Silber und Gold hatte nicht Anfang noch Ende…« Sein Nachfolger Murşili I. eroberte um 1550 das Großkönigtum Jamchad und selbst, wenn auch nur kurzfristig, Babylon.

Matthiae neigt aus guten Gründen zu einer Datierung des Endes von Ebla III B um 1600 v. u. Z. und betrachtet dieses Ereignis als eine Folge der Raubzüge des Hattuşili, die arge Verwüstungen in Syrien anrichteten. Die Feuersbrunst, mit der die Katastrophe besiegelt wurde, verwandelte die geplünderte Stadt in ein verlassenes Trümmerfeld. Ihre Bewohner waren von den Siegern getötet oder als Gefangene verschleppt worden. Ehe sich dort wieder Siedler im Bereich der alten Akropolis niederließen, vergingen mehrere Jahrhunderte. Während der Perserzeit (535–325 v. u. Z.) wurde dann ein palastartiges Bauwerk mit Material aus den Ruinen von Ebla errichtet, das vielleicht eine strategische Funktion hatte. Die letzten Anzeichen von Bewohnung im Stadtgebiet datieren um 60 v. u. Z. Im Jahre 1976 stießen die Ausgräber auf dem Tell noch auf Relikte einer frühchristlichen Mönchsgemeinschaft von Styliten (Säulenheiligen).

Die Ausgrabung von Ebla hat die Kenntnis der historischen Entwicklung in der Westhälfte Vorderasiens im dritten Jahrtausend wesentlich bereichert. Daß der Norden und Westen des Zweistromlandes in dieser Epoche bereits vorwiegend semitisch waren, kann heute kaum mehr bezweifelt werden. Tell Mardikh bewies auch, daß Nordsyrien damals keineswegs unterentwickelt oder kulturell nur ein provinzieller Ableger der großen Zivilisation Südmesopotamiens war, sondern ein fortschrittliches Kulturgebiet mit eigenen Traditionen und bedeutenden Stadtstaaten. Diese spielten im politischen und wirtschaftlichen Leben des Alten Orients eine hervorragende Rolle.

Die Ausgrabungen von Ugarit, Mari und seit 1964 auch von Ebla, drei Marksteine der nahöstlichen Archäologie, haben die Grenzen unseres Wissens sehr erweitert. Am Anfang dieses Prozesses aber steht Ugarit, mit dessen Erforschung ein neues Kapitel in der faszinierenden Geschichte der Entdeckung einer Vergangenheit begann, die für unsere Gegenwart in vieler Hinsicht entscheidend ist.

DIE GESCHICHTE DER AUSGRABUNG VON UGARIT – RAS SCHAMRA

Chidher, der ewig junge sprach:
Ich fuhr an einer Stadt vorbei,
Ein Mann im Garten Früchte brach;
Ich fragte, seit wann die Stadt hier sei?
Er sprach und pflückte die Früchte fort:
Die Stadt steht ewig an diesem Ort
Und wird so stehen ewig fort.

Und aber nach fünfhundert Jahren
Kam ich desselbigen Weges gefahren.
Da fand ich keine Spur der Stadt;
Ein einsamer Schäfer blies die Schalmei…

Aus dem Arabischen von Friedrich Rückert

AUFTAKT EINES GROSSEN ABENTEUERS DER ARCHÄOLOGIE

Am 30. März 1929 zog eine kleine Karawane entlang der syrischen Küste nordwärts: zwei französische Archäologen, Claude Frédéric-Armand Schaeffer und Georges Chenet, sein Mitarbeiter und enger Freund; eine Leibgarde aus mehreren berittenen Alawiten und sieben Kamele, schwer beladen mit Koffern, Kisten, Vorräten, Meßinstrumenten, Kameras, Grabwerkzeugen, geleitet von Selim, einem ortskundigen Führer. Ihr Ziel war Minet el-Beida, der Weiße Hafen, der gleichnamige »leukos limen« der alten Griechen. Bis Latakia, der Hauptstadt des Alawiten-Staates, der 1924 vom Völkerbund proklamiert worden war, gab es eine Straße, gebaut von der französischen Mandatsmacht, danach nur Maultierwege und Wildnis. Die starken amerikanischen Wagen, mit denen die Expedition von Beirut aus aufgebrochen war, versagten hinter Latakia. Man mußte umkehren und auf Kamele, das bewährte Beförderungsmittel der Einheimischen, umsteigen.

Nach einer Wanderung von zwölf Kilometern *(Abb. 9)* lag das weite Halbrund des Minet el-Beida mit seinen Buchten, den blendendweißen Rändern aus Kreidefels und der von fernen Hügeln begrenzten Küstenebene vor den beiden Archäologen. Der erste Anblick traf sie als ein Erlebnis von unvergeßlicher Schönheit. Der kurze überschäumende Frühling der östlichen Mittelmeergebiete, der selbst steinige Dürre für einige Wochen in bunte Gärten verwandelt, verzauberte den tausendjährigen Schlummer der einsamen Landschaft. Die durchsichtigen lila Blütenkandelaber der Asphodelen, der altgriechischen Hadesblumen, schwankten auf langen Stengeln in der Seebrise, der fast mannshohe wilde Fenchel mit seinen grellgelben Blumenschirmen bildete stellenweise kleine Haine, die stillen Wasser des Hafens leuchteten wie Perlmutt.

Selim warf das Gepäck vom Rücken der Kamele, kassierte seinen Lohn in türkischen Silbermünzen – syrisches Papiergeld wurde von den Alawiten nicht angenommen, bei denen Mariatheresientaler noch jahrzehntelang die beliebteste Währung blieben – und verschwand im Abendlicht. Schaeffer und Chenet richteten das einzige Zelt *(Abb. 10)* auf, kochten Tee über einem offenen Feuerchen, öffneten mitgebrachte Konserven und gingen nach der Mahlzeit bald zur Ruhe. Ihre Leibwächter wickelten sich in die Satteldecken und legten sich unter einigen Sträuchern schlafen. Dies war der stimmungsvolle Anfang des großen Abenteuers, das zur Entdeckung der wahrscheinlich ältesten kosmopolitischen Hafenmetropole des Mittelmeerraumes und einer unbekannten hohen Kultur führen sollte, deren Ausstrahlung die Welt des Alten Testaments wesentlich mitgestaltet hat.

Die Ernennung Claude Schaeffers, des dreißigjährigen Konservators des Prähistorischen und Gallo-Römischen Museums von Straßburg, zum Leiter der archäologischen Mission von Minet el-Beida hatte überrascht. Der junge Forscher hatte sich bereits als einer der aktivsten Archäologen seiner Generation ausgezeichnet, ein zweibändiges Standardwerk über die vorgeschichtlichen Grabhügel im Wald von Haguenau veröffentlicht und mit Leidenschaft an dem Streit um die berühmt-berüchtigten Funde von Glozel (neolithischer Fundplatz bei Vichy) teilgenommen, die er sofort als Fälschungen erkannte; Nahost-Erfahrung hatte er jedoch nicht.

Der nordsyrische Küstenbereich war damals archäologisches Neuland. Seine wenigen Bewohner waren vorwiegend Alawiten, Anhänger einer islamischen Sekte der schiitischen Richtung, die eine abgesonderte Gemeinschaft bildeten und von den orthodoxen Moslems meistens als Ketzer angesehen wurden. Sie verehren eine Dreiheit: Ali als Verkörperung Allahs, Mohammed und dessen persischen Kampfbruder Salman el Farisi sowie Fatima, die Tochter des Propheten, deren Kult an die christliche Marienverehrung erinnert. Auch feiern sie das Weihnachts- und das Osterfest. Der Koran spielt bei ihnen keine große Rolle. Daneben bewahrten sie, wie Schaeffer in den ersten Ausgrabungsjahren mit großem Interesse feststellte, sicherlich sehr alte religiöse Bräuche. Es gab geheime Kultstätten unter freiem Himmel, in denen phallische Steinsymbole in einem kleinen Mauerring standen. Nur Männer aus führenden Familien durften diese Orte betreten; für Frauen waren sie verboten.

Heute bilden die Alawiten sechs bis sieben Prozent der syrischen Bevölkerung und bekleiden zum Teil hohe Posten. Das syrische Staatsoberhaupt, General Hafiz al-Assad, ist Alawite.

Als die Erforschung des Weißen Hafens begann, herrschten im jungen Alawiten-Staat noch recht archaische Zustände. Die Organisation einer Ausgrabung war eine schwierige Aufgabe, die äußersten Einsatz forderte. In einem Nachruf für C. F. A. Schaeffer, der 1982 im Alter von 84 Jahren starb, schreibt James G. Robinson in der *Biblical Archeology Review* unter anderem: »Sein Tod markierte das Ende einer Epoche der Nahost-Archäologie. Er war die letzte der titanischen Gestalten, deren Leistungen für uns in unserer modernen Situation manchmal schwer angemessen zu würdigen sind. Seit Schaeffer mit seiner Ausgrabung begann, hat die Technologie der Altertumsforschung als wissenschaftliche Disziplin große Fortschritte gemacht, und die Welt des Nahen Ostens hat sich sehr verändert. Wir vergessen gelegentlich, wie es vor 50 Jahren war…«

Claude Schaeffer hatte zwar keine Orient-Erfahrung, aber Eigenschaften und Auffassungen, die ihn wie wenige befähigten, die Probleme, die ihn am Weißen Hafen erwarteten, zu meistern. Er besaß Mut und Unternehmungsgeist, Organisationstalent, unerschöpfliche Arbeitskraft und Ausdauer in der Verfolgung seiner Forschungsziele, Phantasie, aber auch einen klaren Blick für Gegebenheiten, Sportsgeist und körperliche Zähigkeit und vor allem die nie erlahmende Begeisterung für seine Aufgabe, die hinter allen großen Pionierleistungen steht. Außerdem hatte er einen erstaunlichen Instinkt für die richtigen Orte, an denen die Spaten erfolgreich angesetzt werden konnten. Die Franzosen nennen dies »une pioche heureuse«, einen glücklichen Pickel. Nicht vielen Forschern gelangen in ähnlich rascher Folge so zahlreiche wichtige Entdeckungen. Seine menschliche Anteilnahme, Gerechtigkeit und Güte, gepaart mit Achtung vor ihrer Eigenart und ihren Traditionen, die seine

Einstellung zu der einheimischen Bevölkerung bestimmten, trugen wesentlich zur Bewältigung der Schwierigkeiten bei, die sich bei der Ausbildung völlig ungeschulter Arbeitskräfte ergaben. Es galt nicht nur, ihnen die Techniken und Feinheiten einer archäologischen Ausgrabung beizubringen, es mußte auch ein Vertrauensverhältnis aufgebaut werden, ohne auf die nötige Disziplin und Kontrolle zu verzichten. Die Bewohner dieser abgelegenen Gegend wußten sehr gut, daß antike Fundstücke Geld bei den Antiquitätenhändlern in Beirut einbrachten und daß sich die Schatzsuche im Bereich des Minet el-Beida lohnen konnte.

UNE PIOCHE HEUREUSE

Die grossen Entdeckungen der ersten Ausgrabungskampagne

Am 1. April 1929 erschien eine Abordnung von 20 Soldaten zur Unterstützung der Archäologen und zur Bewachung der Ausgrabung am Minet el-Beida. Am nächsten Tag wurde mit der Einstellung von Arbeitskräften aus der Umgebung begonnen. Die meisten waren Alawiten, die anderen Turkmenen. Diese ethnische Zusammensetzung war ein wohlüberlegter Schachzug Schaeffers, der mit gegenseitiger Überwachung der beiden Gruppen rechnete und die Verheimlichung von Funden auf diese Art zu mindern hoffte.

Der erste Spatenstich erfolgte bereits am 2. April im Süden des Hafens, kaum 150 Meter vom Meeresufer entfernt. In diesem Abschnitt der Bai gibt es sanft ansteigenden Kiesel- und Sandstrand, auf dem sich selbst größere Schiffe bequem an Land ziehen lassen. Ihr felsumrandeter östlicher und nördlicher Teil mit kleinen Buchten bietet hingegen windgeschützte Ankerplätze. Zur Blütezeit von Ugarit reichte der Hafen etwa 120 Meter tiefer ins Land. Seither führten zwei Bäche, die den »Fenchelkopf« umschließen und sich dann zum Nahr al-Fayd vereinen, der in die See mündet, fortlaufend Sand und Geröll nach dem Minet el-Beida. Sicher trugen auch die winterlichen Regenstürme, die alljährlich Erde und Steine hinabschwemmten, zur Auffüllung der Bucht bei, während die Brandung im Lauf der Jahrtausende einen Teil der Kreidefelsen abtrug, von denen die Einfahrt begrenzt wird, die ursprünglich schmäler war. *(Abb. 11)*

Die Ausgrabungen am Hafen, die von 1929 bis 1935 dauern sollten, begannen in der Nähe der im Vorjahr entdeckten Gruft. Nach drei Tagen hatte man weitere Steingräber und einen sakralen Bereich in Ufernähe geortet. Die Archäologen dachten an eine Nekropole verbunden mit Kultanlagen für den Totendienst. Später wurde deutlich, daß die Gräber zu Wohnbauten des Hafenviertels gehört hatten. Die Spatenarbeit auf dem Ras Schamra bewies, daß Sippengrüfte unter den Häusern vornehmer und reicher Familien die Regel waren. In den sechs Kampagnen am Minet el-Beida kamen sieben monumentale Gräber ans Licht, durchweg eindrucksvolle Bauwerke, die wie fürstliche Totenhäuser wirkten.

Alle waren aus Hausteinen errichtet worden, einige mit außerordentlicher Sorgfalt. Ein Dromos, der meistens eine Treppe mit steinernen Stufen enthielt, führt steil hinunter zu einem Vestibül, hinter dem die rechteckige Hauptkammer lag. Die größte, die 1932 am Hafen freigelegt wurde, war 6,50 Meter lang und 3,50 Meter breit. In den Wänden waren oft Nischen für Beigaben angebracht. Die Decke war als flache bis spitzbogige Wölbung aus mehr oder weniger vorkragenden Platten konstruiert.

Diese Familiengräber erinnern an die megalithischen Totenhäuser, die in vorgeschichtlicher Zeit in Palästina errichtet wurden. Im zweiten Jahrtausend v. u. Z. gab es aber so gut wie keine Parallelen im Nahen Osten. Verwandtes findet sich hingegen auf Kreta und im mykenischen Griechenland. Schaeffer dachte daher an eine kretisch-mykenische Kolonie am Hafen, für die auch die Menge mykenischer Keramik und der starke Einfluß der minoisch-mykenischen Kultur in Ugarit sprechen. Mit Sicherheit nachweisbar ist dies nicht, doch gab es zweifellos zahlreiche Angehörige der ägäischen Welt unter der buntgemischten Einwohnerschaft der Hafenstadt. Die nahe gelegene Insel Zypern, mit der enge Bande bestanden, wurde jedenfalls in der zweiten Hälfte des zweiten Jahrtausends v. u. Z. immer mehr zu einer achäischen Kolonie.

Die riesenhaften Steingräber hatten die Jahrtausende zum Teil gut überstanden, doch waren fast alle schon in alter Zeit ausgeraubt worden. *(Abb. 12, 13)* Das erste, das unter der Aufsicht der Archäologen geöffnet wurde, war ein unvollendeter, leerer Bau. Beinahe wären Schaeffer und Chenet unter der einstürzenden Decke begraben worden. Sie konnten sich aber im letzten Augenblick noch durch einen Sprung in Sicherheit bringen, während ein Arbeiter in den Schacht geschleudert, durch die Verkeilung einer fallenden Platte jedoch gerettet wurde. Das wichtigste Ergebnis dieser Ausgrabung war die Freilegung einer Anlage für Trankspenden. Es gab ein Loch in der Decke des Grabes, durch das Flüssigkeiten aus einem Gefäß, das mit Steinrinnen verbunden war, in die Gruft geleitet werden konnten. Die uralte Vorstellung vom »Durst der Toten« spielte demnach eine große Rolle im Kult der Verstorbenen. *(Fig. 14)*

Die Öffnung des dritten Grabes am Hafen entschädigte die Forscher reichlich für die zuvor erlebten Enttäuschungen. Es war geplündert worden; eine Öffnung in der Kammerdecke bezeichnete den Weg der Eindringlinge. Durch diese Lücke war im Lauf der Jahrtausende so viel Erde hinabgeschwemmt worden, daß der Raum aufgefüllt worden war. Doch in dieser Masse gab es zahlreiche Funde: Knochen von mindestens drei Toten und zahllose Scherben von Gefäßen aus Ton, Fayence und Alabaster bezeugten die Verwüstung der Gruft durch die Eindringlinge. In den Winkeln hatten sie aber manches übersehen. Dort lagen noch unzerbrochene Keramik, Ringe aus Gold, Silber und Eisen, Siegelzylinder aus Hämatit und eines der schönsten wiederentdeckten Kleinkunstwerke aus dem Alten Orient: eine geschnitzte Elfenbeinbüchse. Nur ihr Deckel war, bis auf die abgebröckelten Ränder, gut erhalten. Er zeigt eine thronende Göttin in zartem Relief. *(Abb. 14)* Sie trägt einen weiten, vielfach gefältelten Rock nach kretisch-mykenischer Mode, der mit Bordüren besetzt ist. Er sitzt so tief, daß der Nabel, das Symbol göttlicher Fruchtbarkeit, sichtbar bleibt. Der Oberkörper ist nackt bis auf eine Halskette. Das Haupt zeigt ein eher asiatisch als mykenisch wirkendes Profil, und auch die hochgetürmte, kunstvolle Frisur unterscheidet sich von der lockeren Haartracht minoischer Damen.

Zu seiten der Göttin stehen zwei aufgerichtete Wildziegen in heraldischer Haltung, denen sie ein Ährenbündel vorhält. Ziegenpaare als Rahmen für Figuren oder einen Lebensbaum waren ein altmesopotamisches Motiv, das seit der frühdynastischen Zeit vorkam. Es ist deutlich, daß hier die kretisch-mykenische Allmutter und »Herrin der Tiere«, die »Potnia Theron«, in einer leicht abgewandelten Form durch einen ugaritischen Künstler dargestellt wurde. Die Syrer waren stets Meister in der Bearbeitung von Elfenbein. An Rohmaterial fehlte es nicht. Von Thutmosis III. wird berichtet, daß er anläßlich einer seiner Feldzüge nach Syrien am Orontes Elefanten jagte, die zu einer Herde von 120 Tieren gehörten.

Die Begeisterung der französischen Archäologen über den köstlichen Fund war so groß, daß Schaeffer einen reitenden Boten nach Latakia sandte, um die Pariser Akademie über den »Schatz vom Minet el-Beida« zu informieren. Um das wundervolle Stück vor der sengenden Hitze und auch vor Dieben zu schützen, wurde es innerhalb des Zeltes vergraben.

Die Plünderer des Grabes hatten sich anscheinend auf die zweifellos sehr reiche Beute aus der Kammer beschränkt und auf eine Untersuchung des Vorraumes und des sechsstufigen Dromos verzichtet. Dort entdeckten die Ausgräber seitlich der Treppe eine unversehrte Vase aus ägyptischem Alabaster mit zwei Henkeln, Fayencegefäße *(Taf. 6),* viel Tonware, darunter die typischen Bilbils aus Zypern. In diesen schwarz- oder rotpolierten Henkelkrüglein mit langem Hals und Standring *(Taf. 7, 8)* wurden parfümiertes Öl und vermutlich auch Opiumextrakt bis nach Ägypten exportiert. Vor dem Torbogen des Grabeinganges lag ein Rundschädel. Stammte er von einem Sklaven fremder Herkunft, der seinen Herrn ins Jenseits begleiten sollte? Jedenfalls gehörte der Tote nicht zur langschädeligen Mittelmeerrasse der Einheimischen. Unter den Beigaben für die Verstorbenen gab es weibliche Terrakotta-Idole mykenischer Art mit erhobenen Armen. *(Taf. 9)* In der Umgebung des Grabes kamen große Vorratsgefäße zutage. Eines enthielt eine schöne mykenische Schüssel. *(Taf. 10)*

Die Ausgrabungen in der sakralen Zone brachten eine ungeheure Menge Funde in Zusammenhang mit Altären, zu denen beiderseits kleine Treppen aufstiegen, steinernen Opfertischen, mauerumhegten Kultplätzen und Kapellchen. In Tiefen von 0,60 Meter bis zwei Meter wurden 80 Depots entdeckt, die neben Knochen von Opfertieren vielartige Votivgaben bargen: mykenische und zyprische Keramik *(Taf. 11)* und deren lokale Imitationen, Beinlöffel, Schöpfer, Bronzegewichte, Murexmuscheln, aus denen schon damals die berühmte Purpurfarbe gewonnen wurde, zahllose Perlen aus Karneol, Rosenquarz und anderen Halbedelsteinen. Auch Bronzewaffen kamen ans Licht und die ersten Bildnisse von Gottheiten in ägyptisierendem Stil.

Das schönste ist eine stehende Figur des Wettergottes Baal von 22 Zentimetern Höhe. Sie trägt eine hohe, goldüberzogene Kopfbedeckung, einen »Pschent« ägyptischen Stils, Goldringe um die Arme und den Hals, ein Mieder aus Silber und Arm- und Beinringe aus demselben Material. *(Taf. 12)* Ein Anhänger aus getriebenem Goldblech zeigt die Große Fruchtbarkeitsgöttin mit der Haartracht der ägyptischen Göttin Hathor und zwei Lotosblüten in den erhobenen Händen. *(Taf. 13)*

Kostbare Stücke sind auch zwei Falkenfigürchen aus Bronze, die wahrscheinlich Standarten krönten. Die größere von 13 Zentimeter Länge trug die Doppelkrone der Pharaonen. *(Taf. 14)* Der kleinere Falke wurde kunstvoll mit Gold tauschiert, das die Linien seines Federkleides nachzeichnet. Vor seinen Füßen bäumt sich eine Uräusschlange. Ein Loch auf dem Kopf könnte der Befestigung einer Sonnenscheibe gedient haben, die ihn als Sinnbild des ägyptischen Gottes Horus kennzeichnete. *(Fig. 15)* Solche Votivgaben, wahrscheinlich Importe aus dem Nil-Reich, deuten auf Personen hohen Ranges, denen bei zeremoniellen Anlässen Standarten vorangetragen wurden.

Claude Schaeffer kannte die märchenhaften Vorstellungen von den Goldschätzen im Ras Schamra, die in den Köpfen der Küstenbewohner spukten, und zeigte ihnen prinzipiell alle wichtigen Funde, um der Entstehung von Gerüchten entgegenzuwirken. Wie wenig sich orientalische Phantasie trotzdem durch die Realität bremsen ließ, lernte er am Beispiel der beiden Bronzevögel. In den Klatschberichten, die gleich nach ihrer Entdeckung in den Sukhs, den überdeckten Ladenstraßen, von Latakia verbreitet wurden, waren sie zu einer lebensgroßen Henne mit Küken aus massivem Gold geworden! Der Erfinder dieser aufregenden Story war niemand anderes als der Arbeiter, der die Falken zusammen mit den Archäologen vorsichtig freigelegt hatte.

Ein anderes Gerücht hielt sich später so hartnäckig, daß Schaeffer nach dem Fund zweier Goldschalen ein – allerdings etwas ironisches – Dementi in einer Fußnote des Bandes *Ugaritica II* für nötig hielt. Er versichert darin den »syrischen Freunden, daß die von ihm publizierten Goldsachen die einzigen seien, die man entdeckt habe, und daß das französische Kriegsschiff, das nächtlicherweile mehrmals im Weißen Hafen erschienen sei, um ›Goldschätze‹ aus Ugarit mitzunehmen, ausschließlich in der Phantasie einiger Spaßmacher der Region existiere«.

Mehr als fünf Wochen Spatenarbeit am Minet el-Beida hatten Ergebnisse gebracht, die alle Erwartungen der französischen Forscher weit übertrafen. Der »Fenchelkopf«, der in rund 800 Meter Entfernung 25 bis 30 Meter hoch im Hintergrund der Bai aufragt, versprach noch mehr. In seiner enormen Masse – er bedeckt an der Basis fast 30 Hektar Grund, und seine Oberfläche beträgt, die Hänge

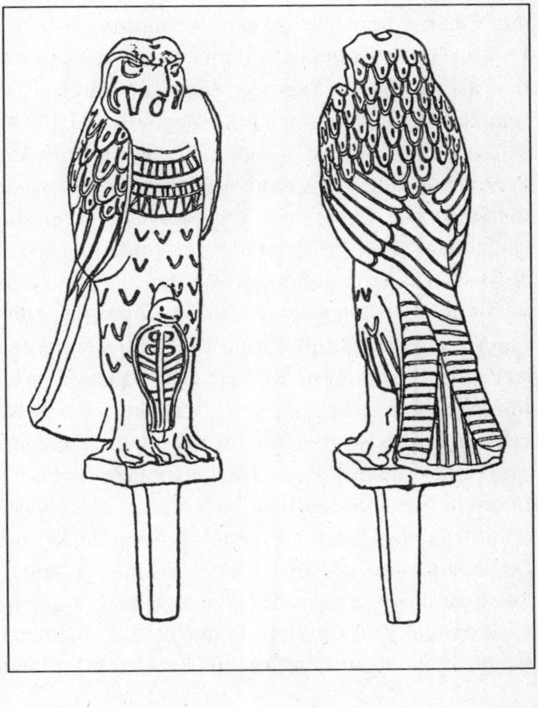

Fig. 15
Horusfalke aus mit Gold tauschierter Bronze

nicht eingerechnet, 22 Hektar – mußten viele Wohnschichten einer uralten Niederlassung verborgen sein. Seit der Antike und sicher auch noch früher war er ein Mekka der Schatzsucher gewesen, ein Ort, an dem »Gold zu finden war«. Luftaufnahmen des Tells zeigen ihn besät mit hellen Flecken, den Spuren der Raubgrabungen, die ihn jahrtausendelang verwüsteten. Es sind die Steinfüllungen, mit denen die Bauern die meist trichterförmigen Ausschachtungen wieder zugeworfen hatten.

Die Bewohner der umliegenden Gebiete erzählten auch, ein größerer Abschnitt der Oberfläche des Tells sei vor dem Ersten Weltkrieg auf Befehl eines türkischen Paschas, dessen Habgier durch Funde eines Fellachen geweckt wurde, durchwühlt worden. Einige alte Leute erinnerten sich noch an die schwere Spatenarbeit, zu der man sie 40 Jahre zuvor ohne Bezahlung und selbst unter Androhung von Gefängnisstrafen gezwungen hatte.

Eine kritische Auslese unter den Erzählungen über Kostbarkeiten, die der Ras Schamra preisgegeben habe, lieferte doch manch nützlichen Hinweis für die Ausgrabung. Die Geschichte von einem Diadem aus Gold und Edelsteinen, das als Hochzeitsgeschenk für die Braut eines Rothschild-Nachkommen nach London gelangte, konnte ins Reich der Fabel verwiesen werden. Aber Berichte über Goldsachen und Siegelzylinder, die gelegentlich am Fuß der höchsten Erhebung des Tells gefunden wurden, gaben zu denken. Schaeffer, der dort oben Mauerreste festgestellt hatte, wertete sie als Argument für einen Stadtteil mit Bauten besonderer Art, vielleicht die Akropolis, aus deren Ruinen Regengüsse wertvolle Gegenstände hinabgeschwemmt hatten. Er beschloß, den Spaten an diesem Bereich anzusetzen, und wieder erwies sich seine Wahl als glücklich.

Dichtes Gestrüpp aus Fenchelstauden und dornigen Gewächsen, in dem Vipern und Skorpione hausten, erschwerte die Grabung auf dem Tell. Doch stieß man bald auf den Sockel eines ausgedehnten Quaderbaus, der einem Brand zum Opfer gefallen war. Ein Bronzedolch und ein langer Nagel datierten ihn in die Spätbronzezeit. Gehörte das Gebäude zu einem Palast? Bald darauf kamen dann Bruchstücke einer ägyptischen Granitstatue mit einer Hieroglypheninschrift aus der Periode des Neuen Reiches (ab 1500 v. u. Z.) und eine ebenfalls mit ägyptischen Hieroglyphen bedeckte Kalksteintafel zutage.

Schließlich fanden die Ausgräber noch Teile einer Stele, auf der eine kniende vor einer stehenden Gestalt mit hoher, ovoider Kopfbedeckung dargestellt war. Eine hieroglyphische Inschrift weiht sie dem ägyptischen Gott Seth von Dpn (Dapuna). Diese Gottheit wurde dem syrischen Wettergott Baal gleichgesetzt, der auf dem ugaritischen Götterberg Sapuna oder Dapuna wohnte.

Um die Ausdehnung des vermeintlichen Palastes zu erkunden, wurde 20 Meter weiter östlich eine zweite Grabungsstelle angelegt. Dort kamen aber nur bescheidene Räume zutage, die zunächst für Magazine gehalten wurden. Doch der 14. Mai sollte eine große Überraschung bringen: In einer Kammerecke wurde unter einer dicken Asche- und Schuttschicht eine Tontafel entdeckt, die mit einer unbekannten Art Keilschrift bedeckt war. Bald danach kamen noch 20 Tafeln ans Licht, die, zu Päckchen geordnet, auf einer Fläche von nur zwei Quadratmetern lagen. Einige der Texte waren in akkadischer Keilschrift und Sprache abgefaßt, andere wieder in den unbekannten Zeichen. Die kleinste Tafel mißt drei mal vier Zentimeter, die größte 16 mal 21 Zentimeter. Alle Tafeln waren sehr morsch und mußten mit außerordentlicher Vorsicht geborgen werden. Schaeffer und Chenet legten sie innerhalb des Zeltes aus, um sie langsam zu trocknen und dadurch wieder zu härten. Danach ging die delikate Fracht an den Direktor des französischen Archäologischen Institutes in Beirut, C. V. Virolleaud, der die rätselhafte Schrift zwar nicht entziffern konnte, aber bereits vermutete, daß es sich um eine alphabetische handeln könne.

Zwei Tage nach dem aufregenden Fund der kleinen Bibliothek gab es eine weitere Sensation. Am Fuß einer Steintreppe wurde ein Depot von 74 Bronzegegenständen freigelegt, die so tadellos erhalten waren, als seien sie geradewegs aus der Werkstätte eines Schmiedes gekommen. Neben Waffen wie Schwertern, Dolchen, Lanzen- und Pfeilspitzen gab es fünf Axtklingen mit kurzen Aufschriften in den neuartigen Zeichen, Spaten und andere Geräte, zwei

Bronzebarren und einen kleinen dreifüßigen Kesseluntersatz, der ein Gegenstück aus dem mykenischen Tiryns auf der Peloponnes besitzt. *(Abb. 15, 16)*

Nach dieser grandiosen Ernte der ersten Ausgrabung auf dem Ras Schamra und unten am Hafen wurde die Kampagne abgeschlossen. Es war deutlich, daß man auf eine wichtige Stadt von hoher Kultur gestoßen war, die im zweiten Jahrtausend v. u. Z. eine Blütezeit erlebt hatte. Ihre Erforschung versprach außerordentliche Funde und Entdeckungen.

Die ausgegrabenen Objekte wurden zu gleichen Teilen syrischer und französischer Besitz. Nach dem Zweiten Weltkrieg und der Gründung der Arabischen Republik Syrien wurden alle Funde, die auf ihrem Staatsgebiet zutage kamen, syrisches Eigentum.

DIE ZWEITE KAMPAGNE AM WEISSEN HAFEN – MADAME ODILE SCHAEFFER-FORRER ERINNERT SICH

Die zweite Ausgrabungskampagne begann am 20. März 1930 und dauerte bis zum 15. Juni. Claude Schaeffer hatte dieses Mal seine junge Frau Odile und sein Töchterchen mitgenommen. Auf den Dünen zwischen dem Strand und den Äckern der Bauern wurde ein zweites, geräumigeres Zelt aufgestellt. Madame Odile, eine Tochter des bekannten Archäologen und Historikers R. Forrer, die von nun an die meisten Kampagnen mitmachte – anfänglich als »Mädchen für alles«, wie sie humorvoll bemerkte –, besaß denselben Pioniergeist wie ihr Gatte. Sie organisierte den »Haushalt« am Weißen Hafen sofort mit energischer Hand, kochte, übernahm alle Einkäufe und administrativen Aufgaben in Latakia, half ihrem Mann als Sekretärin, wusch die zerbrechlichen Scherben ausgegrabener Gefäße, reihte Fayenceperlen und goldene Anhänger aus den Funden wieder zu Halsketten, wachte über die Gesundheit der Archäologen und der Arbeiter. Pillen gegen Magenschmerzen aus ihrem reichen Arzneivorrat galten bei den Einheimischen bald geradezu als wunderwirkend! In ihren Erinnerungen an die erste abenteuerliche Zeit in Syrien schreibt sie:

»Wir liebten das Leben in den Zelten, obwohl sich in unserem vier Meter langen Hauptzelt, in dem wir schliefen, arbeiteten und aßen, auch eine mehr als meterlange schwarze Schlange, eine Äskulapnatter, eingenistet hatte. Sie hauste unter dem ›Teneke‹, einem umgestülpten ehemaligen Petroleumkanister, auf dem ich unsere Mahlzeiten auf einem Primuskocher bereitete. Skorpione und Vipern kamen glücklicherweise in Meeresnähe nicht vor. Gegen Mücken, Fliegen und Flöhe hatten wir unsere Flit-Spritze. DDT gab es noch nicht. Petroleumlampen sorgten für Beleuchtung, die See ersetzte eine Dusche.

Als Bedienung hatten wir im ersten Jahr nur Djohar, eine Frau aus dem nächsten Dorf, die jeden Morgen in ihrem bunten Kostüm mit weiten geblümten Hosen, einer handgewebten Rockschürze und einem rotgestreiften Jäckchen erschien. Anders als die Mohammedanerinnen sind die Alawitinnen unverschleiert. Djohar holte uns in einem großen Tonkrug frisches Wasser aus einer Quelle. Das Trinkwasser wurde von mir immer gründlich abgekocht. Mineralwasser gab es erst viel später in Latakia zu kaufen. Djohar fegte die Zelte, wusch die Wäsche und trug das gebrauchte Geschirr in einem großen Korb zum Strand, um es mit Hilfe von feinem Sand im klaren Meerwasser zu säubern. Nach der Füllung unserer Lampen ging sie um vier Uhr heim.

Täglich gab es frisches Brot in Gestalt großer Pfannkuchen aus Weizenmehl, Wasser und Salz. Jeder Bauer hatte seinen eigenen kleinen Backofen aus Lehm. Als Brennstoff diente Häcksel aus Weizenstroh, vermischt mit Kuhmist. Holz gab es nicht in dieser Gegend. Die Frauen formten aus der kräftig riechenden Masse runde ›Kuchen‹, die sie gegen die Hauswände klatschten. Die getrockneten Fladen fielen später von selbst herab und wurden gegen Abend verheizt, bis sie vollständig vom Feuer verzehrt waren. Dann bewarfen die ›Bäckerinnen‹ die glühenden Innenwände der Öfen mit der rechten Hand geschickt mit den flachen runden Teiglappen, die nach kurzer Zeit knusprig gebacken waren.

Ein köstlicher Genuß war auch der Yoghurt in Krügen, den wir jeden Morgen von den turkmenischen Arbeitern erwarben. Diese unsere besten und ausdauerndsten Kräfte kamen aus einem 15 Kilometer entfernten Ort und stammten aus dem Kaukasus. Unter der türkischen Herrschaft hatte man sie zur Auswanderung nach der syrischen Küste gezwungen.

Alle Besorgungen für die Expedition wurden von mir in Begleitung unseres treuen berittenen Gendarmen, der über unsere persönliche Sicherheit zu wachen hatte, in Latakia erledigt. Der zwölf Kilometer lange Weg dorthin führte über drei reißende Bäche ohne Brücken, die von den Frühjahrsregen angeschwollen waren. Nach unserer Heimkehr nach Frankreich nahm ich Reitstunden, um Latakia im nächsten Jahr zu Pferde erreichen zu können. Jeden Freitag holte ich von der dortigen Bank Geld für die wöchentliche Auszahlung der Arbeiter am Samstag. Die französischen Scheine mußten stets in Medjidich, türkisches Hartgeld, umgewechselt werden. Papiergeld wurde nicht angenommen. Mein Mann stellte den Geldkoffer Freitagabend vorsichtshalber zwischen sein Feldbett und die Zeltwand. Nachdem wir aber zufällig einmal von außen festgestellt hatten, daß sich dessen Umrisse haarscharf auf der Zeltwand abzeichneten – ein Messerschnitt hätte genügt, um ihn herauszuholen –, gaben wir diese Methode der Sicherung auf.

Im Mai wurde das Korn auf den Äckern an der Bucht von den Bauern mit Handsicheln geschnitten. Danach brannten sie die Stoppelfelder ab. Die Asche diente als Dünger für die Felder. Dieser Brauch hätte beinahe zu einer Katastrophe für uns geführt. Eines Tages trieb der ›Chamsin‹, der heiße Wüstenwind, das Feuer in die Richtung unserer Zelte. Wasser zum Löschen gab es nicht. Wir konnten nur in großer Hast die schweren Benzin- und Petroleumkanister zum Meer schleppen und danach die Kameras, Koffer, Kleider, Pläne, Zeichnungen und Fundinventare. Die Flammen kamen so nah, daß wir damit rechneten, zu unserer Rettung in die See tauchen zu müssen. Aber kurz bevor der Brand die Zelte erreichte, legte sich plötzlich der Wind. Es schien beinahe ein Wunder!«

Über die Organisation der Grabungen und die Erfahrungen mit den Einheimischen, deren Zahl zeitweise auf 250 Personen anstieg, während das Expeditionsteam im Laufe der Jahre 14 bis 15 Mitarbeiter umfaßte, berichtet Madame Schaeffer-Forrer:

»Der Tag der Archäologen war lang. Das erste Frühstück wurde bereits um 5.30 Uhr eingenommen. Um 6 Uhr oder 6.30 Uhr, je nach der Jahreszeit, begannen die Grabungen. Am Vorabend hatte ich schon das zweite Frühstück mit belegten Broten, Thermosflaschen und Obst in großen Körben bereitgestellt, das während einer allgemeinen Ruhepause zwischen 8.30 Uhr und 9 Uhr auf dem Grabungsgelände eingenommen wurde. Die Mittagsrast, in der die Arbeiter ihr mitgebrachtes Essen verzehrten und im Schatten Siesta hielten, dauerte von 12 Uhr bis 2 Uhr. Die Archäologen nahmen vor dem warmen Lunch an der Bai ein erfrischendes Bad im Meer. Von 2 Uhr bis 4 Uhr wurde weiter ausgegraben. Danach kehrten die Alawiten und Turkmenen in ihre Dörfer zurück. Das Pensum des Teams war aber noch lange nicht abgeschlossen. Nach dem gemeinsamen Tee wurde gezeichnet, photographiert, inventarisiert, der Tagesbericht verfaßt usw. Um 19 Uhr versammelten sich alle zum Abendessen, und nachher gab es noch Gespräche über die Tagesereignisse, die Leistungen der Arbeiter und wissenschaftliche Diskussionen. Jeden Abend genossen wir die unbeschreibliche Farbenpracht des Sonnenuntergangs, und manchmal tauchte bei Einbruch der Dämmerung die geisterhafte Silhouette der 80 Kilometer entfernten Insel Zypern aus dem Meer, die genau gegenüber dem Weißen Hafen liegt.

Obwohl es, vor allem bei den Ausgrabungen in Ägypten, üblich war, die Arbeiter von Sonnenaufgang bis Sonnenuntergang mit nur einer mittäglichen Siesta anzustellen, fand Claude Schaeffer dies zu lang für die schwere Arbeit in Hitze und Staub. Vor dem Zweiten Weltkrieg beschränkte er die Grabungen auf täglich acht Stunden und später sogar, je nach Jahreszeit, auf siebeneinhalb bis sieben Stunden. Ein Teil der Arbeiter hantierte die Pickel, ein anderer die Spaten. Die beiden Gruppen wurden abwechselnd eingesetzt, so daß sich eine jeweils ausruhen konnte. Außerdem wurden Frauen herangezogen, die in ihren Tonkrügen Wasser aus einer nahen Quelle für die durstigen Arbeiter holten. Die Scheichs der umliegenden Dörfer wurden zu Aufsehern ernannt, die den guten Fortgang der Arbeiten kontrollieren und dafür sorgen mußten, daß alle Funde sofort ›in situ‹ den Archäologen gezeigt wurden. Diese setzten dann die geschicktesten und vorsichtigsten Arbeiter ein, um die Funde unter ihrer Aufsicht freizulegen. Claude Schaeffer gab für jedes entdeckte Objekt ein Bakschisch. Je kleiner es war, desto größer wurde die Belohnung. Jedesmal wurde das Fundstück sämtlichen Arbeitern gezeigt. Auf diese Weise lernten sie, auf was sie bei ihrer Arbeit zu achten hatten. Alle Vorsichtsmaßnahmen konnten nicht verhindern, daß manchmal etwas gestohlen wurde, eine unvermeidliche Begleiterscheinung archäologischer Ausgrabungen.

Taf. 1 *oben:* Ruine der Torbauten des Südwesteinganges von Ebla

Taf. 2 *unten:* Lehmziegelmauern mit Ziermuster in Ebla

Taf. 3 *linke Seite oben:* Freitreppe zur Akropolis in Ebla

Taf. 4 *linke Seite unten:* Goldener Halsschmuck mit granulierten Anhängern aus den Fürstengräbern unter dem Palast Q von Ebla

Taf. 5 *oben:* Halskette aus Gold- und Glasflußperlen mit Symbolen der Liebesgöttin

Taf. 6 *links:* Deckeldose aus Fayence

Taf. 7 *oben links:* Zyprische Bilbils

Taf. 8 *oben rechts:* Kanaanäischer Vorratskrug

Taf. 9 *unten links:* Weibliches Terrakotta-Idol mykenischen Stils

Taf. 10 *unten rechts:* Bemalte mykenische Schüssel

Taf. 11: Bemalter mykenischer Krater
mit Darstellung eines Streitwagens

Taf. 12: Bronzestatuette des Baal mit einem Goldhelm ägyptischen Stils

Taf. 13 *oben links:*
Goldener Anhänger mit Darstellung der Liebesgöttin in Gestalt der Hathor

Taf. 14 *oben rechts:*
Falkenfigur aus Bronze mit der Doppelkrone der Pharaonen

Taf. 15 *unten links:*
Siegelzylinder

Taf. 16 *unten rechts:*
Stempelsiegel

Taf. 17 *oben links:*
Rhyton kretischen
Stils mit Oktopus

Taf. 18 *oben rechts:*
Rhyton mit Widderköpfchen in Relief

Taf. 19 *unten:*
Rhyton in der Form
eines Igels

Schaeffer fand es jedoch unwürdig, die Arbeiter vor ihrer abendlichen Heimkehr zu untersuchen.

Der Antiquitätenhandel blühte damals in Beirut. Dort lebten viele reiche Ausländer, die mit vollen Händen Geld für ihre Privatsammlungen ausgaben und damit sowohl Raubgrabungen als auch das Fälscherhandwerk stimulierten, in dem die Levantiner Meister waren. Eine Kostprobe ihrer Kunst, eine gefälschte beschriftete Tontafel, tauchte sogar am Ras Schamra auf. Ein Arbeiter ›entdeckte‹ sie. Schaeffer rief sofort die gesamte Belegschaft herbei und verhörte sie. Natürlich gestand niemand. Kurz entschlossen schickte er sie daraufhin an diesem Tag ohne Lohn nach Hause.

Im allgemeinen gab es aber wenig Schwierigkeiten mit den Arbeitern. Viele meldeten sich jedes Jahr aufs neue und entwickelten sich zu ausgezeichneten Kräften. Claude Schaeffer kannte sie alle beim Namen und kümmerte sich auch um ihre persönlichen Schicksale, besonders um die Alten und die Kranken. Die Bevölkerung litt schwer unter Malaria. Wenn ein Arbeiter einen Fieberanfall bekam, sandte mein Mann ihn mit einem Empfehlungsschreiben an den Chefarzt oder die Oberschwester nach dem neuen Krankenhaus in Latakia, das vom Orden von St. Vincent de Paul betreut wurde. Alle Patienten wurden dort mit Hingabe von den guten Schwestern mit den steif gestärkten ›Cornettes‹ (Flügelhauben) gepflegt.

Ein einziges Mal in den vielen Jahren, in denen Claude Schaeffer seine 32 Ausgrabungskampagnen leitete, ich glaube im dritten Jahr, wurde ein Anschlag auf sein Leben versucht. Damals ließ er ein sechs bis acht Meter hohes Holzgerüst, eine Art Stufenpyramide, konstruieren. Von ihrer Höhe aus konnte man den ganzen Tell überblicken und Photos aus der Vogelperspektive nehmen. Eines Morgens kam unser treuer Scheich Nassir, der Oberaufseher, in großer Aufregung zu meinem Mann. Er hatte entdeckt, daß eine der Stützen des Gestells fast völlig durchgesägt war. Ohne Zweifel wäre der Bau unter meinem Mann zusammengebrochen. Claude Schaeffer nahm diese Angelegenheit mit großer Ruhe auf. Sein Mut verließ ihn nie.

Ich erinnere mich auch an einen Autoausflug des Teams zur Ruine der großartigen Kreuzritterburg von Qalat Sahyun. Sie liegt in den wilden einsamen Bergen südöstlich von Latakia auf einem Kamm zwischen tiefen Schluchten. Auf dem Rückweg wurden wir an einer engen Stelle der Straße zwischen Felswänden und dem Abgrund von einer Anzahl mit Gewehren bewaffneter Männer aufgehalten, die in drohendem Ton Lösegeld verlangten, um den Weg freizugeben. Sie hatten nicht mit der Unerschrockenheit meines Mannes gerechnet, der so energisch auftrat, daß sie uns schließlich durchließen. Claude Schaeffer meldete den Vorfall am nächsten Tag den Behörden von Latakia mit der Bemerkung, daß solche Erlebnisse der von ihnen erhofften Entwicklung des Tourismus nicht gerade nützten.

Aus den Jahren, in denen wir weder eine Dusche noch elektrischen Strom in unserem Camp hatten, blieb mir ein nicht ungefährliches Erlebnis im Gedächtnis. Ich schwamm täglich lang im kristallhellen Wasser der Bucht. Bei dieser Gelegenheit hörte ich einmal lautes Geschrei der Fischer auf der anderen Seite der Bai und wunderte mich über deren Aufregung. Den Grund erfuhr ich erst beim Mittagsmahl. Man hatte einen Hai im Hafen gesichtet und ihn mit großer Mühe gefangen und getötet. Die fast zwei Meter lange Beute mit einem gewaltigen Gebiß wurde von den Fischern mit berechtigtem Stolz vorgeführt. Haie waren an der syrischen Küste nicht selten. Kurz vor diesem Erlebnis hatte ein Hai eine junge Frau in der Nähe des schönen Sandstrandes von Beirut angefallen und ihr einen Arm abgebissen. Sie verblutete, bevor man sie retten konnte.

Wie gut, daß *ich* nicht wußte, daß der Hai sich gleichzeitig mit mir in der Bucht befand! Und wie gut, daß *er* nicht wußte, daß ich dort schwamm!

Nach diesem Ereignis mußte ich meinem Mann versprechen, nie mehr allein weit hinauszuschwimmen. Auf alle Fälle übte ich auch das Schwimmen mit nur drei Gliedmaßen und die gar nicht einfache Kunst, unter Wasser einen lauten Schrei auszustoßen. Man hatte mir erzählt, daß dies die Haifische abschrecken würde.«

EIN TEMPEL UND EIN MYSTERIÖSER FRIEDHOF

NEUE TEXTFUNDE

Für die zweite Kampagne wurden Schaeffer 30 Soldaten zur Unterstützung der Arbeiten zugeteilt. Die erste Aufgabe bestand in der Entfernung der Schuttmassen, die von der Spatenarbeit des Vorjahres zurückgeblieben waren. Auch mußten Schienenstränge für die kleinen Wagen angelegt werden, mit denen der Abraum nach einem archäologisch sterilen Terrain geschafft wurde. Danach ging die Ausgrabung im Hafenbereich weiter. Wieder kamen in geringer Tiefe zahlreiche Baureste ans Licht und mehrere Schachtbrunnen mit monolithischen Einfassungen und Deckeln aus Steinplatten, zu denen Tonröhren oder Steinrinnen leiteten. Reiche Votivdepots wurden aufgedeckt, die Gewichte aus Stein und Hämatit, Lampen aus Ton und Bronze, Schmucknadeln aus Silber und Bronze und eine zyprische aus Gold, Messer, Muscheln und vieles andere enthielten. Große steinerne Phallen zeigten, daß im Geheimkult der Alawiten uralte Vorstellungen weiterlebten. Um die eigenartigen kleinen Altäre mit den beidseitigen Treppchen waren Tongefäße, Mörser und Stampfer aus Basalt aufgestellt.

Nach sechs Wochen wurde die Arbeit auf den Ras Schamra verlegt. Schaeffer ließ zwischen den beiden ersten Grabungsstellen einen Graben von 60 Metern Länge und fünf bis fünfzehn Metern Breite ausheben, um die obersten Schichtenfolgen des Tells zu untersuchen. Unter den Schichten des 14. und 13. Jahrhunderts v. u. Z., die durch Keramik zyprischer und mykenischer Herkunft datiert werden konnten, stieß man auf ein Stratum ohne Siedlungsrelikte und darunter auf ein Gräberfeld, in dem diese Tonware fehlte. Dort bestanden die Totenbeigaben aus schwarz- und rotpolierten altkanaanäischen Gefäßen, die auch aus Palästina bekannt sind und in das 18. bis 16. Jahrhundert v. u. Z. datiert werden. *(Abb. 17)*

Im Verlauf der langen Periode, in der dieser Friedhof benutzt wurde, gab es verschiedene Formen der Bestattung. Manche Leichen wurden in Strecklage, andere in Hockstellung beerdigt. Die Beigaben lagen neben Haupt, Schultern und Füßen. Bei anderen Gräbern wurden der Rumpf der Verstorbenen bis zum Becken in einem großen Vorratsgefäß geborgen und der Schädel wie der untere Teil des Körpers gesondert neben oder unter dem Toten begraben. *(Abb. 18)* Solche »Topfbestattungen« kamen seit der Bronzezeit vielfach im Ostmittelmeerbereich vor.

Mit der Freilegung dieser Nekropole hatte man Stratum II des Tells erreicht, das Schaeffer als altkanaanäisch II bezeichnete und in die Mittlere Bronzezeit 1 und 2 (etwa 1900 bis 1600 v. u. Z.) datierte. Die Beigaben bestanden aus weißen und gelblichen Feuersteinklingen, Gewandnadeln aus Bronze mit durchbohrtem Hals und Keulenkopf und aus Keramik. Zwei bis drei Meter unter der Nekropole gab es eine sterile Lage von ein bis zwei Metern Stärke über Mauerresten aus Lehmziegeln, die sich bis in eine Tiefe von sieben Metern verfolgen ließen. Die Ausgräber hatten Schicht III erreicht mit den Ruinen einer bedeutenden Stadt, die längere Zeit bestand und gegen Ende des dritten Jahrtausends zerstört worden war.

Die Tiefgrabungen, für die gigantische Erdmengen bewegt werden mußten, waren sehr kostspielig und drohten die finanziellen Mittel der Expedition zu erschöpfen. Schaeffer entschloß sich daher, die Arbeiten hauptsächlich auf die Freilegung der Wohnschichten aus dem 14. und 13. Jahrhundert v. u. Z. zu konzentrieren, und kehrte zur vielversprechenden Fundstelle der Tontafeln zurück. Seine Vermutung, daß sich dort ein Bauwerk besonderer Bestimmung mit einer Bibliothek befunden hatte, bewahrheitete sich. Weitere Tontafeln kamen ans Licht, darunter sehr große, die auf beiden Seiten mit je drei bis vier engbeschriebenen Textspalten bedeckt waren. Es gab verschiedene Wörterverzeichnisse und auch mehrsprachige Diktionäre.

Neben akkadisch-babylonischen, sumerischen Texten und solchen in der noch unverständlichen Sprache kam ein zweites unbekanntes Idiom vor, das später als Hurritisch entziffert wurde.

Mehrere Tafeln hatten sichtlich Schreibübungen gedient. Wahrscheinlich beherbergte das Gebäude, das sich später als Sitz eines Hohepriesters erweisen sollte, auch eine Schreiberschule.

Das weitläufige Haus war sehr solide gebaut. In die dicken Mauern aus rötlichem Sandstein, der durchweg für die Stadt des 14. und 13. Jahrhunderts verwendet wurde, waren stellenweise Holzbalken zur Verstärkung eingelassen, die ihren Widerstand gegen die häufigen Erdbeben in diesem Gebiet erhöhen sollten. Ein breites Portal an der Nordfront führte zu einem offenen Innenhof, den an drei Seiten gepflasterte Räume umgaben. Im Hintergrund des Hofes, der mit einem Abfluß für das Regenwasser versehen ist, wurde ein Brunnen mit Steinrand freigelegt, der noch heute Wasser enthält. Eine Treppe weist auf einen Oberstock, der vermutlich aus Lehmziegeln konstruiert war. Feuer hatte das imposante Bauwerk vernichtet und auch die Tontafeln schwer beschädigt. Sie waren sehr brüchig und mußten mit großer Sorgfalt behandelt und lange getrocknet werden, bevor sie zur Entzifferung verschickt werden konnten.

Unter dem Hausflur kamen vergrabene Wertgegenstände ans Licht: ein zehn Kilogramm wiegender Kupferstab, eine silberbeschlagene Bronzeaxt, eine Schale und ein Becher aus Silber sowie ein Krug mit Schmuckstücken aus demselben Material. Man hatte die Armringe, Ohrgehänge und Ringe zum Teil zerschnitten oder zusammengepreßt, um sie durch den engen Hals des Gefäßes zu zwängen. Bei den Ausgrabungen unter dem Gebäude wurde festgestellt, daß sich das Gräberfeld, das in 60 Meter Entfernung im Stratum II entdeckt worden war, bis dorthin erstreckte.

Mitte Mai beschloß Claude Schaeffer, die Spatenarbeit in den Bereich zu verlegen, in dem er im Vorjahr die Bruchstücke einer Kalksteinstele mit einer hieroglyphischen Weihe-Inschrift gefunden hatte, die dem Baal Saphon, dem Wetter- und Fruchtbarkeitsgott, der an der syrischen Küste verehrt wurde, galt. Als ihr Stifter zeichnete der königliche Schreiber und Schatzaufseher, der »Wächter des Silberhauses«, Mami. Schaeffer vermutete nun, daß sich dort kein Palast, sondern eher ein ägyptisches Heiligtum befunden hatte.

Tatsächlich stieß man bald auf mächtige Mauern, die an der

Außenseite aus großen geglätteten Quadern bestanden. Die 1,70 Meter starken Wände umgaben zwei rechteckige Säle, einen Naos von siebzehn mal zwölf Metern und einen Pronaos von zwölf mal zehn Metern. Der erste enthielt eine erhöhte steinerne Estrade, zu der Stufen führten, vermutlich einen Altar. Davor lagen Fragmente von Statuen ägyptischen Stils aus Granit, Grünstein und Kalkstein. Eine war lebensgroß gewesen. Die türkischen Raubgrabungen hatten auch hier viel verwüstet und die schöne Pflasterung teilweise zerstört. Wahrscheinlich wurden kostbare Votivgeschenke im Tempelareal entdeckt und fortgeschleppt. Der Abbruch der Grabungen hing vielleicht mit der Freilegung von menschlichen Skeletten zusammen, die abergläubische Scheu weckte.

Der Friedhof aus Stratum II reichte bis unter den Tempel. Eine monumentale Freitreppe führte zum Tor des Heiligtums, das 5,60 Meter weit war. Vor diesem Aufgang wurde ein Hof mit einer erhöhten Altarbasis freigelegt. Teile einer großen Sphinx deuten darauf, daß der Tempeleingang einstmals von Sphingen bewacht war. Einen wertvollen Hinweis auf das Alter des Sanktuariums lieferte das Bruchstück einer anderen Sphinx aus poliertem Grünstein, auf dem die Kartusche des Pharaos Amenemhet III. (1849 bis 1801 v. u. Z.) eingemeißelt war.

Auf einer stark beschädigten Stele war noch das Relief einer geflügelten Göttin mit einer Lanze in ägyptischer Tracht zu erkennen. Auf einer weiteren fand sich das Bildnis eines stehenden Gottes. Er trägt nur einen Lendenschurz, eine hohe Federkrone, einen Ösenhalsring und ein eingerolltes Horn über der Stirn. Die Linke hält einen Speer, die Rechte ein hakenförmiges Zepter ägyptischer Art. Vielleicht sollte der eigenartige Kopfputz die Pharaonenkrone mit Straußenfedern imitieren. Der Dolch im Gürtel und die Schnabelschuhe der Figur wirken hingegen hethitisch. Wahrscheinlich handelt es sich um eine Darstellung des Baal Saphon, des Hauptgottes von Ugarit.

Die zahlreichen ägyptischen Funde im Tempelbereich zeigen, daß in den ersten Jahrhunderten des zweiten Jahrtausends v. u. Z. enge Beziehungen zum Nil-Reich bestanden, dessen Herrscher Bildwerke für das große Heiligtum der syrischen Hafenstadt stifteten. Zu denken gibt die zweifellos absichtliche Zerschlagung der ägyptischen Skulpturen, ein Akt der Feindseligkeit, der auf einen politischen Umschwung in Ugarit deuten könnte.

Am 19. Juni 1930 wurde die Kampagne beendet. Sie hatte wieder glänzende Ergebnisse gebracht und die Zahl der Textfunde so wesentlich vermehrt, daß die Entzifferung der unbekannten Keilschrift und Sprache möglich wurde.

DIE ENTZIFFERUNG DER ALPHABETISCHEN KEILSCHRIFT VON UGARIT

Im April 1930 wurden die beschriebenen Tontafeln und Axtklingen, die Claude Schaeffer 1929 im Ras Schamra zutage gefördert hatte, publiziert. Die Nachricht von der Entdeckung der Texte, die in einer neuartigen Keilschrift abgefaßt waren, hatte schon im Vorjahr viel Aufsehen in wissenschaftlichen Kreisen erregt und große Erwartungen geweckt. Mit ihrer Veröffentlichung konnten die Entzifferungsversuche auch auf internationaler Ebene beginnen.

Die Keilschrift von Ras Schamra besteht aus nur 30 verhältnismäßig einfachen Zeichen, während die komplexe babylonische mehrere hundert von oft verwickelter Form umfaßt. Virolleaud hatte bereits vermutet, daß es sich daher nicht um eine Silben-, sondern um eine Buchstabenschrift handeln müsse, und an eine frühe Vorläuferin des westsemitischen Alphabets gedacht, von dem alle späteren abstammen. Aber welchen Lautwert verkörperten die einzelnen Zeichen?

Zweisprachige Texte fehlten und ebenso die Hervorhebung von Götter-, Personen- und Ortsnamen durch Bestimmungszeichen, die in der babylonischen Keilschrift üblich war. Immerhin waren die einzelnen Wörter durch Striche voneinander getrennt, und dies erleichterte die Untersuchung des Sprachaufbaus, die Erkennung von Vor- und Nachsilben usw. Eine solche Analyse erschien als der einzige Weg, die Texte zu enträtseln.

Dem deutschen Altphilologen Hans Bauer aus Halle sollte es erstmalig gelingen, mit dieser Methode noch im April 1930 eine Reihe von Zeichen richtig zu deuten. Es war ihm sofort aufgefallen, daß die Struktur der unbekannten Sprache starke Verwandtschaft mit der Struktur des Semitischen zeigte. Der Versuch, semitische Lautwerte in die unverständlichen Wörter einzusetzen, erwies sich als eine glückliche Eingebung. Der Schlüssel zur Lesung der Texte war gefunden! Ende April hatte Bauer 17 Zeichen bestimmt und Götternamen wie *asrt* = Ascherat und *strt* = Astarte sowie verschiedene Zahlwörter korrekt erkannt.

Freilich gab es auch Irrtümer bei dieser mühsamen Arbeit. Die Schreibweise von Ras Schamra enthielt manche Fallstricke wie das Wort »Schaf«, das nur aus dem Buchstaben š bestand, der oft einfach an das vorhergehende Wort angehängt wurde und daher wie eine Nachsilbe wirkte. Weil š als Nachsilbe im Westsemitischen nicht vorkommt, hielt Bauer das Zeichen für ein m, das im Altkanaanäischen als Pluralsuffix erscheint.

Dieser Irrtum hatte auch Folgen für die Lesung von Wörtern, die bereits teilweise von ihm entziffert worden waren, und führte unter anderem zur Fehlinterpretation einer der Aufschriften der Äxte. Mit Hilfe von Bauers Ergebnissen gelang es danach E. Dhorme in Jerusalem, weitere drei Zeichen korrekt zu deuten und das von Bauer fälschlich für k angesehene Zeichen als m und dessen m als š zu erkennen. Auch Virolleaud war in dieser Zeit nicht müßig geblieben. Bei zwölf Zeichen hielt er Bauers Lösungen für richtig, bei fünf kam er zu einer anderen Deutung, die sich später als richtig erwies. Es war nun ganz sicher, daß es um eine bis dahin unbekannte altsemitische Sprache ging.

Inzwischen hatte Schaeffers Frühjahrskampagne von 1930 neue Schriftfunde gebracht. Unter diesen auch längere erzählende Texte, die sich besser für eine Entzifferung eigneten. Das erstentdeckte Material bestand hauptsächlich aus Listen mit Aufzählungen von Opfergaben für verschiedene Gottheiten, von Lieferungen an Tempel und von Namen.

Bauer hatte die von Dhorme vorgeschlagenen Änderungen anerkannt und weitere Schriftzeichen herausgefunden. Anfang Oktober 1930 waren bereits 25 richtig bestimmt. Als Virolleaud im Juli 1931 seinen ersten ausführlichen Bericht über seine Arbeitsergebnisse veröffentlichte, war der Weg für die Übersetzung der Schrifttafeln vom Ras Schamra offen. Anfang 1932 publizierte er dann die Übersetzung eines längeren epischen Textes und eine beinahe vollständige Tabelle des Alphabets. Seither beugen sich Sprachforscher in aller Welt über die Dokumente aus Ras Schamra – Ugarit –, deren Zahl noch immer wächst.

Die Schrift von Ras Schamra wurde im allgemeinen von links nach rechts geschrieben – nur auf einer ganz kleinen Zahl von Täfelchen läuft sie in umgekehrter Richtung. Sie war keineswegs aus der akkadischen Keilschrift entstanden, sondern eine eigene Erfindung, die mit dieser nur die Grundformen, das heißt Keil und Winkelhaken, gemein hatte. Nach dem Zweiten Weltkrieg wurde noch eine Anzahl von Abecedarien (Alphabet-Täfelchen) ausgegraben, mit deren Hilfe festgestellt wurde, daß die letzten drei der 30 ugaritischen Schriftzeichen vermutlich erst später hinzugekommen waren. Sie waren notwendig, um auch anderssprachige Texte mit diesem Alphabet schreiben zu können.

Eine Besonderheit dieser Schrift, die sie von der jüngeren westsemitischen unterscheidet, die eine reine Konsonantenschrift war, sind die drei verschiedenen Zeichen für den Knacklaut Alef (a, i und u). Diese wurden für die Wiedergabe akkadischer Texte mit ihren nur aus einem Vokal bestehenden Silben gebraucht.

Mit der Entzifferung der Texte aus Ras Schamra begann ein neues Kapitel der Forschungsgeschichte des Vorderen Orients. Diese Dokumente aus der zweiten Hälfte des zweiten Jahrtausends v. u. Z. revolutionierten die Kenntnis der Historie, Kultur und Religion Syriens in jener Epoche und wurden auch von großer Bedeutung für die Bibelforschung. Die ugaritische Sprache ähnelt am meisten dem Hebräischen, obwohl sie auch Berührung mit dem Akkadischen verrät und eine beträchtliche Zahl hurritischer Lehnwörter enthält. Dies erleichterte einerseits ihre Lesung und Interpretation, andererseits förderte das Ugaritische durch das höhere Alter der Schriftzeugnisse eine korrekte Interpretation hebräischer Ausdrücke, deren Sinn zuvor undeutlich war. Unter anderem ermöglichte es das Verständnis mancher Zeilen in den Psalmen, deren Sinn bis dahin dunkel geblieben war.

Hinweise auf frühe Versuche zur Schöpfung eines alphabetischen Schriftsystems gibt es mehrere im syropalästinischen Raum. Einige unentzifferte Inschriften im Bereich der uralten Kupferminen im Sinai-Gebiet werden etwa in die Mitte des zweiten Jahrtausends datiert. In Palästina kamen Täfelchen mit unlesbarer Spiegelschrift zutage, und aus Byblos stammt eine alphabetische Inschrift auf dem Sarkophag des Königs Ahiram, die aber wesentlich jünger sein dürfte als die ugaritischen Texte. Die Zeit war reif für die Erfindung einer Buchstabenschrift, aber Ugarit kommt höchstwahrscheinlich das Primat eines vollentwickelten Alphabets zu, das lange und bis weit nach Südpalästina verwendet wurde. Im Laufe der Zeit erfuhr es verschiedene Abwandlungen, in denen die Sprachforscher bereits gewisse Übergänge zum späteren phönizischen Alphabet zu erkennen glauben, dem Ahnen des griechischen und aller aus diesem entwickelten Alphabete.

DAS RÄTSEL DER GRABFELDER AUS DER MITTLEREN BRONZEZEIT

Europäer auf dem Ras Schamra?

Für die Kampagne von 1931, die vom 26. März bis zum 16. Juli dauerte, konnten 250 Arbeiter für die Ausgrabungen eingesetzt werden. Außerdem stellten die Autoritäten von Latakia der Mission eine Anzahl der örtlichen Gefängnisinsassen zur Verfügung, die beim Wegschaffen der Erd- und Schuttmassen helfen sollten. Die Sträflinge wurden mit Lastwagen herangeführt und erhielten ein Taschengeld. Ihre Aufgabe war es, die Wägelchen mit dem Abraum an die Peripherie des Tells zu befördern. Madame Schaeffer weiß noch, daß sie diese Arbeit, die als willkommene Unterbrechung des eintönigen Gefängnisdaseins betrachtet wurde, mit viel Schwung und unter allerlei Späßen verrichteten.

Sie erinnert sich auch an eine Episode, deren Protagonist einer der Häftlinge war, dessen ruhige Würde Claude Schaeffer aufgefallen war. Er begann sich für das Geschick dieses ungewöhnlichen Mannes zu interessieren, bestellte ihn zu sich und fragte ihn mit Hilfe eines Dolmetschers nach dem Grund seiner Haft. Der Gefangene hatte einen Feind getötet, der seinen Brunnen, den kostbarsten Besitz der Bewohner eines Landes, in dem es sechs Monate lang nicht regnet, vergiftet hatte. Das der französischen Mandatsregierung unterstehende Tribunal hatte ihn dafür zu zehn Jahren Gefängnis verurteilt. Diese Strafe erschien ihm und allen Bewohnern seines Dorfes, in dem er ein hochgeachteter Notabel gewesen war, unbegreiflich streng. Nach den altehrwürdigen Stammesgesetzen konnte das Verbrechen der Brunnenverseuchung nur mit dem Tod geahndet werden. Auch Claude Schaeffer empfand das Gerichtsurteil als ungerecht und setzte sich energisch bei den maßgebenden Stellen für den Sträfling ein. Schließlich gelang es ihm, das Gericht zu überzeugen, daß europäische Rechtsvorstellungen nicht ohne weiteres für einen solchen Fall gültig waren. Die zehn Jahre wurden auf zwei reduziert. Die Freude des Begnadigten und seiner Familie war groß. Zu Ostern bezeugte ein schwarzweißes Lämmchen, das der kleinen Dideli (Beatrice) Schaeffer wie ein Hündchen folgte, die Dankbarkeit des Befreiten.

Auch 1931 begann die Spatenarbeit im Hafenviertel. Wieder wurden viele Votivdepots in Tiefen von 0,60 bis vier Meter, kleine Kultanlagen und Ruinen verschiedener Bauten aufgedeckt. Die Funde waren abermals sehr reich: Waffen, Geräte, linsenförmige Bleibarren, Gewichte, Siegelzylinder *(Taf. 15)*, Stempelsiegel *(Taf. 16)*, Schmuck und viel Keramik. Die Mehrzahl aller Funde von Tonware aus den beiden Ausgrabungsgebieten stammt noch immer aus dem Hafenquartier. Neben einheimischen Imitationen minderer Qualität kamen prächtige Gefäße aller Art mykenischer Herkunft, rhodische Schalen, zyprische Bilbils und halbkugelige Schalen mit glänzendweißem Überzug und braunen Streifenornamenten, bemalte Rhyta, die trichter- oder auch tierförmigen Spendengefäße mit einem Ausgußloch an der Spitze, die flüssigen Opfern dienten, ans Licht. *(Taf. 17, 18, 19)*

Eine überraschende Entdeckung war eine große Zisterne, die im Felsgrund ausgehauen und mit Lehm gedichtet worden war. Skelette von Neugeborenen und viele Scherben auf ihrem Boden deuteten auf Kinderopfer. Neben der Zisterne stand ein konischer Kultstein, umgeben von Lämpchen.

In der Ruine einer Lagerhalle fanden die Ausgräber noch 80 sorgfältig aufgereihte Amphoren. Ein anderes Magazin enthielt gegen 1000 Gefäße, darunter elegante Flakons und Schalen aus Alabaster, wahrscheinlich Importe aus dem Nil-Reich. *(Taf. 20)* Ägyptischen Stils waren auch Schminktöpfchen aus Elfenbein in der Form von Entchen mit nach rückwärts gedrehtem Kopf. *(Taf. 21)* Immer wieder stieß man auf eine dicke Aschenlage, den Beweis eines verheerenden Brandes, dem das Hafengebiet zum Opfer gefallen war.

Die Spatenarbeit auf dem Ras Schamra konzentrierte sich wie im Vorjahr auf dessen nordöstlichen Sektor und Stratum II. Neuerlich wurden zahlreiche Erdgräber aufgedeckt, die öfter mit Steinen umrandet und bedeckt waren. *(Abb. 19)* Ein Skarabäus aus der Hyksoszeit ergab eine annähernde Datierung der oberen Schichten des lange benutzten Gräberfeldes (17. bis 16. Jahrhundert v. u. Z.). Der Torso einer kleinen Sitzstatue aus Basalt, der tiefer unten ans Licht kam, lieferte eine weitere Zeitangabe. Eine hieroglyphische Inschrift wies sie als Bildnis der Prinzessin Chnumit aus, der Gattin des Pharao Sesostris II. der XII. Dynastie, der zu Beginn des 19. Jahrhunderts regierte.

In den untersten Schichten der Nekropole mehrten sich die Kollektivgräber. In einem Fall wurden 40 Tote zu verschiedenen Zeiten im gleichen Grab beerdigt. Viele Waffen kennzeichneten die männlichen Bestattungen: halbmondförmige Streitäxte mit je zwei ovalen Löchern; breite dreieckige Zungendolche mit Mittelrippe und sichelförmigen Griffen aus durchsichtigem weißem Stein; mit Tüllen ausgestattete Lanzenspitzen. Typisch war auch der Bronzeschmuck, vor allem die »torques«, offene Ösenhalsringe mit flachen eingerollten Enden, die von Frauen und Männern getragen wurden. Außerdem gab es zu Spiralen aus Bronzedraht gedrehten Zierat, offene Armreifen und Keulenkopfnadeln, sogenannte »toggle pins«, olivenförmige und doppelkonische Bronzeperlen und andere aus Quarz und Karneol. Metallanalysen zeigten, daß durchweg echte Zinnbronze verwendet wurde. *(Fig. 16)*

Waffen und Schmuck der gleichen Art waren schon früher bei Ausgrabungen in Byblos in Votivdepots unter Tempeln und Bauten aus der Zeit des Mittleren Reiches in Ägypten entdeckt worden, darunter 94 glatte Torques aus Bronze und vier kunstvoll gedrehte aus Silber und Gold.

Die Gräberfelder im Stratum II des Ras Schamra signalisieren zweifellos die Ankunft eines neuen Volkes auf dem Tell, der nach der Zerstörung der frühbronzezeitlichen Stadt gegen 2200 v. u. Z. lange Zeit verlassen blieb. Die Ankömmlinge waren anscheinend Nomaden, die in Zelten hausten. Jedenfalls wurden keine Spuren fester Häuser aus dieser Epoche gefunden.

Ösenhalsringe, Schmuckspiralen und »toggle pins« sowie dreieckige Dolche mit Mittelrippe waren Claude Schaeffer seit den Ausgra-

Fig. 16
Schnitt durch die Schichtenfolge auf dem Ras Schamra. Funde aus der Spätbronzezeit, der Mittelbronzezeit und der Frühbronzezeit III von Ugarit

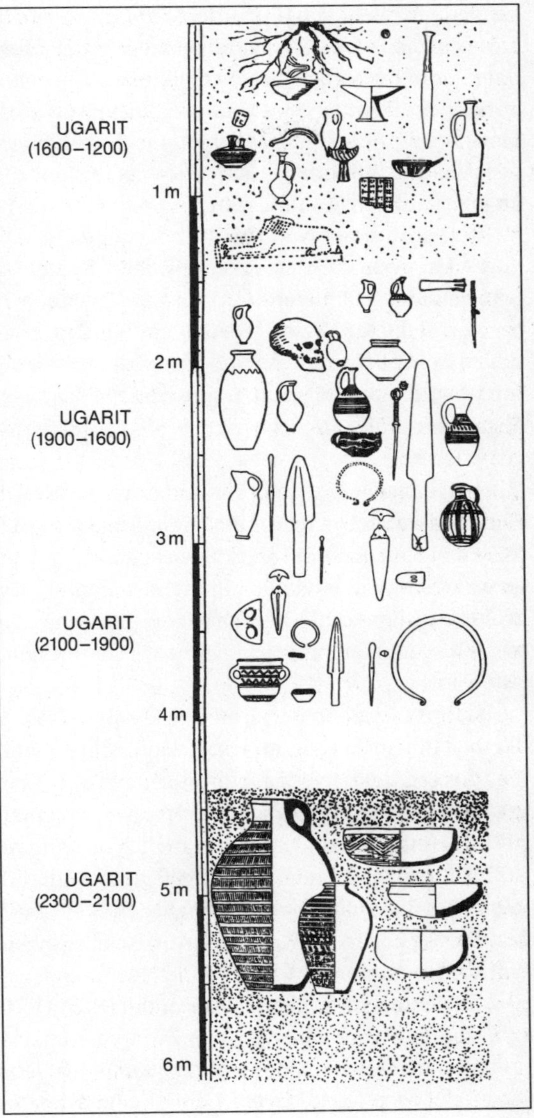

bungen prähistorischer Grabhügel im Elsaß und von vielen anderen mitteleuropäischen Fundstätten aus der Frühbronzezeit bekannt. Kamen die Hersteller dieser Objekte aus Europa nach der Levante?

Vor dem Hintergrund der Völkerbewegungen, die im letzten Viertel des dritten Jahrtausends v. u. Z. in Kleinasien und den Ländern des Fruchtbaren Halbmondes tiefgreifende Umwälzungen verursacht und von Anatolien bis Südpalästina den Untergang großer Städte heraufbeschworen hatten, scheint die Ankunft fremdstämmiger Gruppen an den levantinischen Küsten durchaus möglich. Schädeluntersuchungen bewiesen auch, daß sich die Torques-Träger von Byblos rassisch wesentlich von den Einheimischen unterschieden. Die Grabungsbefunde auf der Akropolis von Ugarit wiesen überall auf eine Katastrophe hin, die sich vor ihrer Festsetzung abgespielt und eine bis zu zwei Metern dicke Aschenlage hinterlassen hatte.

In Byblos wie auf dem Ras Schamra wirkten die Torques-Träger wie Zugewanderte, wie eine verhältnismäßig kleine Gruppe. Die Nekropole auf der Akropolis bewies, daß sich ihre Bestattungssitten grundlegend von jenen der Einheimischen unterschieden. Die Erdgruben, in denen die Verstorbenen meistens in Hockstellung ruhten, entsprachen hingegen frühen Totenbräuchen in Mittel- und Osteuropa.

Das Problem der Herkunft der Torques-Träger, die als Experten der Metallbearbeitung auftraten und echte Zinnbronze verwendeten, die seit dem zweiten Jahrtausend v. u. Z. über ältere Legierungen von Kupfer mit Arsen, Antimon und anderem triumphierte, sollte Claude Schaeffer lebenslänglich faszinieren. In seinem 80. Jahr kehrte er in einer großangelegten Studie »Ex occidente ars« *(Ugaritica VII)* zu seiner ursprünglichen Meinung zurück und sah in den Torques-Trägern wieder europäische Einwanderer, welche die Zinnbronze in der Levante einführten.

»Geblendet vom Glanz der orientalischen Hochkulturen«, wie er schreibt, hatte er sich nach dem Zweiten Weltkrieg der Ansicht der meisten Prähistoriker der älteren und auch seiner eigenen Generation angeschlossen. Gemäß dem Leitsatz »ex oriente lux« wurde damals aller Fortschritt und damit auch die Erfindung der Zinnbronze als aus dem Osten kommend angesehen.

Schaeffers erste Datierung der Grabfelder des Stratums II – eine weitere Nekropole kam während der Kampagne von 1932 ans Licht – ab 2100 v. u. Z. stellte sich später als zu hoch heraus und wurde von ihm korrigiert. Die ältesten Gräber stammen erst aus der Mitte des 20. Jahrhunderts. Durch diesen Irrtum hatte er die mitteleuropäischen Bestattungen mit Torques, Keulenkopfnadeln usw. für jünger gehalten als die orientalischen und auf eine ostwestliche Verbreitung der Zinnbronze geschlossen.

1961 wurde eine dritte Nekropole im Ras Schamra aufgedeckt. Außer den üblichen befand sich unter den Totenbeigaben auch eine verzierte bronzene Gürtelscheibe mit Mittelspitze, ein ganz europäisch wirkender Schmuck, der Claude Schaeffer nachdenklich stimmte. Er beschloß, sich nochmals eingehend mit den Torques-Trägern zu beschäftigen.

In den fünfziger Jahren hatte sich inzwischen auf Grund neuer Zeitbestimmungsmethoden wie der Radiokarbondatierung, die auf Erkenntnissen der Atomphysik beruhen, gezeigt, daß man die Anfänge der mitteleuropäischen Metallzeit zu tief angesetzt hatte. Hierzu kamen in den siebziger Jahren Entdeckungen von Kupferminen bei Rudna Glava in Jugoslawien und bei Ain Bunar in Bulgarien, die bereits in der zweiten Hälfte des fünften bzw. des vierten Jahrtausends v. u. Z. ausgebeutet wurden.

Die ältesten Kupferartefakte aus Mitteleuropa erschienen in der nach ihrem ersten Fundort bei Wien benannten »Badener Kultur«, die von Nordjugoslawien über Österreich, die Tschechoslowakei und Mitteldeutschland bis nach Polen verbreitet war. Von einigen Archäologen wird ihr Beginn gegen 3000 v. u. Z. angesetzt, von anderen erst zwischen 2400 und 2300 v. u. Z. Im Licht der ungeahnt frühen Kupfergewinnung auf dem Balkan wirkt die höhere Zahl glaubwürdiger. Zu den typischen Erzeugnissen der Badener Kultur gehören Hammerbeile und glatte oder aus mehreren Drähten gewundene Torques aus Kupfer. Schaeffer hielt es für bedeutsam, daß in Gräbern im Umkreis von Wien kupferne Prototypen der bronzenen Torques aus der Levante zutage kamen. Die Ausgrabung einer frühbronzezeitlichen Nekropole bei Mokrim in Jugoslawien zwischen 1958 und 1967, deren reichste Gräber prächtige Torques enthielten, lieferte ein weiteres Argument für die europäische Heimat der Ösenhalsringe. Schließlich unterstreicht Claude Schaeffer in »Ex occidente ars«, daß Torques, spiralfederförmige Schmuckelemente, Dreieckdolche, »toggle pins« und runde Gürtelscheiben im zweiten Jahrtausend v. u. Z. zu den Leitformen der vorgeschichtlichen Kulturen Mitteleuropas gehörten und daß sich damals der Kupferhandel der sogenannten Barrenringe bediente, deren Gestalt den Torques nachgebildet war. Die Zahl der europäischen Ösenhalsringe aus Gräbern, Horten und Depots beträgt mehrere Tausend.

Im Nahen Osten kamen nur ungefähr 200 zutage, die meisten in Ugarit und Byblos. Einzelfunde, die vielleicht den Weg der Torques-Träger nach dem Orient markieren, wurden von Nordanatolien, Syrien, Palästina bis Ägypten entdeckt. Für wichtig hielt Schaeffer auch die Tatsache, daß es im Erzgebirge und in Böhmen (Aunjetitz) Erzvorkommen gibt, in denen Kupfer zusammen mit Zinn vorkommt – mit anderen Worten natürliche Zinnbronze. Dort waren keine Legierungsexperimente nötig, um die Überlegenheit dieser Mischung gegenüber reinem Kupfer, nämlich ihre größere Härte, Widerstandsfähigkeit und einen verhältnismäßig niedrigen Schmelzpunkt, zu erkennen.

Für Claude Schaeffer war das Problem der Herkunft der mysteriösen Torques-Träger fast 50 Jahre nach der Freilegung ihrer Gräber in den Tiefen des Ras Schamra geklärt. Er bekannte sich rückhaltlos zu seiner anfänglichen Meinung, die inzwischen mit neuen gewichtigen Argumenten untermauert werden konnte, und sah in den Neuankömmlingen die ersten Europäer auf dem Tell und die Überbringer einer Erfindung, die einschneidende Folgen für die Entwicklung der Kupferindustrie hatte: der Zinnbronze.

Die Grabungen im Nordostsektor des Ras Schamra warfen nicht nur die interessante Frage nach der Herkunft der Torques-Träger auf. Sie führten auch zur Beantwortung einer anderen Frage von großer Bedeutung für die Nahost-Forschung. Neue Textfunde im

Bereich der Bibliothek sollten 1932 die Identifizierung des Tells mit der schon lange aus orientalischen Schriftzeugnissen namentlich bekannten Hafenstadt Ugarit ermöglichen, die in der Auslandskorrespondenz dreier Pharaonen, den berühmten Amarna-Briefen, und Dokumenten aus der Hethiter-Hauptstadt Hattuşa mehrfach erwähnt wird.

Schaeffer hatte zunächst den Namen Saphon vorgeschlagen, der auf verschiedenen Weihe-Inschriften erscheint. Der Assyriologe E. Forrer und W. F. Albright dachten schon an Ugarit. Als sich auf einer der Tafeln, die 1931 ans Licht kamen, die Signatur »Nqmd mlk egrt« fand, begriff Schaeffer, daß dies »Niqmad, König von Ugarit« hieß. Zudem kam auf vielen Dokumenten die Angabe »bn 'ugrt« und »bt 'ugrt« vor. Dieser Ausdruck, der »Sohn« bzw. »Tochter« Ugarits bedeutet, kommt genauso in den Amarna-Briefen vor.

1932 stand endgültig fest, daß die alte Königsstadt wiederentdeckt war. Einige Jahre später zeigte der Fund des bereits besprochenen Briefes an Zimri-Lim von Mari, daß der König von Ugarit spätestens im 18. Jahrhundert v. u. Z. reich und mächtig genug war, um an einen Palast nach dem Vorbild des vielgepriesenen Bauwerkes am Euphrat zu denken. Neuerdings kam eine noch wesentlich ältere Nennung von Ugarit in den Texten aus Ebla ans Licht.

BAAL MIT DEM BLITZ UND DIE SILBERNEN GÖTTERBILDER DER TORQUES-TRÄGER

Die Ergebnisse der ersten drei Kampagnen am Minet el-Beida und auf dem Ras Schamra hatten die außerordentliche Bedeutung dieser Ausgrabung gezeigt. Es war klar, daß man sich auf eine langjährige Forschungsarbeit einzurichten und entsprechende Vorkehrungen zu treffen hatte. Anfang April 1932 begannen die vierte Kampagne und zugleich der Bau von zwei einfachen Häusern mit Wohn- und Arbeitsräumen für die Archäologen. Im Laufe der Zeit kamen noch zwei Gebäude und eine Garage hinzu. Auch der ständige Wachtposten erhielt ein Häuschen. Claude Schaeffer, nach dessen Plänen die Bauten etwas oberhalb der sandigen Uferbucht errichtet wurden, ließ rundum Eukalyptusbäume pflanzen, obwohl ihm, wie Madame Odile erzählt, jedermann versicherte, daß in unmittelbarer Nähe des Meeres kein Baum gedeihen könne. Zehn Jahre später waren die Schößlinge hohe, in der Seebrise rauschende Bäume geworden, die den Expeditionsteilnehmern herrlichen Schatten spendeten.

Gleich den vorausgegangenen begann die vierte Kampagne wieder am Hafen. Zunächst wurden auf einer Fläche von über 3000 Quadratmetern im Fels am Hang über der Bai ausgehackte Gräber untersucht. Sie enthielten Skelette in Strecklage und waren längere Zeit gebraucht worden. In einigen gab es bis zu acht Nachbestattungen. Die Beigaben bestanden nur aus Keramik. Bemalte mykenische Ware, die in den gebauten Prunkgräbern des Hafenviertels so reichlich zutage kam, fehlte. Schaeffer vermutete, daß diese einfachen Grubengräber im Felsboden aus einer älteren Epoche, etwa dem 15. bis 14. Jahrhundert v. u. Z. stammten. Neben einheimischen kanaanäischen Gefäßen kamen so viele zyprische ans Licht, daß Schaeffer an eine zyprische Kolonie dachte, deren Mitglieder mit dem Kupferimport von der nahen Insel beschäftigt waren.

Über einem alten Felsgrab wurde dann die fünfte gebaute Gruft im Hafenquartier entdeckt, ein stattliches rechteckiges Gewölbe, zu dem eine Stiege hinabführte. Ein bemerkenswertes Detail war ein Fenster in der linken Seitenwand der Kammer. Ein großes Tongefäß war an der Außenseite der Mauer schräg angelehnt worden. Sein Hals war gegen die Fensteröffnung gerichtet. Es enthielt noch kleine Becher und Schalen, mit denen flüssige Spenden ins Grab gegossen wurden. Es war ausgeraubt und enthielt außer vielen Scherben nur noch eine Zeremonialkeule aus Grünstein.

40 Meter südwestlich von dieser Gruft wurde dann das bereits erwähnte größte Grab im Hafenviertel entdeckt: ein perfekt konstruierter kleiner Totenpalast mit weiter, spitz überwölbter Kammer, gepflastertem Boden und einem Seitenraum für Gebeine aus älteren Bestattungen. Einstmals hatte man mindestens 20 Mitglieder einer vornehmen Familie dort zur letzten Ruhe gebettet. Die Leichen wurden prächtig gekleidet und geschmückt – vielleicht in Matten gewickelt, begleitet von reichen Beigaben – auf dem Flur niedergelegt. Auch dieses Grab war geplündert und teilweise zerstört worden. Die Beute der Diebe war sicher enorm. Es gab noch immer mehrere hundert zerbrochene und zertretene Tongefäße, ägyptisches Glaswerk, Goldringe, Perlen, Fragmente aus Elfenbein und Alabaster, 15 kleine weibliche Idole und 20 Rinderfigürchen aus rotbemalter Terrakotta, zweifellos mykenischer Herkunft, und zahlreiche Vasen, Flaschen, Becher und Teller aus Fayence.

Ein Fußbecher in Gestalt eines Frauenhauptes mit hoher Kappe nach altsyrischer Mode war unversehrt und gehört heute zu den reizvollsten Ausstellungsstücken im Ugarit-Saal des Louvre. Das großäugige Antlitz mit einer Locke auf der Stirn und zwei auf den Wangen, gleich einer spanischen Tänzerin, erinnert an Bildnisse minoischer Damen. *(Taf. 22)* Solche Fayencegefäße, in denen die uralte Tradition der Gesichtsvasen aus Terrakotta fortlebte, waren vielleicht eine nordsyrische Spezialität. Aus Ebla III stammt ein bezauberndes kleines Exemplar, das mehrere Jahrhunderte vor dem ugaritischen entstand.

Zwischen den beiden monumentalen Familiengrüften wurden

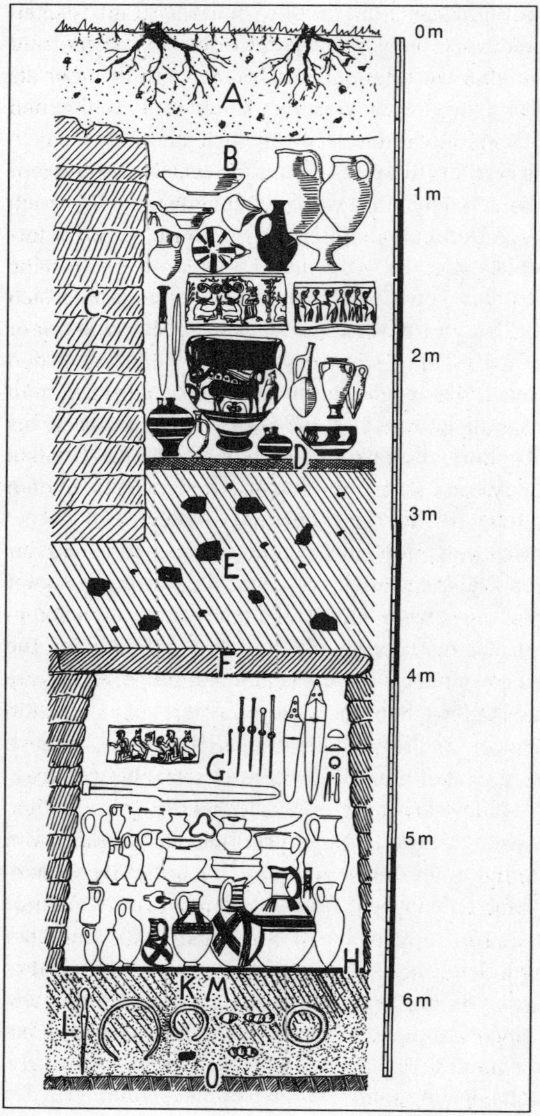

Fig. 17
Schnitt durch die Schichtenfolge auf dem Ras Schamra mit Steingrab aus der Hyksos-Periode und darunter Grabbeigaben der Torques-Träger

Kultanlagen mit Vorkehrungen für flüssige Spenden und reichen Votivdepots aufgedeckt. Kalkablagerungen in den Tonröhren und Steinrinnen zeigten, daß die Totenopfer sehr lange, sicher mehr als 100 Jahre hindurch, fortgesetzt wurden. Unter den Weihgaben kamen Kuriositäten wie Elefanten- und Nilpferdzähne ans Licht.

Nach sechs Ausgrabungswochen am Hafen wurde die Spatenarbeit wieder auf den Ras Schamra verlegt. Schaeffer verfügte auch 1932 über etwa 200 Arbeiter. Man begann mit Tiefgrabungen unterhalb der Akropolis. Die obersten Wohnschichten enthielten dieselbe Keramik wie die Depots und Gräber am Hafen. Darunter fanden sich gebaute Grabkeller, die zu Häusern gehört hatten. Sie waren aber kleiner und einfacher als die Grüfte am Minet el-Beida. Nach den Beigaben waren sie auch älter. *(Fig. 17)* In vier Meter Tiefe stieß man neuerlich auf Bestattungen der Torques-Träger und in sieben bis neun Meter Tiefe auf Ruinen sehr großer Lehmziegelbauten, Relikte einer Stadt aus der zweiten Hälfte des dritten Jahrtausends, in dem Ugarit seine erste Blüte als Seehandelszentrum erlebte.

Außer den Sondierungen in Schicht II und III wurde noch an der Peripherie des Hauses des Oberpriesters gegraben. Dort kamen zwei beschriebene Tafeln zusammen mit Bilbils zutage, die eine Datierung der Texte in das 14. Jahrhundert v. u. Z. ermöglichten. Die aufregendste Entdeckung aber war ein monumentales Steingrab. Eine Treppe mit acht Stufen führt hinab zum Portal, über dem ein Entlastungsdreieck an die Kuppelgräber von Mykene erinnert. *(Abb. 20)* Die geräumige Kammer wird von einer spitzbogigen Kragwölbung überdeckt. *(Abb. 21)* Komplizierte Vorkehrungen für flüssige Spenden gleichen Anlagen in den mykenischen Mausoleen von Dendra. *(Fig. 18)* In der Mitte des Raumes wurde unter der Pflasterung ein runder Brunnen freigelegt. Die Libationen für die Verstorbenen, die innerhalb der Gruft erfolgten, erreichten den Raum über eine Rinne und drei Schälchen, die in der Seitenwand des Grabes ausgemeißelt und mit einem unterirdischen Kanal verbunden waren. Daß flüssige Opfer eine entscheidende Rolle im Totenkult spielten, zeigen die verschiedenartigen Installationen in den Gräbern von Ugarit. *(Abb. 22; Taf. 23, 24, 25)*

Weitere Grabungen dieser Kampagne galten der Region des großen Tempels. An seiner Westseite wurden Räume und Gänge aufgedeckt, die für die Priester und das Tempelpersonal bestimmt waren, sowie eine Zisterne. An die Außenmauer des Heiligtums gelehnt und sogar in diese eingebaut, kamen 16 Steinanker in der Form oben abgerundeter Stelen von 80 bis 95 Zentimeter Höhe und 50 Zentimeter Breite ans Licht. Das Loch für die Ankerkette oder das Seil war im Oberteil ausgebohrt. Der größte und schwerste Anker von rund 400 Kilogramm Gewicht gehörte nach Schätzung von Schiffsbauexperten zu einem Schiff von 20 Meter Länge. Solche Votivgeschenke dankbarer Schiffskapitäne nach einer glücklichen Heimkehr wurden an verschiedenen vorgeschichtlichen Fundplätzen am Mittelmeer, unter anderem in den prähistorischen Tempeln von Malta, ausgegraben. Sie verkörpern eine Urform des Ankers, die

Fig. 18 Großes Familiengrab Nummer IV aus Ugarit (14.–13. Jahrhundert v. u. Z.) mit Einrichtungen für flüssige Totenopfer

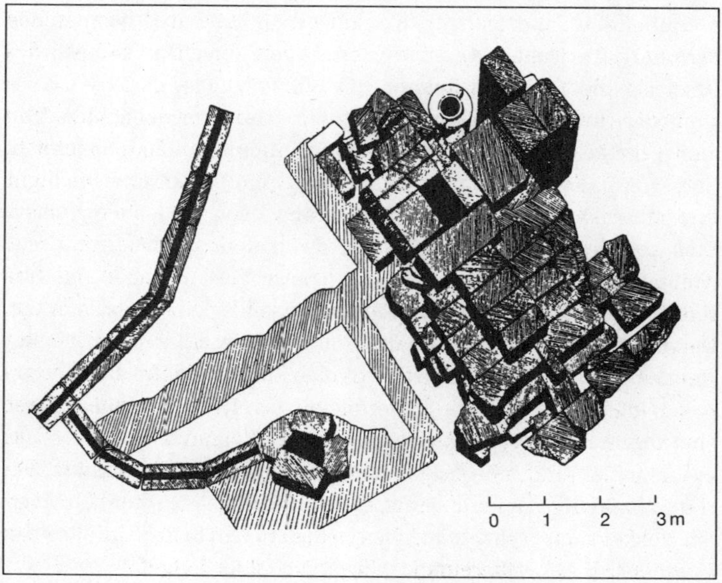

seit dem Beginn der Seefahrt und noch in römischer Zeit verwendet wurde. In abgelegenen östlichen Fischerorten sind solche Anker noch heute zu finden.

Im Westen des Tempels, der einmal durch eine hohe Umfassungsmauer, von der Abschnitte freigelegt wurden, von den Profanbauten auf der Akropolis getrennt war, gelang am 28. Mai 1932 einer der berühmtesten Funde aus Ugarit. Inmitten einer Anhäufung großer Blöcke kam in 65 Zentimeter Tiefe der breite Sockel einer umgestürzten Stele ans Licht. Schaeffer setzte sofort seine besten Arbeiter ein, die mit der vorsichtigen Freilegung der Skulptur begannen. War man dieses Mal auf ein unbeschädigtes Monument gestoßen?

Die Begeisterung war groß, als schließlich eine prächtige, oben abgerundete Stele aus weißem Kalkstein von 1,42 Meter Länge mit der Reliefdarstellung eines kriegerischen Gottes aus dem Grund gehoben wurde. *(Fig. 19)* Die Ausgräber hatten ein Bildnis des kanaanäischen Wetter- und Fruchtbarkeitsgottes Baal entdeckt. Aus den religiösen Texten von der Akropolis hatte man inzwischen gelernt, daß diese mythenumwobene Gottheit die wichtigste des ugaritischen Pantheons war.

Die Darstellung des Gottes ist stilistisch stark von der ägyptischen Kunst beeinflußt, wie alle frühen Plastiken aus dem Tempelbereich. Schaeffer datierte die Stele zwischen 1900 und 1750 v. u. Z. Die Figur erscheint in der bekannten Kampfstellung der ägyptischen Pharaonen, das Haupt im Profil. Der Oberkörper ist leicht nach vorne gedreht. Der Gott schreitet weit aus, der rechte Arm schwingt eine Keule, die linke Hand hält den Blitzspeer mit der Spitze nach unten. Der Schaft hat die Form eines stilisierten Baumes. Ein halbrunder Helm nordsyrischer Art mit hoher Spitze und zwei Hörnern bedeckt das Haupt, von dem zwei unten eingerollte Locken hängen. Diese Haartracht, der waagrecht abgeschnittene Bart und die lange Nase unterscheiden die Figur deutlich von ägyptischen Bildnissen. Der Gott trägt nur einen Lendenschurz mit einem breiten Gürtel, an dem ein Dolch in einer gebogenen Scheide hängt. Der Sockel unter seinen Füßen ist in zwei übereinanderliegende Felder aufgeteilt, in denen

Wellenlinien vielleicht Berge vorstellen sollten. Baal, der Blitze schleudernde Herr der Gewitter und des lebenspendenden Regens, hatte seinen Sitz auf dem ugaritischen Olymp, den die Kanaanäer Sapon, das heißt Nordberg, und die Römer später Mons Casius nannten. Heute heißt er Djebel Aqra und ragt südlich der Orontes-Mündung an der Küste fast 2000 Meter empor.

Rechts von dem Gott ist auf der Stele eine kleine Figur mit einer Art Turban und einem langen Gewand auf einem Piedestal zu sehen. Vielleicht eine Gottheit minderen Ranges oder, was Schaeffer für wahrscheinlicher hielt, der König von Ugarit, der als Schützling des Hauptgottes der Stadt dargestellt wurde. *(Fig. 20)*

Auf Grund der geringen Tiefe, in der die Stele ruhte, wurde sie anfänglich von Claude Schaeffer Stratum I zugeschrieben und daher zu spät datiert. Im weiteren Verlauf der Ausgrabungen erkannte er jedoch die besondere Stratigraphie im engeren Umkreis des Tempels und korrigierte seine ursprüngliche Ansicht. Infolge der in diesem heiligen Bereich fehlenden profanen Bebauung und des östlich des Heiligtums stark abfallenden Terrains hatten die Winterregen die obersten Erdschichten jahrtausendelang ungehindert hinabgespült. Am Fuß des Hanges wurden dann auch beträchtliche Erdmengen mit zahlreichen Scherben und Gegenständen aus Stratum I wie II gefunden. Stratum I war fast verschwunden; es entsprach mehr oder weniger der heutigen Oberfläche des Tells an dieser Stelle, und Stratum II begann bereits in 30 bis 50 Zentimeter Tiefe. Die Stele gehörte eindeutig in die zweite Schicht und stammte aus der Zeit der Pharaonen Sesostris und Amenemhet I. und Amenemhet II., die zwischen 1900 und 1750 v. u. Z. regierten, aus einer Periode hoher Kunstblüte am Nil, deren Einfluß sich bis Ugarit erstreckte.

Die schöne Stele des Blitzgottes sollte nicht das einzige Bildnis einer ugaritischen Gottheit aus der Kampagne von 1932 bleiben. Nur 13 Meter von deren Fundort entfernt glückte am 3. Juni eine weitere aufregende Entdeckung. Dieses Mal stießen die Ausgräber auf ein Versteck mit kostbarem Inhalt. Auf einem flachen Stein stand der untere Teil eines zerbrochenen Tongefäßes, in dem zwei silberne Statuetten sowie mehrere Perlen aus Gold und Stückchen Rohsilber

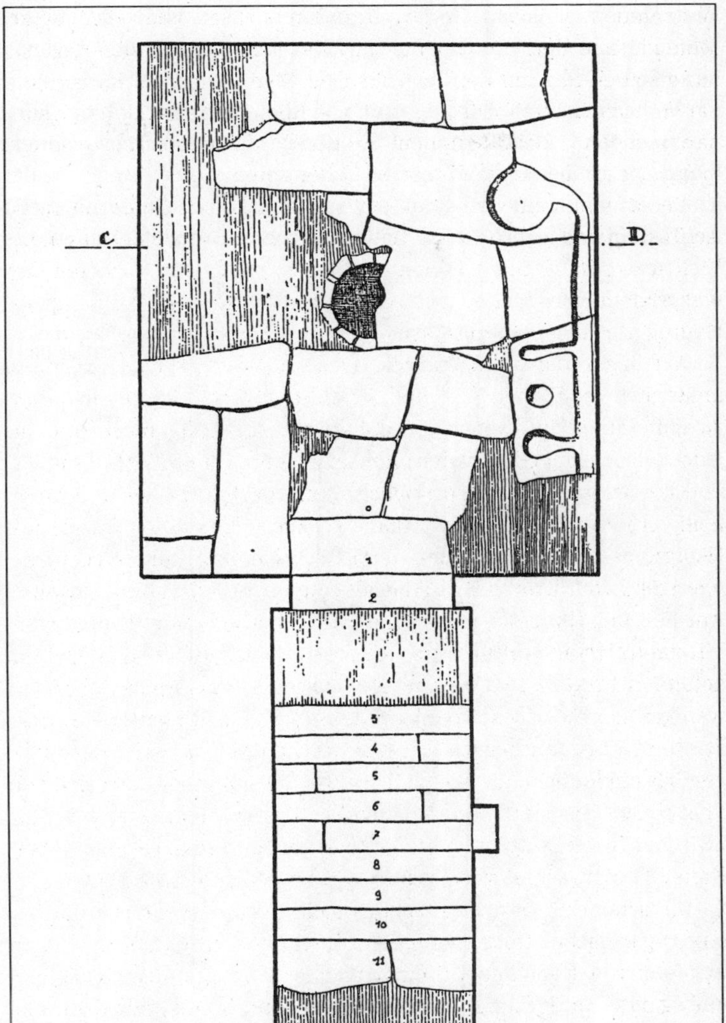

Fig. 19 Grundplan des Familiengrabes Nummer I aus Ugarit mit Brunnen unter dem gepflasterten Flur

geborgen waren. Teile von zwei anderen Vasen bildeten eine Art Behälter um den Schatz, der mit Steinen umgeben und bedeckt worden war. *(Fig. 21)*

Welten scheinen diese Figuren von dem eleganten Gott der feingearbeiteten Stele zu trennen. Sie bilden ein barbarisches Götterpaar. Die grobe Ausführung und schematische Gestaltung der flachen Statuetten unterscheidet sie wesentlich von den anderen, meist sehr sorgfältig gearbeiteten naturalistischen Bronzefigürchen aus

Fig. 20 Kalksteinstele mit Reliefdarstellung des Baal als Blitzgott. Höhe 1,42 m (Zeichnung: Louis Chatrer)

Ugarit. Beide wurden aufrecht stehend entdeckt und mit unendlicher Vorsicht aus ihrem Versteck befreit. Die männliche, die 561 Gramm wiegt, mißt 28 Zentimeter, die weibliche nur 16 Zentimeter. Beide wirken grotesk durch ihre übergroßen Nasen und fliehenden Stirnen. Die runden Augenlöcher und die langen, tief eingekerbten Brauen waren ursprünglich eingelegt.

Der Gott trägt eine Art Pagenfrisur mit horizontalen Wellen und ein zweigeteiltes Bärtchen. Der Oberkörper mit den breiten, eckigen Schultern und zwei aufgeklebten Plättchen als Brüsten, zwischen denen ein T-förmiges Zeichen eingraviert wurde, ist nackt. Die Unterarme sind vorgestreckt, die grob modellierten Fäuste umfaßten einst etwas, vielleicht Zeremonialwaffen. Eine massive, abgeflachte Goldperle, die zu Füßen der Figur lag, könnte ein Miniatur-Keulenkopf gewesen sein. Um die Hüften der wunderlichen Gestalt lag noch ein Lendentuch aus gelbem Goldblech, gehalten von einem Gürtel aus Weißgold mit eingravierten Mustern, an dem ein breiter Dolch und ein schmales Schürzchen aus demselben Material hingen. Die Beine mit angedeuteten Knien sind lang und dünn. *(Taf. 26)* Der Gott trägt einen goldenen Ösenhalsring, und ein gleiches Schmuckstück gehört auch zu seiner Partnerin in einem enganliegenden Gewand mit einem Gürtel aus Goldblech. Sie ist noch roher gearbeitet als die größere Figur. Die vorgestreckten Hände sind nur Stümpfe. Beide Bildwerke wurden im Wachsausschmelzverfahren hergestellt.

Anfänglich wurden sie allgemein als Symbole des Verfalls von Kunst und Kultur in der allerletzten Phase von Ugarit betrachtet und ins 13. bis 12. Jahrhundert v. u. Z. datiert. Später änderte Claude Schaeffer, seinen neuen Erkenntnissen entsprechend, diese Datierung und schrieb das Götterpaar der Zeit der Torques-Träger zu. Nicht nur dessen Halsschmuck, sondern auch die Fundzusammenhänge und die Art des Vorratsgefäßes, in dem der Schatz geborgen wurde, berechtigen zu dieser Annahme. 1958 sollte nochmals eine ähnliche Bronzestatuette mit Torque in einem tief im Stratum II liegenden Grab zutage kommen.

Claude Schaeffer hielt das Votivdepot für die Weihgabe eines

Goldschmiedes. Beide Statuetten wirken unvollendet. Die Gußzapfen sind noch vorhanden, jede Überarbeitung fehlt. Die Torques-Träger waren hervorragende Waffenschmiede, wie die zahlreichen Funde zeigten; Künstler waren sie offenbar nicht, obwohl sie mit Edelme-

Fig. 21 Die Entdeckung von Silberstatuetten von Gottheiten der Torques-Träger

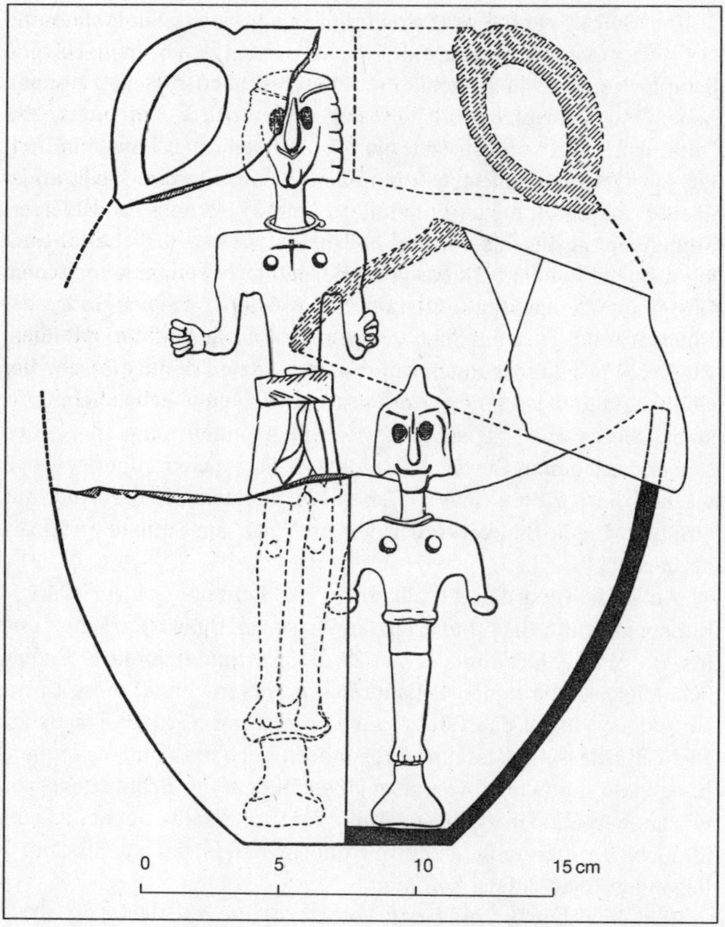

tallen umzugehen wußten. Auf ein Opfer deuten auch die fünf Stückchen Rohsilber und noch zwei Goldperlen, die das Gewicht der Gabe offensichtlich vollmachen sollten. Sie wog insgesamt 915 Gramm, das heißt fast genau zwei ugaritische Minen von je 462 Gramm. In den Widmungen wurde damals stets das Gewicht der Geschenke für die Gottheit genannt, das meistens bestimmten Einheiten entsprach.

Das T-Zeichen auf der Brust der männlichen Silberstatuette weckte Schaeffers besonderes Interesse. Er kannte es vom merkwürdigen Stamm der Sleyb-Beduinen, dessen Mitglieder es als Tätowierung auf der Stirn oder dem Körper trugen. Diese Beduinen, die zu jener Zeit noch von den anderen Wüstenbewohnern wie eine Art Ausgestoßene behandelt wurden, die ein Tabu umgab, galten als sehr geschickt im Entdecken von Wasserstellen, Jagd- und Weidegründen, als gute Musiker und auch als Experten der Metallbearbeitung. Im zeitlosen Dasein der Wüstennomaden konnte sicher manche uralte Tradition unbegriffen fortleben. Vielleicht war das geheimnisvolle T schon Jahrtausende zuvor das Wahrzeichen des Schutzgottes der eingewanderten Schmiede von Ugarit gewesen, die dort in der ersten Hälfte des zweiten Jahrtausends arbeiteten.

GOLDENE SCHALEN UND EIN ZWEITER TEMPEL

Funde und Entdeckungen der Ausgrabungskampagnen von 1933 und 1934

1933 galt die Spatenarbeit ausschließlich dem Ras Schamra. Eine Sondierung in der Unterstadt, die bis in Schicht III B hinabreichte, enthüllte einen wichtigen Abschnitt der Vorgeschichte der Siedlung. Man entdeckte Scherben der feinen, mit dunkelbraunen Ornamenten verzierten Ubaid-Keramik, Wahrzeichen der Ausbreitung der sumerischen Kultur des vierten Jahrtausends bis zur Mittelmeerküste.

Nach diesem Vorstoß in die Prähistorie wurden die Ausgrabungen im Norden und Süden der Residenz des Oberpriesters fortgesetzt. Die Hoffnung auf weitere ägyptische Funde im selben Bereich, in dem bereits 1931 Skulpturen aus der Epoche der XII. Dynastie zutage gekommen waren, erfüllte sich. Diesmal wurde der Torso einer männlichen Statue, flankiert von zwei Frauen, freigelegt. Eine Weih-Inschrift bezeichnet den Dargestellten als »Haupt der Stadt, Vezir und Richter Sesostris-Ankh« mit seiner Gattin Henutsen und Tochter Sat-Amen. Gab es damals einen ägyptischen Statthalter in Ugarit? Ein weiterer Beweis der Bande zwischen Ugarit und Ägypten zur Zeit des Mittleren Reiches ist dieser Fund ohne Zweifel.

An der Nordseite der Straße mit dem Haus des Oberpriesters wurde noch ein großes Gebäude mit vielen Räumen, Gängen und Treppen untersucht. Ein Badezimmer mit einer weißen Kalksteinwanne mit Abflußloch verrät den Komfort, der dort einmal geherrscht hatte. Unter einem Saal wurde die Familiengruft mit einer Anlage für flüssige Spenden und einem Brunnen aufgedeckt. Zwei weitere gepflasterte und überwölbte Gräber, eines mit einem angebauten Ossuarium mit beweglicher Türe, die in diesem Stadtbereich freigelegt wurden, zeigten, daß aufwendige Grabkeller bei der Oberschicht von Ugarit die Regel waren.

Taf. 20: Fußschale aus Alabaster

Taf. 21 *oben:*
Schminktöpfchen in Entenform

Taf. 22 *rechts:*
Fußbecher aus Fayence in Gestalt weiblicher Köpfe

Taf. 23 *links:* Opfernde
mit Trankspende

Taf. 24 und 25 *unten:*
Verzierte Tonröhren
für Libationen

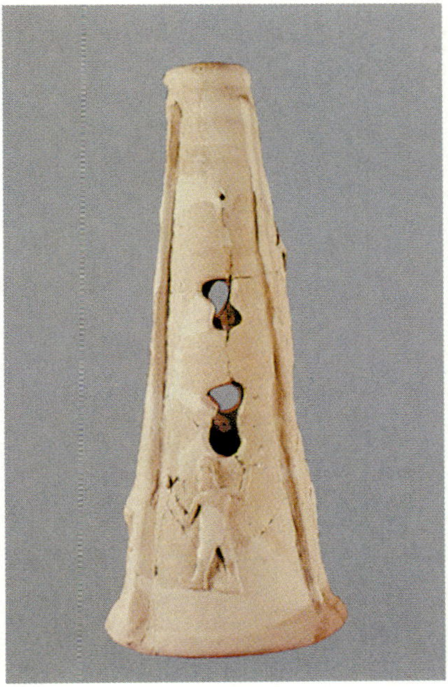

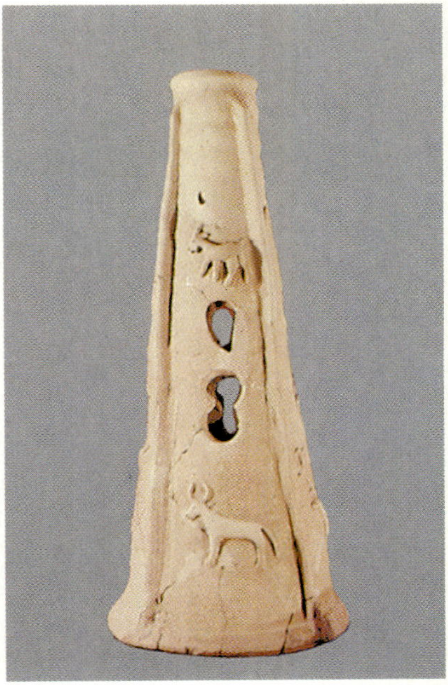

Taf. 26: Silberne Statuette eines Gottes mit Ösenhalsring aus Gold

Taf. 27 *oben:*
Goldene Patera

Taf. 28 *unten:*
Steinerner Wassertrog
in einem Innenhof
von Ugarit

Taf. 29: Votivwägelchen aus Fayence

Taf. 30 *oben links:* Goldenes Amulett in Hörnchenform und granulierter Ohrring mit Anhänger aus Halbedelstein

Taf. 31 *unten:* Bronzegewichte in Tierform

Taf. 32 *oben rechts:* Zeremonialaxt

Taf. 33 *links:*
Thronende Göttin
(hurritisch?)

Taf. 34 *oben:*
Kulthäuschen

Der Bestand an Schriftdokumenten konnte in dieser Kampagne um eine Anzahl von Tontafeln vermehrt werden. Eine besonders gut erhaltene umfaßt 400 Zeilen Text, eine ausführliche Beschreibung von Krankheiten der Pferde und deren Behandlung.

Der noch von den türkischen Schatzsuchern durchwühlte Boden der Akropolis bescherte den Archäologen dann einen angesichts der Umstände fast unglaublichen Fund. Am 1. April 1933 wurden am Rand eines monumentalen Bauwerkes im Südwesten des Baal-Tempels in nur 48 Zentimeter Tiefe und gänzlich ungeschützt zwei prächtige Kultschalen entdeckt: eine Patera, das heißt ein Teller mit Steilrand, und eine kalottenförmige Schale, zwei Meisterwerke ugaritischer Edelmetallschmiede aus dem 14. Jahrhundert v. u. Z. aus reinem Gold, das nach beinahe 3500 Jahren nichts von seiner Biegsamkeit verloren hatte. Die Freude der Archäologen war unbeschreiblich und wurde noch durch den glücklichen Umstand eines Doppelfundes erhöht. Die vertraglich festgesetzte Teilung aller bei den Ausgrabungen zutage geförderten Gegenstände hätte andernfalls ein fast unlösbares Problem verursacht.

Die Patera lag auf einigen Steinen, ein Stückchen des Randes und ein kleiner Teil des Bodens fehlten, die Schale in ihrer unmittelbaren Nähe. Sie war etwas eingedrückt, konnte aber fast mühelos in ihre Originalform zurückgebogen werden. Es schien, als hätte man diesen Schatz in aller Hast verborgen. Die Nordfassade des Bauwerkes, bei dem er begraben wurde, zeigte Spuren von Beschädigung durch ein Erdbeben. Ähnliche Beobachtungen wurden im Laufe der Ausgrabungen auf dem Ras Schamra vielfach gemacht. Stellenweise schienen selbst Mauersockel aus großen Blöcken durch Erdbebenstöße verschoben.

Die Patera wurde französischer Besitz und ist im Louvre ausgestellt. Die Schale blieb in Syrien und gehörte zu den Glanzstücken der Ausstellung »Land des Baal«, die 1982 und 1983 in Berlin und anderen großen Städten Deutschlands zu sehen war. Die Außenseite der 17 bis 17,5 Zentimeter weiten Schale ist mit drei konzentrischen Friesen in getriebener Arbeit verziert. Einzelheiten und die Umrisse der Figuren wurden eingraviert und teilweise auch gepunzt. Das

Fig. 22 Die Verzierung der goldenen Schale

Zentrum bildet eine Rosette, umgeben von einem Band mit Gazellen und stilisierten Pflanzen. Der mittlere Fries wird auf einer Seite durch zwei einander gegenüberstehende Stiere mit gesenkten Hörnern und auf der anderen durch zwei Löwen beherrscht. Zwischen den naturalistisch dargestellten Tieren stehen üppige Palmetten. Über ihnen hängen Granatäpfel. *(Fig. 22)*

Eine Leiste mit laufenden Spiralen, einem typisch ägäischen Motiv, trennt diesen vom äußersten Fries, auf dem stark bewegte Szenen dargestellt sind. Eine Rinderherde wird von einem Löwen angefallen, ein anderer Löwe bedroht einen Greif, zwei Jäger durchbohren einen Löwen mit Dolch und Speer. Zu beiden Seiten eines üppig wuchernden Palmettenbaumes stehen ein gehörnter und geflügelter Löwe und eine Sphinx. Jeder freie Raum wurde mit stilisierten Pflanzen, Vögeln, Rosetten – vielleicht Astralsymbolen – gefüllt. Die Fabelwesen, das immer wiederkehrende Motiv des Lebensbaumes, die zentrale Rosette, die ein Sinnbild der Sonne sein könnte, deuten sicher auf eine Kultfunktion des kostbaren Gefäßes. *(Fig. 23)*

Die 19 Zentimeter weite Patera, deren Form an ägyptische Exemplare aus der Zeit der XVIII. Dynastie anklingt, stammte sicher nicht aus der Hand des Schöpfers der Schale. Ihre getriebene Verzierung wurde an der Innenseite angebracht. Die Einzelheiten sind in feinster Gravierung ausgearbeitet. Im Mittelpunkt sind vier kräftige Böcke um eine Scheibe angeordnet, die auf ihren Hörnern zu schweben scheint. Darüber entrollte sich eine meisterhaft komponierte Jagdszene. Ein Bogenschütze, wohl der König von Ugarit, auf einem leichten zweirädrigen Wagen, gezogen von einem Pferdepaar in »fliegendem Galopp«, das heißt mit allen vier Beinen in der Luft, zielt auf eine Wildziege, die sich durch einen gewaltigen Sprung zu retten sucht. Vor allem gilt die Jagd aber einer Herde Wildrinder, die in rasendem Tempo flieht. Ein Stier versucht mit gesenkten Hörnern einen Angriff auf den Wagen, dem ein Jagdhund folgt. Die höchst bewegte und zugleich raffiniert ausgewogene Darstellung verrät die Hand eines Meisters. Die Wiedergabe der Tierkörper ist perfekt und von großer Eleganz. *(Taf. 27)* Die überreich verzierte Schale wie die Patera spiegeln die verschiedenen künstlerischen Einflüsse, die Ugarit aus der ägäischen Welt, aus Ägypten und aus Mesopotamien erreichten und seinen Schöpfungen die schillernde Vielfalt von Stilen und Ornamenten verliehen, die ein Kennzeichen des altsyrischen wie des späteren phönizischen Kunsthandwerks war.

Eine Vorstellung von der internationalen Bevölkerung der Hafenstadt im zweiten Jahrtausend vermittelt eine Tafel, die zu den

Fig. 23 Grundriß des Baal-Tempels und der umliegenden Bauten mit Angabe der Fundorte in diesem Bereich. A: Fundplatz der Silberstatuetten; B, C: Fundplatz zweier Stelen (Baal und Anat?); D: Fundplatz der Kalksteinstele des Baal als Blitzgott; E: Fundplatz der beiden Goldschalen

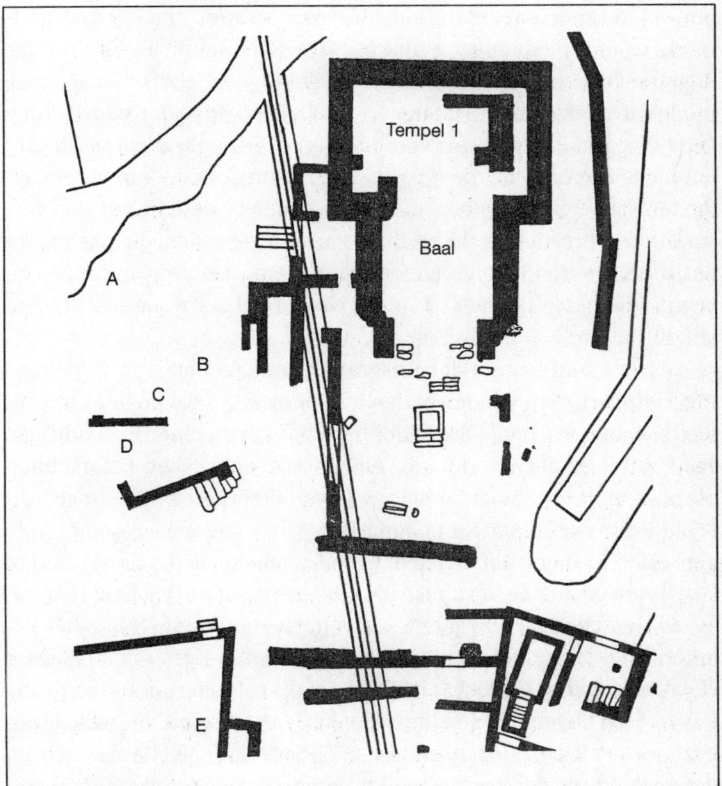

Funden dieser Ausgrabung auf der Akropolis gehörte. Der Text handelt von Wolle, die mit Purpur gefärbt werden sollte. Die Erzeugung dieser vielbegehrten Farbe aus den verwesten Purpurschnekken spielte schon damals eine wichtige Rolle im Wirtschaftsleben von Ugarit. Eine beigefügte Namenliste enthält neben semitischen Namen eine überraschend große Zahl hurritischer Namen wie Ga-la-na, Ak-te-na, Si-ik-ru-bi, Pu-hu usw. Daß das hurritische Element im zweiten Jahrtausend stark in der Hafenstadt vertreten war, geht zudem aus einer Reihe von Texten hervor. Merkwürdig wirkt dagegen das Fehlen mykenischer Namen in den Schriftzeugnissen, obwohl die enorme Einfuhr mykenischer Keramik und der im Handwerk, in den Grabanlagen und im Totenkult deutliche Einfluß der frühgriechischen Welt selbst das Bestehen einer achäischen Kolonie in Ugarit oder seinem Hafenviertel nahelegt. Bis jetzt wurde auch kein Text in Linear-B, der von den Mykenern gebrauchten Schrift, entdeckt. Dagegen ist die altkretische Linear-A-Schrift in vereinzelten Aufschriften vertreten, und auch einige Tontafeln mit der verwandten zypro-minoischen Schrift wurden gefunden, die noch nicht entziffert werden konnte. Liefen die mykenischen Verbindungen zu Ugarit ausschließlich über Zypern, wo die Achäer ohne Zweifel Fuß gefaßt hatten?

Die seit dem Beginn der Ausgrabungen augenfälligen Beziehungen zwischen dem Weißen Hafen und der nur 80 Kilometer entfernten Insel hatten Claude Schaeffer bereits 1932 zu einer Erkundungsreise durch Zypern veranlaßt, dessen archäologische Erforschung die zweite große Aufgabe seines Lebens werden sollte. Nach Abschluß der syrischen Kampagne von 1933 begann er seine erste zyprische Grabung auf dem frühbronzezeitlichen Felsgräberfriedhof von Vounous an der Nordküste der Insel, die sechs Wochen dauerte.

Zu den wichtigen Ergebnissen gehörte die Feststellung, daß kalottenförmige Schalen der schönen rotpolierten Keramik aus dieser Nekropole starke Ähnlichkeit mit ebenfalls rotpolierter Tonware aus den oberen Lagen des Stratums III von Ugarit zeigten, die sich gegen Ende des dritten Jahrtausends v. u. Z. datieren ließ. Damals waren die Ausbeutung der zyprischen Kupfervorkommen und wahrscheinlich auch der Export des begehrten Metalls bereits in vollem Gange. Der Weiße Hafen, der bei klarem Wetter von der Ostspitze der Insel aus zu sehen war, bildete sicher eine wichtige Zwischenstation des zyprischen Seehandels mit Mesopotamien und Ägypten. Eine direkte Schiffsverbindung der Insel zu Ägypten ist wegen der beträchtlichen Entfernung, der häufigen Stürme und gefährlichen Meeresströmungen in dieser Zone höchst unwahrscheinlich.

Madame Schaeffer erinnert sich noch an eine lebensgefährliche Überfahrt von Zypern nach Alexandrien, bei welcher der Dampfer in einen schweren Sturm und ein noch ärgeres Seebeben geriet. In alter Zeit bewegte sich die Schiffahrt hauptsächlich längs der Küsten oder von Insel zu Insel. Man fuhr nur tagsüber und in der guten Jahreszeit. Die Reise nach dem Minet el-Beida war bei günstigem Wetter in einem Tag zu bewältigen. Schaeffer erprobte dies persönlich in einem kleinen Segelboot, in dem er von Larnaka auf Zypern in 20 Stunden nach dem Weißen Hafen gelangte.

Die Kampagne von 1934 begann wieder im März. Dieses Mal wurde der Spaten im Süden der Akropolis angesetzt, die einmal sehr dicht besiedelt war. Auf einer Fläche von 3000 Quadratmetern wurden zwei Wohnblöcke an beiden Seiten einer zwei Meter breiten Straße untersucht. Unter den Fluren und längs eines Mäuerchens fanden die Ausgräber Kinderbestattungen in Krügen. Die Häuser hatten, wie Innentreppen zeigten, durchweg ein Obergeschoß und umfaßten stets mehrere Räume.

Eine wichtige Entdeckung brachte eine Grabung im Ostsektor der Akropolis. In 52 Meter Entfernung vom Heiligtum des Baal kamen die Grundmauern eines zweiten großen Tempels ans Licht, der nach dem gleichen Schema errichtet und ebenso orientiert war. Seine Basis aus einer Doppelreihe langer Quadern mit einer Zwischenfüllung aus kleineren Steinen verblüffte die Ausgräber durch ihre gewaltige Stärke von vier bis fünf Metern. Sie hatte sicher ein turmhohes Bauwerk zu tragen. Zwei Stelen, die außerhalb der Südfassade freigelegt wurden, tragen Inschriften mit Widmungen an den altsemitischen Gott Dagan. Man nimmt daher an, daß ihm dieses Heiligtum geweiht war. *(Fig. 24)*

Neue Sondierungen, die bis in die neolithischen Straten hinabgetrieben wurden, enthüllten zunächst in Schicht IV einen bedeutenden Abschnitt der Vorgeschichte der Niederlassung, der im Zeichen der Halaf-Kultur stand. Vermutlich waren Einwanderer aus Nordmesopotamien auf dem Ras Schamra erschienen. Außer der feinwandigen, bemalten Halaf-Keramik, von der zahllose Scherben zutage kamen, bezeugten Fortschritte auf vielen Gebieten, vor allem im Hausbau, neue Einflüsse. Die Siedlung erlebte damals einen stetigen Aufschwung, der etwa im letzten Viertel des sechsten Jahrtausends begann und bis gegen 4300 v. u. Z. anhielt. Sie erstreckte sich hauptsächlich im Bereich der Akropolis. Rechteckige Häuser aus 40 bis 50 Zentimeter starken Lehmziegelmauern auf Steinsockeln, die öfter

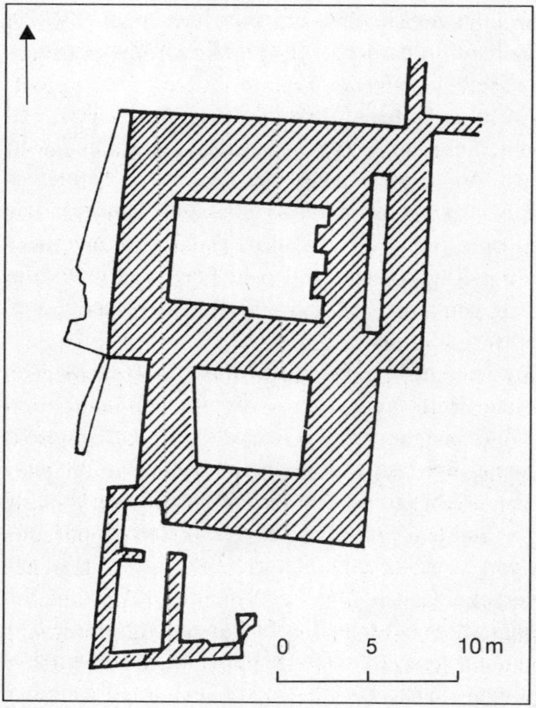

Fig. 24
Grundriß des Dagan-Tempels

mit Balken verstärkt wurden, kennzeichneten den Höhepunkt der langen Phase friedlichen Gedeihens, die den Bewohnern des Ras Schamra im fünften Jahrtausend vergönnt war.

Manche Bauten der quadratförmigen Siedlung enthielten weite Räume, wahre Säle, die fast zehn Meter lang und sechs Meter breit waren. Es gab große überwölbte Backöfen, wie noch heute bei den syrischen Bauern, und runde oder hufeisengestaltige Herde mit Zementböden. Für die reichhaltige Gerätschaft wurden Feuerstein, Obsidian, Grünstein, Marmor, Kalkstein, Steatit und Bein verwendet. Spinnwirtel und Webgewichte waren aus Terrakotta. Man gebrauchte viereckige und runde Stempelsiegel mit geometrischen Mustern. Die Auswahl an polierten Beilen, Hacken, Klingen war groß. Miniaturbeilklingen dienten vermutlich als Amulette oder Votivgaben. Für Halsketten wurden Perlen aus Karneol und Steatit gereiht. Es scheint, daß die blühende Niederlassung ein gewaltsames Ende fand, bei dem sie weitgehend zerstört wurde. Danach folgte eine Periode des Niedergangs, die erst mit dem Erscheinen von Trägern der sumerischen Ubaid-Kultur endete, das einen neuen Aufschwung einleitete.

Unter den Wohnschichten, die von der typischen Keramik der Halaf-Kultur geprägt waren, stießen die Ausgräber auf Zeugnisse einer primitiveren Phase, die heute etwa zwischen 5750 und 5250 v. u. Z. angesetzt und als Spätneolithikum bezeichnet wird. Dickwandige Gefäße mit gelblichem oder rosafarbenem Überzug und gelegentlicher Bemalung mit einfachen, hellroten Mustern verglich Schaeffer mit der ältesten Tonware aus Zypern. Begann die Verbindung mit der Insel bereits damals? Lehmziegelhäuser mit Steinsokkeln, abgerundeten Ecken und gekalkten Böden erinnern hingegen an die letzte Periode des vorkeramischen Neolithikums von Jericho.

In der Umgebung der Herde kamen Schädel von Neugeborenen und Fötussen ans Licht. Schematische weibliche Figürchen aus Kalkstein und Terrakotta weisen auf einen Fruchtbarkeitskult. Steinerne Netzgewichte und die Abfallhaufen verrieten, daß Fischfang neben der Jagd auf wilde Rinder, Ziegen, Schweine und Damhirsche eine wichtige Grundlage für die Ernährung der Siedler bildete. Doch wurden auch Ackerbau betrieben und Ölbäume angepflanzt. Es gab viele Wohnhorizonte und mehrere Brandschichten.

Die Sondierungen dieses und des folgenden Jahres wurden bis auf den gewachsenen Grund des Tells vorgetrieben und zeigten, daß die Anfänge der Niederlassung in das vorkeramische Zeitalter zurückreichten. Heute werden sie gegen die Mitte des siebten Jahrtausends datiert. Zuerst gab es nur eine Gruppe von Zelten oder leichten Hütten, von deren Existenz Herde und rundum verstreute Geräte aus Feuerstein und Knochen zeugten. Pfeilspitzen und kleine Dolche waren aus Obsidian. Nach etwa 500 Jahren entwickelte sich aus diesem Lager eine Siedlung mit quadratischen, trocken aufgemauerten Steinhäuschen. Vereinzelte Steatitsiegel und primitive Ton- und Steinfigürchen deuten auf Privatbesitz und die Verehrung der Urmutter.

Über den ältesten Wohnschichten, die in Tiefen bis zu 18 Meter reichten, stießen die Ausgräber auf Beweise erster Versuche zur Herstellung von Keramik, auf Reste plumper Vorratsgefäße mit rauher Oberfläche, die nur sonnengetrocknet oder sehr schwach gebrannt und daher wenig haltbar waren. Später aber gab es dünnwandiges, gut gebranntes, schwarzes und rotes Tongeschirr, das poliert und mit geometrischen eingedrückten oder geritzten Mustern verziert wurde. Manchmal wurden die Ornamente auch weiß inkrustiert. Diese Ware entsprach der sogenannten Impresso-Keramik, die bei den ersten Ackerbaukulturen des Mittelmeerraumes weit verbreitet war. Die ältesten Exemplare dieser Keramik stammen bis jetzt aus dem Yümüktepe, einem Tell bei Mersin an der kilikischen Küste Anatoliens. Anfänglich wurde auf dem Ras Schamra nur Ackerbau betrieben; Viehzucht begann erst in einer späteren Phase.

Mit diesen Sondierungsgrabungen in den prähistorischen Wohnstraten des Ras Schamra war das außerordentlich hohe Alter der Niederlassung am Minet el-Beida nachgewiesen.

DAS GESICHT VON UGARIT IN SEINER LETZTEN BLÜTEZEIT

Besucher aus aller Welt besichtigen die Ausgrabung auf dem Ras Schamra

Mit den Grabungskampagnen von 1935 und 1936, die jedesmal rund drei Monate dauerten, gewann das Bild der Stadt und des Lebensstils ihrer Bewohner in den beiden letzten Jahrhunderten ihrer Geschichte immer schärfere Umrisse. Im 14. und 13. Jahrhundert stand die alte Metropole im Zenit ihrer Bedeutung als Drehscheibe des internationalen Handels zu Wasser und zu Lande, als geistiges Zentrum, in dem sich die Kulturströme der ostmittelmeerischen, ägyptischen und vorderasiatischen Welt begegneten, als Flottenmacht, in deren Hafen Schiffe aus drei Kontinenten und von vielen Inseln landeten.

Wohlstand und ein verfeinerter Lebensstil sprechen aus den meist zweistöckigen Häusern, deren Erdgeschosse teilweise recht gut erhalten blieben. Sie bestanden aus rötlichem Sandstein, während das Obergeschoß aus Lehmziegeln oder Pisee errichtet wurde und ein flaches Dach aus gestampftem Lehm besaß. Die Steinrollen, mit denen dieses geglättet wurde, kamen noch gelegentlich ans Licht. Obwohl die oberen Strukturen der Häuser den Jahrtausenden nicht standgehalten hatten, vermittelten die Ruinen doch noch eine Vorstellung von ihrer einstigen Beschaffenheit.

Vornehme Gebäude zeichneten sich oft durch schöne Quaderfassaden aus. Die gewöhnlichen Mauern bestanden aus Feldsteinen, die jedoch mit einer dicken Stuckschicht verkleidet wurden. Zu jedem Haus gehörte ein – wahrscheinlich teilweise überdeckter – Hof mit mindestens einem runden oder viereckigen Brunnen mit monolithischem Rand und ein bis zwei großen Steintrögen *(Taf. 28)* für den Wasservorrat und einem Backofen. An einer Hofseite lag manchmal eine Badestube mit einem Abfluß. Im Parterre befanden sich der Eingang mit dem Vestibül, die Küche, Magazine – in einem standen noch acht mehr als meterhohe Vorratsgefäße – und vermutlich Unterkünfte für das Personal. Durch eine kleine Kammer gelangte man zum gestuften Dromos, der in die Familiengruft hinableitete. Steintreppen führten in den Oberstock mit den Wohnräumen der Familie. Unter den Stiegen gab es Toiletten oder Verschläge, im rückwärtigen Teil des Hauses auch öfter Latrinen mit einer U-förmigen Kanalisation, die in eine Senkgrube mündete. Zisternen waren selten.

Quellen und der hohe Grundwasserspiegel begünstigten die Anlage von Brunnen. Zudem lieferten die beiden Flüßchen, die den Tell umrundeten, reichlich Wasser, das wohl in Ledersäcken von Eseln in die Stadt transportiert wurde. Der Wasserabfluß wurde größtenteils durch ein unterirdisches Kanalsystem geregelt, das manchen modernen Städten im Orient als Vorbild dienen könnte. Nicht ganz so hygienisch war der Brauch, Abwässer gelegentlich durch eine Öffnung in der Hauswand in eine Rinne auf der Straße zu schütten, die in eine offene Senkgrube führte. Auch gab es in den Höfen manchmal gemauerte Schächte, in die das gebrauchte Wasser geleert wurde. Sie konnten bis zum Grundwasserspiegel hinabreichen und bildeten sicher eine Gefahr für benachbarte Brunnen.

Höhepunkte der Kampagne von 1935 waren die Entdeckungen zweier ungeplünderter Familiengrüfte. In dem jüngeren Gewölbe, das mit drei mächtigen Platten gedeckt war, bezeugten die Gebeine von 44 Personen, daß es im Laufe einer langen Zeit für mehrere Generationen als letzte Ruhestätte gedient hatte. Über 100 Gefäße, in den tieferen Lagen zyprischen und den oberen mykenischen Stils, kamen unversehrt ans Licht und ermöglichten die Datierung der Bestattungen in das 14. und 13. Jahrhundert v. u. Z.

Das zweite Grab war wesentlich älter. Kanaanäische Tonware bewies, daß die viereckige, trocken aus Bruchsteinen aufgemauerte Kammer mit leicht nach innen geneigten, weiß gekalkten Wänden, einer niedrigen Pforte und einem Plafond aus zwei großen Platten aus dem 17. bis 16. Jahrhundert v. u. Z. stammte. Eine bemerkenswerte Beigabe war ein ägäisches Schwert. Es gehört zu den verschiedenen Hinweisen auf das Erscheinen von Achäern in Ugarit zur

Hyksos-Zeit, die als Argumente für ihre kleinasiatische Abkunft angeführt werden könnten. Nach einer Theorie des holländischen Archäologen J. Best hätten sie zu den Stämmen gehört, die Unterägypten im 17. Jahrhundert besetzten, und wären erst nach dem Zusammenbruch der Hyksos-Herrschaft im 16. Jahrhundert auf der Peloponnes erschienen.

Die Ausbeute an Kleinfunden war auch in diesem Jahr reich. Man fand Dreifüße aus Basalt, zahlreiche Mörser und Reibsteine. Sichelklingen aus Feuerstein wurden in dieser Periode noch allgemein benutzt. Sie waren widerstandsfähiger und billiger als kupferne und wurden erst in der Eisenzeit durch gezähnte aus Eisen an Härte übertroffen. Zu den reizvollsten Stücken unter den Luxus- und Kultgegenständen gehört ein kleiner einspänniger Kampfwagen aus Fayence mit Vollrädern und zwei Insassen, der aus vielen Bruchstücken zum Großteil restauriert werden konnte. *(Taf. 29)* Eine feingearbeitete Bronzestatuette des Baal hatte zwar ihre Goldauflage eingebüßt, doch ihr zierlicher Helm aus Steatit mit zwei Hörnern aus Weißgold war gut erhalten. *(Abb. 23, 24)*

Wie noch heute in den orientalischen Städten hatten die Handwerker ihr eigenes Viertel, das im Südteil des Tells aufgedeckt wurde. Die Ausgräber fanden Werkstätten von Steinschneidern, die Roll- und Stempelsiegel herstellten; von Töpfern, Edelmetallschmieden, Malern, Bildhauern. Viel Arbeitsgerät und manches unvollendete Stück waren zurückgeblieben. In einem Atelier kam eine halbfertige Stele ans Licht. Sie zeigt einen bärtigen Gott mit Hörnerkappe und langem syrischem Gewand auf einem Thron mit Fußschemel in Relief. Vor ihm steht ein König von Ugarit, der ihm eine Opfergabe anbietet. Schaeffer hielt die dargestellte Gottheit für El, den Göttervater. Nach religiösen Texten aus der Bibliothek des Hohepriesters bekleidete er den höchsten Rang im ugaritischen Pantheon. *(Fig. 25)*

Die stattlichen Bauten, reichen Funde und manche verborgenen Horte illustrierten die gehobene soziale Stellung und den Wohlstand der Künstler und Handwerker. In einem Haus wurde ein kleiner Schatz in einem Versteck entdeckt. Er enthielt eine Auswahl goldener Anhänger: sieben runde Scheiben mit Sonnenzeichen, zwei

Amulette mit dem Schema der Fruchtbarkeitsgöttin *(Abb. 25),* Hörnchen, die noch heute als Abwehr gegen den »bösen Blick« in den Mittelmeerländern getragen werden *(Taf. 30),* und einen silbernen Anhänger hethitischer Herkunft in Form einer Götterdreiheit. Zwei Gestalten mit hohen Kappen rahmen eine Figur mit einem Stierhaupt.

Zum Handwerkszeug der Edelmetallschmiede gehörten feingearbeitete Gußformen aus Steatit für die Herstellung von Gold- und Silberschmuck *(Abb. 26),* Waagschalen und Gewichte aus Bronze. In einem der Ateliers fand sich ein vollständiges Set von Gewichten bei den Schalen, ergänzt durch kleine Silberkörner, die für absolute Genauigkeit der Ergebnisse sorgen mußten. Die großen Gewichte sind oft phantasievolle Kleinkunstwerke. Tierfiguren waren beliebt

Fig. 25 Stele mit der Darstellung des Königs von Ugarit vor dem thronenden Il oder El (Zeichnung: Louis Chatrer)

und wurden sehr lebendig gestaltet. *(Taf. 31)* Zu dem kompletten Set gehörte auch ein ausdrucksvoller menschlicher Kopf, der 190 Gramm schwer ist, vielleicht ein Porträt des Besitzers. *(Abb. 28)*

In einer Schmiede kam ein Gewicht von 469 Gramm zutage, ein liegendes Rind von 17 Zentimeter Länge. *(Abb. 27)* Es war zusammen mit einer merkwürdigen Zeremonialaxt aus silberbeschlagener Bronze mit einem Löwenkopf verborgen worden. *(Taf. 32)* Aus der Schwere der einzelnen Gewichte ließ sich ableiten, daß sowohl das ägyptische wie das babylonische Maßsystem im ugaritischen Zahlungsverkehr angewendet wurden. Die Einheiten wurden in Talenten, Minen und Schekel berechnet. Bezeichnungen, die noch in den Namen altgriechischer und hebräischer Münzen fortlebten. Eine babylonische Mine wog 505 oder 491 Gramm, eine ägyptische 437 Gramm. Die Mine war meist in 50 Schekel unterteilt, die das Kleingeld vorstellten. Hohe Werte wurden in Talenten berechnet. Ein Talent entsprach bei den Israeliten 26,2 Kilogramm Silber. Sehr lukrativ für die ugaritischen Kaufleute war der Handel mit Gold, das aus Ägypten bezogen wurde. Dort betrug der Tauschwert von Silber und Gold nur eins zu zwei. In Ugarit erhielt man aber für einen Teil Gold bereits drei bis vier Teile Silber und im kassitischen Babylonien war das Verhältnis eins zu neun!

Die Ausgrabung von Ugarit und seinem Hafenviertel, mit der ein neues Kapitel der Forschungsgeschichte des Alten Orients begonnen hatte, war inzwischen, vor allem auch durch die aufsehenerregenden Schriftfunde, weltweit bekanntgeworden. Der Tell begann eine wachsende Besucherzahl anzulocken, die von Mitgliedern des britischen Königshauses und anderen hochgestellten Persönlichkeiten, die offiziell empfangen werden mußten, über Fachkollegen und ganze Schulklassen mit ihren Lehrern bis zu neugierigen Touristen reichten, deren naive Fragen die Geduld der Expeditionsmitglieder manchmal auf eine harte Probe stellten.

Madame Schaeffer, die neben der Betreuung des archäologischen Teams auch noch die Aufgabe des Empfangs der Gäste zu bewältigen hatte, erinnert sich unter anderem an eine Dame, die sich erkundigte, ob die französische »Mission« mit der Betreuung von Waisenkindern beschäftigt sei. Immerhin blieben den Ausgräbern von Ugarit die Fragen bibelfester Besucher erspart, über die sich Kathleen Kenyon, die befreundete Leiterin der britischen Mission, die den Tell von Jericho erforschte, beklagte. Von ihr wollte man häufig wissen, ob sie die Trompeten gefunden habe, die den Einsturz der Mauern von Jericho verursacht hätten.

Zu den französischen und den ausländischen Kollegen, die im Irak, in Syrien und Libanon und in Israel arbeiteten, bestanden lebhafte wissenschaftliche und persönliche Kontakte mit gegenseitigen Besichtigungen der Ausgrabungen. Nach dem Abschluß der jährlichen Kampagnen unternahmen Claude Schaeffer und seine Gattin Ausflüge und Reisen zu den verschiedenen archäologischen Stätten, deren Erforschung in den dreißiger Jahren im Gange war, um die neuesten Ausgrabungsergebnisse kennenzulernen, Erfahrungen und Meinungen auszutauschen.

Enge freundschaftliche Beziehungen verbanden das Ehepaar Schaeffer mit Max Mallowan und dessen Frau Agatha Christie, die seine Ausgrabung des Chagar Bazar mitmachte. Agatha Christie unterstützte die Arbeit ihres Gatten sowohl als Restauratorin zerbrochener Gefäße wie auch als Photographin. Madame Odile berichtet, daß sie – Agatha Christie – zu diesem Zweck einen schwierigen Kursus für das Photographieren kleiner Objekte in London absolviert hatte und ihr sehr gelungene künstlerische Aufnahmen zeigte. Daneben bedachte sie noch manches Komplott für ihre spannenden Kriminalromane und fügte sich mit viel Humor in die primitiven Lebensumstände, die unvermeidlich zu einer Ausgrabung im Nahen Osten gehörten. Anläßlich eines Wochenendbesuches des Ehepaars Schaeffer unterhielt sie ihre Gäste mit köstlichen Geschichten über ihren syrischen Koch, der die Omeletten prinzipiell so lange im Ofen ließ, bis sie braun wie Leder waren und auch so schmeckten. Wenn ihm aber eine Speise gut glückte, mußte man sich hüten, ihn zu loben. Andernfalls bekamen die Mallowans das gleiche Gericht mindestens 14 Tage lang vorgesetzt.

Komfort, ja Luxus herrschten nur bei der amerikanischen archäologischen Mission, die den riesenhaften Tell el-Mutesselim aus den Ruinen des biblischen Megiddo in Nordpalästina ausgrub. Ein mehrfacher amerikanischer Millionär, der nichts vom spartanischen Lebensstil hielt und seine Dollars unter anderem für Silberbesteck verwendet sehen wollte, hatte diese Expedition finanziert. Madame Odile dachte im stillen an die Aluminiumlöffel der Ausgräber von Ugarit bei dem festlichen Essen, zu dem sie und ihr Gatte in das große schöne Haus der amerikanischen Archäologen, hinter dem ein vielbenutzter Tennisplatz lag, geladen worden waren.

HYKSOS-GRÄBER UND EIN HEILIGTUM MIT SELTSAMEN GÖTTERSTATUETTEN

Licht auf einen frühen Abschnitt der Stadtgeschichte

Die Kampagne von 1937 begann mit Ausgrabungen in der Zone der beiden Tempel und im Bereich der Bibliothek im Hause des Hohenpriesters, die zu weiteren Schriftfunden führten. Unter den neuentdeckten Tontafeln gab es auch zwei mit Texten in hurritischer Sprache. Danach wurde die Spatenarbeit an den Fuß der Akropolis verlegt und bis in Schicht II hinabgetrieben, um ein Quartier der Stadt aus der Hyksos-Periode (17. bis 16. Jahrhundert v. u. Z.) zu erforschen. Damals wurde der starke ägyptische Einfluß in Ugarit zurückgedrängt. Die Ursache dieser Entwicklung könnte in der wachsenden Macht der Hurriter vermutet werden.

Im 18. Jahrhundert drangen die Hurriter über Nordsyrien immer weiter nach Süden vor und spielten wahrscheinlich bei der Besetzung Unterägyptens durch die Hyksos eine führende Rolle. Die Zertrümmerung der ägyptischen Statuen in Ugarit, der Sinnbilder enger Bindung an das Pharaonenreich, weist vielleicht auf eine zeitweise Herrschaft der Hyksos über das kleine Königreich an der nordsyrischen Küste. Ugarit erlebte damals, gleich vielen anderen Städten der Levante, eine lange Epoche des Niedergangs und selbst der Entvölkerung, die erst im 16. Jahrhundert v. u. Z. endete.

Die Festsetzung neuer kriegerischer Gruppen wird aus den zahlreichen Waffen deutlich, die man den Toten beigegeben hatte. Auch erscheint eine für die Hyksos-Zeit typische Keramik in den Gräbern. Die Wohnbauten dieser Periode umfaßten weniger Räume und waren bescheidener als die spätbronzezeitlichen. Doch wurden darunter erstmalig Familiengrüfte einfacher Art angelegt. Auch die Einführung eines komplizierten Totenkultes datiert aus dieser Zeit.

Für die Archäologen waren diese Grabkeller ein wahrer Glücksfall. Durch ihre Lage in den tieferen Schichten des Tells wurden sie seltener ausgeraubt. Fünf der im Jahr 1937 freigelegten Grüfte waren unversehrt und lieferten den Ausgräbern auf Grund ihrer langen Benutzung zahlreiche wertvolle Funde und wichtige Hinweise auf die Geschichte von Ugarit. In zwei Kammern über Grüften, die durch ihre Totenbeigaben in die Hyksos-Epoche datiert werden konnten, standen runde Steintische, drei große Tonfässer und ein zugemauerter Brunnen, Vorrichtungen für den Totendienst.

Eine historisch interessante Sachlage fand sich in einer ungeplünderten Gruft, die zwischen dem 15. und dem 14. Jahrhundert über einer älteren angelegt wurde. Unter dem Lehmboden der Totenkammer kam ein ehemaliger Brunnen mit Gegenständen aus einem wesentlich älteren Grab zutage. Eine kretische Tasse des mittelminoischen Kamares-Stils neben braunen und schwärzlichen Krügen, manchmal mit weiß inkrustiertem Ritzdekor, typischen Erzeugnissen der Hyksos-Periode, illustrierte frühen Handel mit Kreta. Noch tiefer unten wurde eine Bestattung der Torques-Träger in einem Steinkreis freigelegt. *(Fig. 26)*

Eine andere intakte Grabkammer, die zehn Erwachsene und mehrere Kinder aufgenommen hatte, besaß ebenfalls eine lange, wechselvolle Geschichte. Ihre unterirdische Pforte, vor der zwei rauchgeschwärzte Tonlämpchen standen, war durch eine Steinplatte verschlossen. Die ersten Beisetzungen in dem engen Raum von 2,10 Meter Länge und 1,75 Meter Breite stammten aus dem 17. bis 16. Jahrhundert, die letzten erfolgten vor der Mitte des 14. Jahrhunderts v. u. Z. Die Toten der obersten Schichten der überfüllten Gruft, die neben den Gebeinen 230 Gefäße, darunter 165 unversehrte, und andere Beigaben enthielt, waren nicht durch den ursprünglichen Eingang, sondern durch einen Spalt in der Decke eingebracht worden. Es war deutlich, daß man die ursprüngliche Pforte zu jener Zeit nicht mehr kannte oder den alten Zugang verbaut hatte. Schaeffer vermutete, daß die letzten Bestattungen Mitglieder einer anderen Familie darstellten, die ein neues Haus über der Ruine des älteren errichtet und die Gruft ihrer Vorgänger entdeckt und weiterbenutzt hatten.

Wie Verwandte der mykenischen Tholoi wirkten zwei untereinander verbundene Gräber, die aus behauenen Blöcken in Kragtechnik trocken aufgemauert worden waren. Die Ecke einer Kammer war in einen großen Block gearbeitet worden, eine Technik, die auch in Steingräbern der Mykener vorkommt. Bei den anderen frühen Grüften in Ugarit wurden Bruchsteine verbaut, die man mit Erde und Kalk band und verschmierte. Das Doppelgrab enthielt außerdem Waffen: Speere, Streitäxte, Brustplatten, breite Gürtel aus Bronze und Kurzschwerter mit rudimentären Hörnchen, die den großen mykenischen Dolchen, die Schliemann aus dem dritten Schachtgrab von Mykene holte, auffallend gleichen. Eine solche Waffe in einem

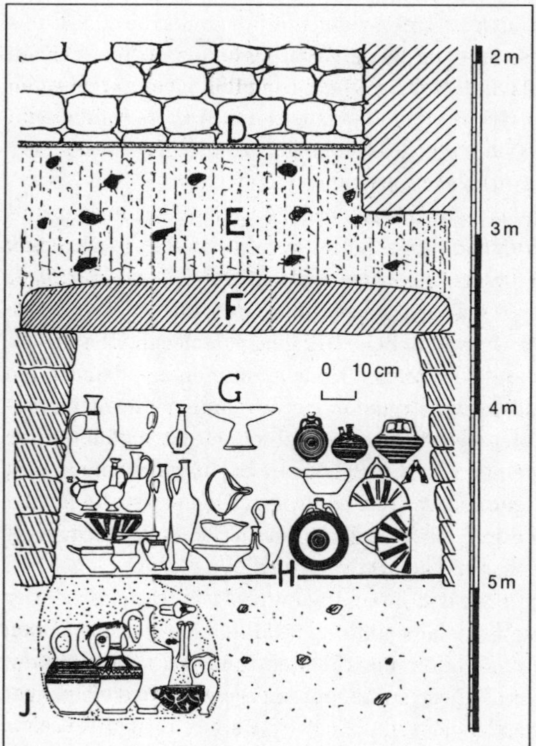

Fig. 26
Familiengrab aus dem 15.–14. Jahrtausend v. u. Z. Darunter Beigaben aus einer älteren Bestattung mit Hyksos-Keramik und einer kretischen Tasse des mittelminoischen Kamares-Stils

levantinischen Grab der Hyksos-Zeit könnte als Hinweis darauf gewertet werden, daß Frühgriechen an den Völkerbewegungen teilnahmen, die zwischen dem 18. und dem 16. Jahrhundert die ethnische und politische Struktur Ägyptens und Vorderasiens wesentlich veränderten. Der Abbruch der starken Bindungen Ugarits zum Nil-Reich in dieser Periode und die Festsetzung neuer Volkselemente in der Stadt, deren kämpferische Einstellung aus den Totenbeigaben deutlich wird, läßt die alte Frage nach der Herkunft der waffen- und goldstrotzenden Krieger in den Schachtgräbern von Mykene nicht unberührt. Ein gemeinsames Attribut der Achäer und der Hyksos ist auch der Streitwagen, der von ersteren auf der Peloponnes und von den Hyksos in Ägypten eingeführt wurde.

Der zweite Abschnitt der Ausgrabungsarbeiten spielte sich im Westsektor des Tells ab, von dessen höchstem Punkt aus der gesamte Hafen überblickt werden kann. Dort wurde ein Bauwerk entdeckt, das fast 1000 Quadratmeter Boden einnahm. Seine Dimensionen, die ungewöhnlich starken Mauern und die Pflasterung weiter Räume mit großen Platten weisen auf eine besondere Bestimmung. In seinem rückwärtigen Teil enthält es einen Saal von 29 Meter Länge und zehn Meter Breite. Dahinter liegen ein quadratischer und ein langer schmaler Raum, an dessen Nordwand vier monolithische Tröge zutage kamen, die Schaeffer als Pferdekrippen ansah. Die vorgelagerte Riesenhalle mit Stümpfen von vier steinernen Pfeilern, die einmal das Dach stützten, wirkt wie eine Art Manege für die Pferdedressur. Sie könnte auch als Remise für die Streitwagen gedient haben. Pfeile und Reste von bronzenen Schuppenpanzern, die dort ans Licht kamen, sprechen für einen militärischen Charakter der Anlage. Dieser nördliche Teil des Gebäudes wird im allgemeinen als »königlicher Pferdestall« bezeichnet.

Der südliche mit dem fünf Meter breiten Haupteingang, der in eine große rechteckige Halle führte, besaß an der Ostseite einen mehrräumigen Anbau, in dem das Waffenlager von Ugarit und der Sitz des Militärkommandanten der Stadt vermutet wird. Für diese Erklärung sprechen auch zwei Schriftstücke aus diesem Bereich. Eines handelt von der Verteilung von Waffen an Personen in 40

Städten, die Ugarit unterstellt waren; das andere ist ein Schreiben aus der Kanzlei des Königs von Beirut an den Präfekten von Ugarit.

Im Norden dieses bedeutenden Bauwerks wurde ein weiteres ausgegraben, das wie die Residenz einer hochgestellten Persönlichkeit, vielleicht des Stadtkommandanten, wirkt. Sieben Reihen der feinbehauenen Quader seiner Südfassade stehen noch am Rande des Tells. Unter der Haupthalle des weitläufigen Gebäudes fand sich eine überwölbte Gruft vom Ausmaß einer kleinen Kirche mit Einrichtungen für flüssige Totenopfer. In den Magazinen kamen mächtige Vorratskrüge und eine Anzahl großer Barren silberhaltigen Bleis ans Licht. Eine Öl- und eine Traubenpresse verrieten Landbesitz der Hausbewohner. Die Abwässer wurden mittels eines raffinierten Systems aus Steinröhren unter dem Flur und in den Mauern nach dem fast mannshohen, trocken aufgemauerten Hauptkanal der Stadt geleitet. Die Toilette mit einem Türkensitz befand sich in einem Kabinett bei der Treppe zum einstigen Oberstock.

Es war deutlich, daß die Ausgräber auf ein Wohnviertel mit den großen Behausungen der Oberschicht von Ugarit gestoßen waren. Von Luxus und Reichtum sprach auch ein Juwelenschatz in einer mykenischen Vase aus einem anderen Gebäude, das freigelegt wurde. Man hatte ihn unter dem Flur des Hauses verborgen, das über der Ruine eines älteren aus dem 16. bis 15. Jahrhundert errichtet wurde.

Die kostbarsten und merkwürdigsten Funde aber lieferte die Entdeckung der Relikte eines Heiligtums in derselben nordwestlichen Zone des Tells. Obwohl es viel kleiner als die beiden Tempel auf der Akropolis war, entsprach es doch deren Grundriß mit zwei voreinander gesetzten Räumen. Ein 15 Meter langer Abschnitt der drei bis dreieinhalb Meter dicken Außenmauer und die Treppe, die auf die Dachterrasse führte, auf der sicher Kulthandlungen stattfanden, waren noch teilweise erhalten. An der Rückwand des Tempelchens, über dessen Resten später ein anderes Bauwerk errichtet wurde, kam eine Favissa, ein Depot mit abgelegten Votivgaben, ans Licht, die sich dort zwischen dem 17. und dem 14. Jahrhundert angesammelt hatten. Neben zahlreichen Gefäßen, Skarabäen und einigen 100 Tonlämpchen enthielt sie eine wundervolle Zeremonialaxt, die ins 15. bis 14. Jahrhundert v. u. Z. datiert wird. Die Klinge ist aus Eisen, das damals noch eine Seltenheit war und höher als Gold geschätzt wurde. Der Rand der kupfernen Tülle, in die sie eingelassen wurde, ist mit zwei plastischen Löwenköpfchen verziert. Ihr

Fig. 27
Hurritische Prunkaxt (Zeichnung: Louis Chatrer)

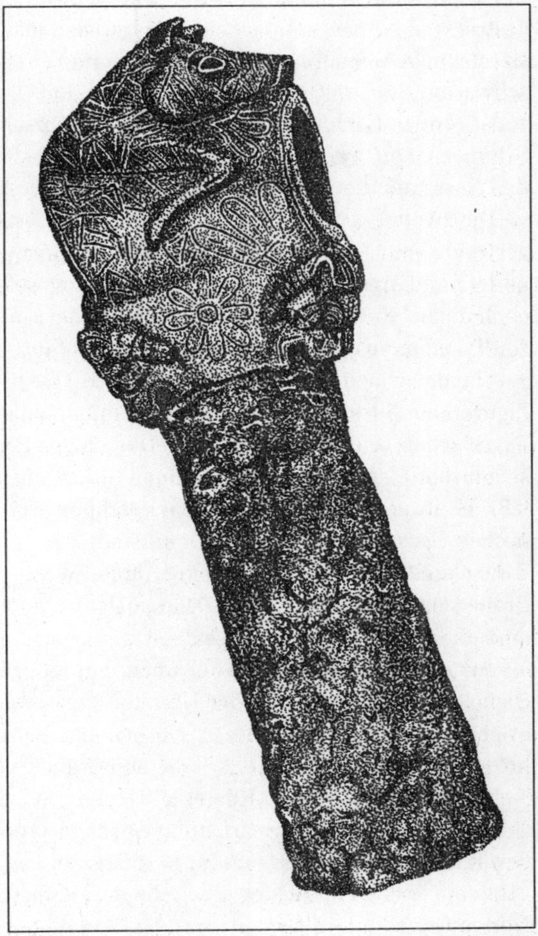

Nacken wurde als Vorderteil eines Ebers gestaltet. Die Innenzeichnungen sind ziseliert und mit eingehämmertem Gold gefüllt. *(Fig. 27)*

Außer diesem Prunkstück enthielt die Favissa zwei eigenartige Bronzestatuetten, deren einstige Goldauflage vergangen war. Überdimensionale lebensvolle Häupter krönen ganz flache, schematische Körper. Vor allem die größere Figur einer sitzenden Göttin mit vorgestreckten Armen unterscheidet sich wesentlich von den üblichen Darstellungen. Sie trägt eine Art Turban und ein enges Gewand aus schwerem Stoff mit Rhombenmuster, das die Brust freiläßt. Eine wulstförmige Garnitur, vielleicht aus Pelz, umschlingt Nacken und Schultern. *(Taf. 33; Abb. 29, 30)* Ungewöhnlich sind auch die mächtige Nase und die betonten Backenknochen des Antlitzes.

Die zweite, kleinere Statuette stellt einen Gott dar. Er trägt eine gestreifte spitze Tiara, an der ursprünglich Hörner befestigt waren, und einen langen Mantel. Die gesondert eingesetzten Arme fehlen, doch die goldumrandeten riesigen Augen starren noch mit schwarzen Pupillen aus der weiß eingelegten Iris. *(Abb. 31, 32)*

Claude Schaeffer hielt es für möglich, daß die beiden eigenartigen Figuren hurritische Gottheiten zeigen und daß das kleine Heiligtum hurritischen Göttern geweiht war. Die einzige Bronzestatuette, die sich bisher formal mit der thronenden Göttin aus Ugarit vergleichen läßt, ist in der Tat eine männliche Sitzfigur aus der frühen hurritischen Periode der späteren Hauptstadt der Hethiter, Hattuşa in Zentralanatolien. Hurriter spielten ohne Zweifel seit der Mittleren Bronzezeit eine beträchtliche Rolle in Ugarit. Es liegt nahe, daß sie dort ein eigenes Heiligtum besaßen.

1937 verwirklichte Schaeffer auch den langgehegten Plan, den Djebel el-Aqra, den Sapon der Ugariter, der etwa die Funktion des griechischen Olymp erfüllte, zu besteigen. Sein fast 1800 Meter hoher Gipfel dominiert 40 Kilometer nördlich vom Ras Schamra weithin die nordsyrische Küste. Mit einigen Arbeitern, Grabwerkzeug und einer Kampierausrüstung wurde in 1500 Metern Höhe bei den Ruinen des Klosters von St. Barlaam ein Lager aufgeschlagen, von dem aus der Aufstieg über die weglosen Geröllhalden zum kahlen Gipfel unternommen wurde.

Oben entdeckte Schaeffer tatsächlich den Beweis für eine Opferstätte in Gestalt eines kleinen Hügels, dessen zahlreiche Schichten eine lange Geschichte verrieten. Die obersten Straten enthielten römische Münzen, die vom ersten bis zum fünften Jahrhundert datierten. Hier wurde also bis in die spätrömische Zeit geopfert. In zwei Meter Tiefe begannen die Opfergaben aus der griechischen Epoche. Auch in der Antike hatte der Götterberg der Ugariter, auf dem der Palast des Baal gestanden haben soll, seine Heiligkeit nicht verloren und galt als Sitz des Wettergottes Zeus mit dem Adler und später des Jupiter Casius. Diesem brachten die römischen Feldherren anläßlich ihrer Syrien-Feldzüge auf dem Gipfel Opfer. Nach einer Darstellung auf einer Münze aus der Seleukiden-Zeit stand damals ein Tempel auf der Höhe, berühmt genug, um von römischen Kaisern mit kostbaren Opfergaben bedacht zu werden. Von Trajan und Hadrian wird berichtet, sie hätten silberne Schalen und ein vergoldetes Stierhorn gespendet.

Weit mehr als die Schichten aus der Antike interessierten Schaeffer die sechs Meter starken Straten darunter, die Funde aus viel älteren Perioden versprachen. Doch am dritten Tag der Ausgrabungen brach eines der schweren Gewitter los, für die der Djebel el-Aqra, der »kahlhäuptige Berg«, berüchtigt ist. Die Temperatur sank innerhalb einer Stunde von 40 Grad in der Sonne auf sechs Grad Celsius, und die kleine Expedition mußte unter Blitz, Donner und einem Hagelsturm eiligst zum Lager flüchten. Die Arbeiter waren verstört und schworen, sie würden den »heiligen Gipfel« um keinen Preis nochmals besteigen. »Die Götter wollen nicht, daß Menschenhände ihn berühren«, hieß es, und so mußte das Unternehmen aufgegeben werden.

DER WIEDERGEFUNDENE KÖNIGSPALAST UND EINE ZYKLOPISCHE FESTUNGSANLAGE

Die zehnte Kampagne auf dem Ras Schamra begann im Herbst 1938. Claude Schaeffer ahnte die Gefahr eines neuen Weltkrieges und beurteilte die Aussichten auf einen normalen Fortgang der Ausgrabungsarbeiten pessimistisch. Er beschloß daher, die elfte Kampagne, die für den Herbst 1939 vorgesehen war, unmittelbar an die zehnte anzuschließen, und blieb von Oktober 1938 bis März 1939 in Syrien.

Zunächst wurde die Spatenarbeit auf die einstmals dichtbebaute Umgebung der beiden großen Tempel am Nordostende des Tells konzentriert. Die Freilegung einer Anzahl von Wohnblöcken und Familiengrüften lieferte wieder viele wertvolle und aufschlußreiche Funde, darunter ein »Kulthäuschen« aus Terrakotta. Miniaturnachbildungen von Häusern und Heiligtümern dienten ab dem vierten Jahrtausend im Bereich Mesopotamiens und der Ägäis und bis hinauf nach Osteuropa kultischen und magischen Zwecken. Manchmal wurden sie sogar göttlich verehrt. An der syrisch-phönizischen Küste gehörten sie bis in die Antike zum heiligen Gerät der Aphrodite Urania. Das ugaritische Modell, das ins 15. bis 14. Jahrhundert datiert wird, hat die bis heute in syrischen Dörfern übliche Kegelform. Über der Tür mit einem Querbalkenverschluß wurde ein spiraliges Ornament, vielleicht das Symbol einer Gottheit, angebracht. *(Taf. 34)*

Solange die Wetterverhältnisse es zuließen, wurden die Ausgrabungen fortgesetzt. Mit dem Beginn der Winterregen wurde unter Dach Keramik restauriert, gezeichnet, photographiert, das Inventar ergänzt. Das Team bestand damals aus dem Ehepaar Schaeffer, das sein sechsjähriges Töchterchen Beatrice und den vierjährigen Jean Claude mitgenommen hatte, und drei Mitarbeitern. Madame Odile denkt gerne an die einzigartigen Weihnachtstage jenes Jahres zurück. Ein tannenähnliches Bäumchen aus dem Wald von Antiochia wurde für die Kinder mit improvisiertem Schmuck und Kerzen aufgeputzt. Agatha Christie und Max Mallowan waren zu Gast. Obwohl die Petroleumlampen und Öfen wenig weihnachtliche Düfte verbreiteten, war der Heilige Abend ein unvergeßliches Fest für alle Teilnehmer. Selbst der traditionelle Truthahn fehlte nicht, und zum Nachtisch gab es »Tontafeln aus Ugarit« mit eingeritzten Keilschriftzeichen auf Schokoladeglasur. Madame Schaeffer erzählt, daß Agatha Christie, die das Meer über alles liebte, beim Abschied von Ugarit Max Mallowan fragte, ob er nicht ebenfalls einen der Ausgrabung würdigen Siedlungshügel in Küstenlage finden könne.

Der zweite Abschnitt der Spatenforschung galt dem Nordwestrand des Tells, der bereits im Vorjahr interessante Entdeckungen geliefert hatte. Der »Pferdestall« und die umliegenden Bauten wurden weiter untersucht. Viele Schleudersteine auf den Fluren bestätigten eine militärische Bestimmung dieser Anlagen. Dann aber stießen die Ausgräber am Saum eines weiten, gepflasterten Platzes auf die Ruinen eines imposanten Quaderbaus mit einem Portikus von achteinhalb Meter Weite. Zwei runde Steinbasen von einem Meter Durchmesser für die üblichen Holzsäulen, die den Eingang dreifach unterteilten, waren noch vorhanden. Einige flache Stufen führten in ein Vestibül mit steinernen Bänken und einem Brunnen. An dessen rechter Seite lag eine Kammer mit engem Zugang hinter der Außenmauer. Dreieckige Luken, deren Verschlüsse aus genau eingepaßten losen Steinen noch an Ort und Stelle steckten, ermöglichten, den gesamten Vorplatz zu überblicken. Es war klar, daß dort Wachen stationiert waren. An der linken Seite des Vestibüls wurden mehrere Räume freigelegt, in denen beschriebene Tontafeln ans Licht kamen. Man hatte das westliche Palastarchiv, das erste von fünf, die im Laufe der Ausgrabung des Königssitzes zutage kamen, gefunden.

Professor Schaeffer und seine Mitarbeiter waren nach diesen Entdeckungen überzeugt, daß man auf den berühmten Palast des Königs von Ugarit gestoßen war, von dessen Pracht der Herrscher von Byblos in einem Brief an den Pharao Amenophis III. berichtet. Später bestätigte die Entzifferung der Texte aus dem Westarchiv die Richtigkeit dieses Urteils. Es ging um wirtschaftliche und diplomatische Dokumente, die von Steuern, Soldatenkontingenten für den König, von Lieferungen, Krediten und vielen anderen Fragen handelten. Unter der diplomatischen Korrespondenz gab es einen historisch und chronologisch wichtigen Brief des hethitischen Großkönigs Schuppiluliuma (1370–1335 v. u. Z.) an König Niqmadu von Ugarit. Alle Räume zeigten Spuren eines furchtbaren Brandes und gründlicher Plünderung.

Die Entdeckung des Königspalastes blieb nicht der einzige Höhepunkt der letzten Vorkriegskampagne. Anläßlich einer Sondierung am Westabhang des Tells, wo eine neue Schutthalde geplant war, kamen Reste einer Festungsanlage ans Licht. Ein steiles, steinverkleidetes Glacis und die Ruine eines quadratischen Turmes von 14 Metern Seitenlänge mit bis zu fünf Meter dicken Mauern bezeugten ein kolossales Verteidigungswerk zum Schutz des Palastes. An der rechten Seite des Turmes wurde ein spitzbogiges Tor von sechs Metern Höhe freigelegt, der Eingang einer in Kragtechnik überwölbten Poterne. *(Abb. 33)* An ihrem Ende bog ein flach gestufter Aufgang in rechtem Winkel ab, der zum oberen Teil der Festung mit Kasematten für die Besatzung und mit Kriegsmaterial führte. Man stellte fest, daß die Poterne wie der Korridor noch vor dem Ende von Ugarit zugemauert worden waren. Ihre Ausräumung kostete große Mühe. Vom Südflügel des Forts blieben nur Reste der rückwärtigen Räume erhalten. Die Vorderfront war im Laufe der Jahrtausende über den Hang abgerutscht.

Die Ausgrabungen von 1938 und 1939 hatten außerordentliche Ergebnisse gebracht. Große Aufgaben zeichneten sich für die künftige Spatenarbeit im Westsektor des Tells ab. Niemand ahnte, daß bis dahin zehn Jahre vergehen sollten. Der Ausbruch des Zweiten Weltkrieges verhinderte sowohl die Rückkehr der Archäologen auf den Ras Schamra wie auch die Fortsetzung von Claude Schaeffers Forschungstätigkeit auf Zypern. Auch dort konnte er glänzende Erfolge verzeichnen, nachdem er die alte Inselhauptstadt Alašia aus dem zweiten Jahrtausend v. u. Z. identifiziert hatte. Trotz längerer schwedischer Ausgrabungen hatte man ihre Ruinen zuvor für eine spätbronzezeitliche Nekropole unter den Resten einer byzantinischen Stadt angesehen.

Claude Schaeffer wurde bei Ausbruch des Zweiten Weltkrieges zunächst als Korvettenkapitän der französischen Marine mobilisiert und nach England abkommandiert. Nach der Kapitulation Frankreichs kehrte er nicht dorthin zurück, sondern schloß sich General de Gaulle an. 1944 erhielt er den Auftrag, den Zustand der französischen Ausgrabungen und archäologischen Institute in Algerien, Palästina, im Libanon, in Syrien und der Türkei zu kontrollieren. Anläßlich dieser Inspektionsreise sah er auch den Ras Schamra wieder, den er fünf Jahre zuvor verlassen hatte. Der treue Wächter Scheik Nasser hatte den Tell nicht verlassen. Anfänglich hielt er Schaeffer für ein Gespenst. Erst die Berührung von dessen Uniform überzeugte ihn, daß dieser nicht, wie man berichtet hatte, mit seinem Schiff untergegangen sei.

RÜCKKEHR NACH UGARIT

Nach dem Ende des Zweiten Weltkrieges vergingen mehrere Jahre, bevor Claude Schaeffer auf den Ras Schamra zurückkehren konnte. Während des Krieges bewältigte er, neben seinen Aufgaben im Dienst der alliierten Marine, noch die Vollendung eines großangelegten vergleichenden Werkes, seiner *Stratigraphie comparée et chronologie de l'Asie occidentale (IIIe et IIe millénaires).* Dieses Ergebnis seiner zehnjährigen Forschungen und Studien in Syrien, Palästina, im Libanon, in Kleinasien, Persien, dem Kaukasus und auf Zypern ist noch heute eine Quelle wertvoller archäologischer Informationen. Ab 1946 konnte Schaeffer seine Ausgrabung auf Zypern fortsetzen und eine französische Vorkriegsausgrabung im Tell von Malatya in der Zentraltürkei, die der Freilegung einer späthethitischen Niederlassung galt, weiterführen.

Die Regierung der neugegründeten Arabischen Republik Syrien hatte 1946 sämtliche Aktivitäten ausländischer Archäologen auf ihrem Territorium verboten. Alle internationalen Ausgrabungskontrakte wurden annulliert. Trotzdem gelang es Professor Schaeffer auf Grund seines Ansehens bei den syrischen Behörden, noch vor Ende desselben Jahres Verhandlungen einzuleiten und danach gradweise die Erlaubnis zur Wiederaufnahme seiner Forschungsarbeit am Minet el-Beida zu erhalten. Zunächst wurden nur die Instandsetzung der Gebäude der französischen Mission, Konsolidierungsarbeiten und Sondierungen auf dem Ras Schamra zugestanden.

Der Tell befand sich in traurigem Zustand. Auch seine Bewachung hatte heimliche Grabungen nicht verhindern können. Mauern waren zusammengebrochen und mußten neu aufgerichtet oder gestützt, Schutt mußte an vielen Stellen geräumt werden. Gestrüpp,

Vipern und Skorpione hatten sich überall wieder eingenistet. In den Häusern der Mission, die Soldaten der verschiedensten Nationen als Unterkunft gedient hatten, erinnerten nur mehr einige Kochtopfdekkel und eine antike Amphora, aus der Madame Odile eine große Ratte entgegensprang, an das einstige Inventar. Aber die Eukalyptusbäume waren inzwischen zu einer prächtigen Allee emporgewachsen.

Die leeren Häuser wurden gesäubert, desinfiziert, alle Wände innen und außen neu gekalkt. Und dann mußte ein kompletter Haushalt für zehn Personen aus dem Boden gestampft werden. Madame Odile bewältigte diese Aufgabe nach ausgedehnten Streifzügen durch die Souks von Latakia in weniger als einer Woche, obwohl ihre Einkaufsliste von den Betten bis zum Teesieb 151 Kategorien an Haushaltsgegenständen enthielt. Auch die Verpflegungsprobleme der ersten Zeit waren nicht gering. Die warme Mittagsmahlzeit wurde aus einem Hotel in Latakia geholt. Ein holpernder Pferdewagen war das einzige verfügbare Transportmittel. Nach der Durchquerung dreier steiniger Flußbetten auf dem Rückweg blieb nur selten etwas von der Suppe übrig. Die Ernährung der Mission erforderte noch jahrelang genaue Planung, die bei ihrer Ankunft in Beirut begann. Von dort mußten alle Lebensmittel mitgenommen werden, die gerade in Latakia fehlten. Selbst Reis und Zucker gehörten in den ersten Nachkriegsjahren zur Mangelware.

Das Jahr 1949 brachte die Wiederaufnahme der Spatenarbeit im Bereich des vor Kriegsausbruch entdeckten Palastes. Die Ausgrabung des gepflasterten Vestibüls lieferte einen Fund, der weltweit Aufsehen erregte: ein unscheinbares Tontäfelchen, auf dem das ugaritische Alphabet in 30 Keilschriftzeichen eingekerbt war. Man hatte das älteste ABC aus der Asche des verbrannten Palastes geholt, das den Beginn der Geschichte unserer Schrift symbolisiert. Wahrscheinlich war es ein Lehrmittel und gehörte zu einer dem Westarchiv angeschlossenen Schreiberschule. *(Fig. 28)*

1950 konnte in Zusammenarbeit mit syrischen Archäologen endlich wieder mit Ausgrabungen in großem Stil begonnen werden. Schaeffer erhielt von der syrischen Regierung einen Kontrakt über fünf Jahre und die Erlaubnis, bis zu 300 Arbeiter einzustellen. Die Freilegung der Festungsanlage, deren Bauweise stark an mykenische und hethitische Verteidigungswerke erinnert, machte rasche Fortschritte. Es zeigte sich, daß es mehrfach Umbauten gegeben hatte. Der große Turm wurde, lange vor dem Ende von Ugarit, weitgehend abgetragen. Zugleich erfolgte auch der Verschluß der Poterne. Claude Schaeffer vermutete, daß diese Änderungen die Folge eines Erdbebens waren, das die Stadt im 14. Jahrhundert verwüstete. Gleich vielen anderen Bauten erlitten vielleicht auch diese schwere Schäden. Etwa um die Wende zum 13. Jahrhundert v. u. Z. legte man über den aufgefüllten Stumpf des Turmes eine Rampe als neuen Zugang zum Palastquartier. Sie endete an einem mächtigen Torbau, dessen Schwellenblöcke über dem Ostrand des Turmes zutage kamen. Einer zeigt noch das tiefe Loch, in dem sich einmal der Zapfen eines riesigen Türflügels drehte.

Der fast 20 Meter lange Torbau enthielt einen Mittelgang, der durch drei weitere Türen unterteilt war. An beiden Seiten befanden sich Räume für die Verteidiger. Die letzte Pforte öffnete sich auf den Vorplatz der Residenz. Ohne Zweifel war dies nicht der einzige Zugang in die Stadt. Ihr Haupttor konnte aber bis jetzt nicht lokalisiert werden. Reste einer zweieinhalb Meter starken Mauer am Ostrand des Tells stammen von einer früheren Umwallung aus dem 17. bis 16. Jahrhundert.

Unter dem Vorplatz und der schmalen Straße entlang der Innenmauer der Festung befindet sich ein Arm der Hauptkloake von

Fig. 28 Tontäfelchen mit den 30 Keilschriftzeichen des ugaritischen Alphabets

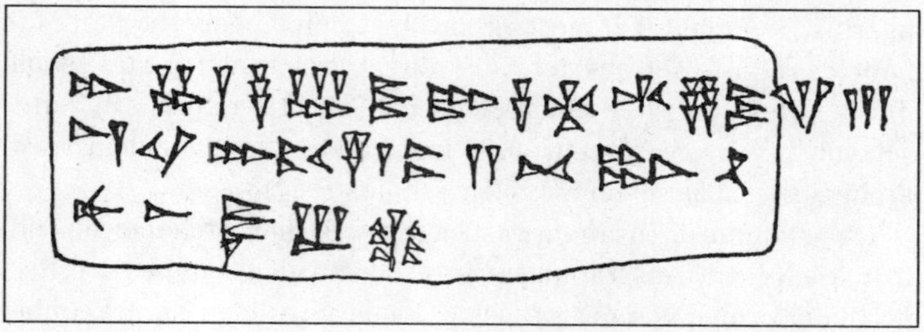

Taf. 35: Tamburinspielerin aus Elfenbein

Taf. 36 *oben:* Blick auf das Ausgrabungsgelände am Ras Schamra

Taf. 37 *rechte Seite:* Unvollendete Stele mit Darstellung des Baal in Relief

Taf. 38 *linke Seite:* Il/El auf dem Thron mit teilweise erhaltenem Goldüberzug

Taf. 39 *oben links:* Bronzestatuette des Baal mit goldüberzogenem Haupt

Taf. 40 *oben rechts:* Ägyptische Fayence-schale

Taf. 41 *links:* Terrakotta-Becher in Form eines Löwenkopfes

Taf. 42 *linke Seite oben:* Goldschale

Taf. 43 *linke Seite unten:* Drei mykenische Vasen

Taf. 44 *links:* Bemalter kanaanäischer Henkeltopf

Taf. 45 *unten:* Goldringe mit getriebener Verzierung aus Ugarit

Taf. 46 *rechts:* Eine Straße in Ugarit

Taf. 47 *unten links:* Bruchstück eines zyprischen Brettidols (Frühbronzezeit)

Taf. 48 *unten rechts:* Bronzestatuette einer Göttin (Ascherat?). Die ursprüngliche Gold- und Silberauflage der Figur fehlt. Die verlorenen Vorderarme und eine hohe Kappe waren gesondert eingesetzt und bestanden aus anderem Material. Höhe: 25 cm

Ugarit, der auf einer Strecke von 100 Metern untersucht wurde. Die Kanaldecke aus vorkragenden Platten hatte der Zeit ebenso standgehalten wie die steinernen Leitungen für die Abwässer unter den Grundfesten der anliegenden Häuser. Nach mehr als 3000 Jahren erschienen die Entwässerungsanlagen von Ugarit noch voll funktionsfähig. Mit seinen Lüftungsschächten und Öffnungen für Reinigungsarbeiten unterschied sich der Kanal kaum von einem modernen.

An der rechten Seite des Palastportals kam neben dem Wachlokal die Ruine eines gewaltigen Turmes ans Licht, dessen Wände stellenweise sechs Meter hoch stehen blieben. Sein Erdgeschoß enthielt mehrere weite Räume und eine Treppe, die einstmals zum Obergeschoß führte. Wahrscheinlich glich der Königssitz mit seiner turmbewehrten Fassade und den fensterlosen, durch Basteien verstärkten Außenmauern aus Bossenquadern mehr einer Burg als einem Palast.

Hinter dem Turm wurde ein quadratischer Innenhof von 15 Meter Seitenlänge aufgedeckt. Ein Säulenportal an seiner Südflanke führte vermutlich in die Empfangshallen der Herrscher von Ugarit. Unter einer vier Meter dicken Schicht aus Asche, Erde und Schutt kam das tadellos erhaltene Pflaster aus großen Platten ans Licht und ein sorgfältig aufgemauerter Brunnen mit schönem monolithischem Rand. In seinem Grund schimmerte in elf Meter Tiefe klares Wasser. Nachdem eine Anzahl Tonkrüge und ein Bronzekessel herausgefischt worden waren, wurde das Wasser geprüft und für so sauber befunden, daß die Arbeiter auf dem Tell ihren Durst aus diesem uralten Brunnen löschen konnten.

Die Ausgrabungen im Nord- und Ostsektor der Residenz brachten einen zweiten rechteckigen Innenhof mit einem Portikus an seinem Ostende zutage, der 20 Meter lang und mit einer Art Zementboden versehen ist. Unter zwei Räumen an der Nordmauer des Palastes wurden drei Königsgräber entdeckt, ein elf Meter langer Komplex aus schweren Blöcken und großen Platten. Die Gräber waren total geplündert und stark beschädigt.

Am 1. Dezember, dem letzten Ausgrabungstag dieser Kampagne,

gab es am Nachmittag einen ebenso aufregenden wie rätselhaften und einzigartigen Fund: einen linsenförmigen schwärzlichen Siegelstein von fünf Zentimeter Durchmesser. Keilschriftzeichen sind darauf in zwei konzentrischen Kreisen um eine Art Wappen aus vier hethitischen Hieroglyphen unter einer geflügelten Sonnenscheibe eingraviert. *(Fig. 29)* Die Entzifferung der Inschrift zeitigte ein unerwartetes Ergebnis. Der Siegelstein, der ursprünglich sicher kostbar gefaßt war, gehörte Murşili II. (1333–1305 v. u. Z.). »Großkönig des Landes, der Stadt Hatti, geliebt vom Gotte Teshub…«, wie darauf zu lesen steht.

Man hatte in Ugarit das bis jetzt einzige Original eines hethi-

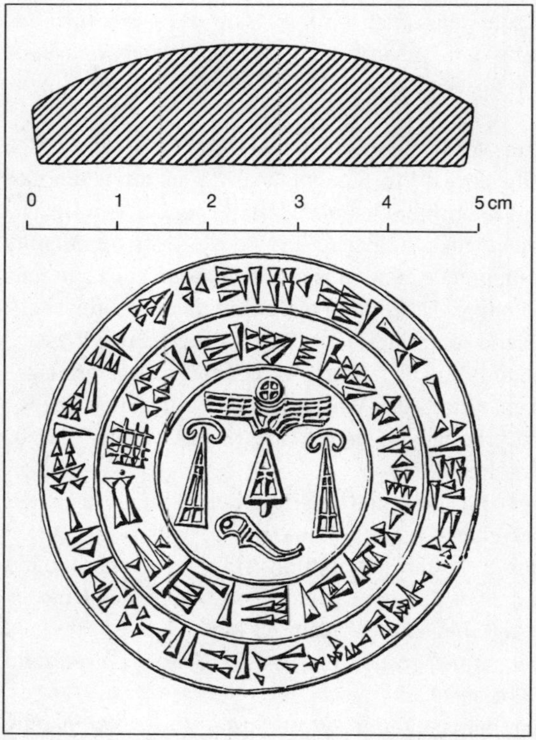

Fig. 29
Siegelstein des Hethiter-Königs Murşili II.

tischen Königssiegels gefunden! In Hattuşa in Kleinasien, dem Sitz der mächtigen Herrscher des Reiches von Hatti, wurden trotz langjähriger Ausgrabungen nur Abdrücke von Königssiegeln gefunden. Ugarit stand lange in einem Vasallenverhältnis zu den hethitischen Königen, deren Bevollmächtigte sicher oft in diplomatischer Mission in der Hafenstadt erschienen. Vermutlich waren sie mit Exemplaren des Königssiegels ausgestattet, dessen Abdruck unter Verträgen unerläßlich war. Von einem Besuch des Murşili in Ugarit meldet die Chronik nichts. Wieso das kostbare Stück in die Aschenschicht des zerstörten Palastes gelangte, bleibt ein Geheimnis.

GLANZ UND UNTERGANG EINER KÖNIGSSTADT

Die Ausgrabung des Palastes beleuchtet die letzte Phase von Ugarit

Die Freilegung des Königspalastes von Ugarit blieb für fünf Jahre die Hauptaufgabe der französischen Mission am Minet el-Beida. Sie erhellte nicht nur die letzten Kapitel der Geschichte des Stadtstaates, sondern auch einen bis dahin wenig bekannten Abschnitt der levantinischen Historie in der Spätbronzezeit. Aus der Fülle von Schriftzeugnissen im Palast, seiner perfekten Architektur, den Hinweisen auf den Komfort und Luxus, die dort einmal herrschten, entstand ein farbenprächtiges Bild des Lebens in der Hafenstadt im 14. und 13. Jahrhundert v. u. Z., ihrer international ausgerichteten Hochkultur und bunt gemischten Bevölkerung. Die vielen hundert Dokumente aus den königlichen Archiven und Kanzleien erzählten Wesentliches über die soziale, juridische und wirtschaftliche Struktur des Königtums, seine Außenpolitik und die zentrale Rolle der ugaritischen Dynastie, deren Mitglieder Gestalt und Stimme gewannen.

Ribb-Adda, Prinz von Byblos, übertrieb sicher nicht, als er in seinem Brief an Amenophis IV. den Palast von Ugarit rühmte. Die bewunderte Residenz hatte sich im Laufe der Jahrhunderte aus einem stattlichen Herrenhaus zu einem Komplex aus rund 100 Räumen und Sälen, fünf großen und vier kleinen Höfen, einem Garten und einem mächtigen Turm entwickelt. Der Steinbau des Erdgeschosses trug einen Oberstock aus Lehmziegeln, dessen Existenz nur mehr zwölf Treppenaufgänge bezeugen. Die gesamte Anlage bedeckte eine Fläche von mindestens 10 000 Quadratmetern. Ebenerdig befanden sich die Repräsentationshallen, die Archive, Kanzleien, Magazine und Unterkünfte für die Wachen und das Personal. Oben gab es vermutlich die Wohnräume der königlichen Familie. *(Fig. 30)*

An manchen Stellen ragen die Wände des Palastes noch vier

Meter hoch empor. Die Hauptmauern wurden aus festgefügten Hausteinen in regelmäßigen Reihen geschichtet. Stellenweise gibt es breite Spalten, in die einstmals Holzbalken eingelegt waren, um die Wände elastischer und damit beständiger gegen die häufigen Erdbeben zu machen. Der große Brand, dem die Residenz zum Opfer fiel, zerstörte auch diese Einlagen.

Die Plötzlichkeit der Katastrophe, die den Königssitz und die Stadt vernichtete, wurde im Verlauf der Ausgrabungen immer deutlicher. Die verstreuten Bronzegriffel der Schreiber und die teilweise noch gebündelten Tontafeln, die aus den verbrannten Regalen herabgefallen waren, die Pfeilspitzen und zahllosen Schuppen von Bronzepanzern auf den Fluren, die vielleicht heftige Kämpfe verraten, die Holzkohlenasche im Herd im Zentrum des Osthofes, den niemand mehr geleert hatte, dies alles bezeugte totale Überraschung. Im weiten Südhof, dessen Mittelpunkt ein Wasserbassin von 20 Zentimeter Tiefe mit gestuftem Zierrand bildet, wurde ein Töpferofen freigelegt. Er war noch mit gestapelten Tontafeln gefüllt. Ein Teil war erst halb gebrannt und dadurch unleserlich. Rund fünf Dutzend aber waren hart gebacken und heil oder nur leicht beschädigt.

Die ugaritischen Texte waren in alphabetischer Keilschrift verfaßt. Neben Listen von Orten, Personen, Körperschaften, Warenlieferungen, Opfertieren für verschiedene Gottheiten und Wirtschaftsberichten, wie einer Aufstellung des Ertrages von Salinen, die einen normalen Zustand des Lebens in Ugarit spiegeln, gab es Briefe. Einige sind an den König gerichtet. Nur zwei vermitteln den Eindruck drohenden Unheils. Das Schreiben eines Mannes an den Herrscher, der sich als »Wächter über dessen Leben« bezeichnet, der seine Pflicht tun werde, und ihm rät, 150 Schiffe auszurüsten, deutet auf eine gefährliche Lage. Einen dringenden Hilferuf an König Hammurapi enthält die ugaritische Übersetzung eines Briefes des letzten Hethiter-Herrschers Schuppiluliuma, in dem von einer Hungersnot und einem feindlichen Einfall die Rede ist.

Zu diesem Zeitpunkt, um den Beginn des 12. Jahrhunderts v. u. Z., wurde die ostmittelmeerische Welt durch die große Wanderbewegung der sogenannten Seevölker in ihren Grundfesten erschüttert. Ihr Ausgangspunkt war möglicherweise Mittel- und Osteuropa, ihre Ursache könnte in einer Klimaänderung gelegen haben. Auf

Fig. 30 Grundriß des Königspalastes mit Abfolge der Bauphasen und Angabe der Archive. 1: Westarchive; 2: Zentralarchive; 3: Restbestände eines Archivs; 4: Südarchive; 5: Südwestarchive; 6: Ostarchive

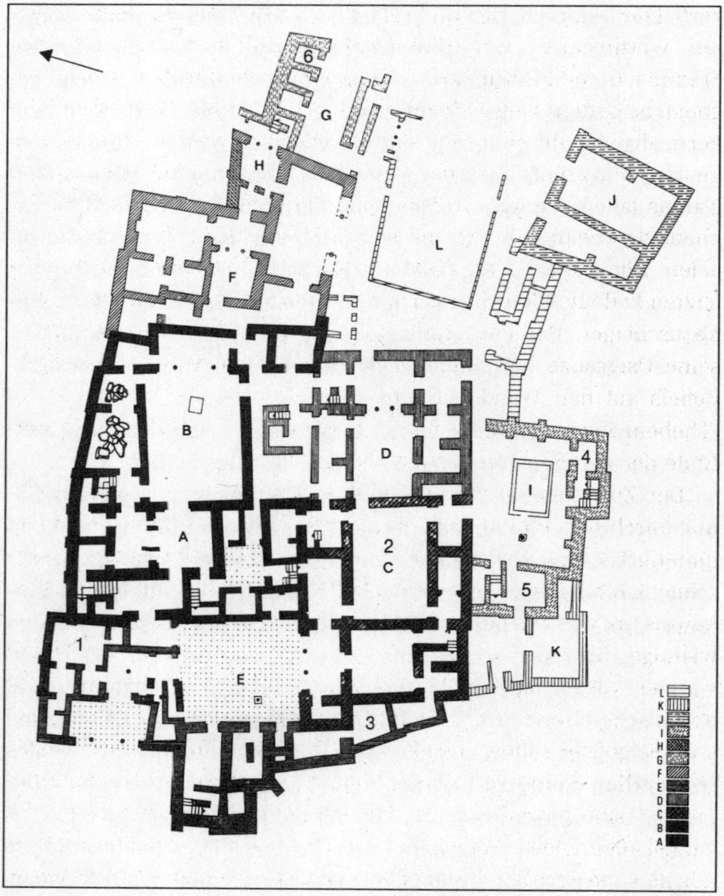

ihrem Weg in südliche und östliche Richtung hinterließen die Seevölker zerstörte Städte und Königreiche und setzten eine Lawine entwurzelter Völkerschaften auf dem Festland und den Inseln des Mittelmeerraumes in Bewegung. Von Mykene, dessen Burg erobert wurde, über Troja bis Hattuşa, Zypern und zur Levante erlagen die Länder und ihre Kapitalen diesem Ansturm, der zu Land wie zur See erfolgte. Das Imperium der Hethiter mit seinen Vasallenstaaten zerfiel für immer, Syrien und Palästina wurden besetzt, selbst Ägypten wurde aus zwei Himmelsrichtungen bedrängt. Libysche Stämme, deren Einbrüche den Pharaonen schon früher zu schaffen gemacht hatten, verbündeten sich mit den »nördlichen Fremdvölkern, die auf ihren Inseln sind«, melden ägyptische Inschriften. Teukrer und Philister werden unter diesen genannt und noch andere Namen fallen, die auf sardische und korsische Söldner deuten. Die ebenfalls erwähnten Turscha waren vielleicht Etrusker aus Kleinasien. Alle diese Völker rückten zum Nil-Tal vor. Ramses III., dem letzten bedeutenden Herrscher Ägyptens, gelang es, diesen Angriff abzuschlagen. Danach konnte er die Hauptmasse der Seevölker, die seine Ostgrenze bedrohten, in einer blutigen Schlacht besiegen. Reliefs auf den Wänden seines Totentempels von Medinet Habu (Theben) zeigen dramatische Szenen aus diesen Kämpfen, die das Ende der »großen Wanderung« herbeiführten.

Der Zusammenbruch des Hethiter-Reiches wurde sicher nicht nur durch den Einfall der Seevölker verursacht. Eine Hungersnot und durch diese hervorgerufene soziale Unruhen hatten wahrscheinlich bereits zuvor dessen Macht und die Stellung des Königshauses ins Wanken gebracht. Die Palastarchive von Ugarit lieferten wichtige Hinweise auf diese Entwicklung. Hammurapi von Ugarit war als Vasall des Großkönigs Schuppiluliuma verpflichtet, dem hethitischen Herrscher zu Hilfe zu kommen. Dies hatte verhängnisvolle Folgen für seinen eigenen Staat. In einem seiner letzten Schreiben an den König von Alašia (Zypern) heißt es: »Die Schiffe des Feindes sind gekommen. Er hat meine Städte verbrannt und viel Unheil angerichtet. Weiß denn mein Vater nicht, daß meine Truppen alle im Land der Hatti festgehalten werden, daß meine Schiffe alle in

Lykien aufgehalten werden? Wenn wieder Schiffe aufkreuzen, teile es mir auf irgendeine Weise mit, damit ich es weiß.«

Das Ende von Ugarit kam vermutlich nicht lange nach diesem Brief. Einer der größten und schönsten Paläste des Vorderen Orients ging zusammen mit der reichen, dichtbevölkerten Hafenmetropole in Flammen auf. Die Plünderung der Residenz war so gründlich, die Gewalt des Brandes so verheerend, daß kaum etwas von ihrer prachtvollen Einrichtung erhalten blieb. Doch einige Funde, die den Ausgräbern trotzdem beschieden waren, geben noch eine Ahnung von dem Prunk, der dort einmal herrschte.

Bei der Ausgrabung eines freien Raumes von 23 Meter Länge und 14 Meter Breite im Ostsektor der Palastanlage, der sich als ein niedrig ummauerter Garten, umgeben von einem breiten Gang, entpuppte, kamen im Jahr 1952 Fragmente kostbarer Möbel unter gestürzten Blöcken zutage. Elfenbeinplatten, die zu einem fürstlichen Bett gehört hatten, bildeten den Höhepunkt dieser Funde. Acht Plaketten mit feingeschnitzten Reliefs, die einmal ein Paneel geformt hatten, lagen in zahllosen Stückchen im Grund.

Dieser Schatz konnte aber nicht sofort gehoben werden. Das mürbe, feuchte Elfenbein drohte an der Luft gänzlich zu zerfallen und mußte erst mit Nylon bedeckt und unter einer dünnen Erdschicht getrocknet werden. Am nächsten Tag wurde ein Spezialist geholt, der die Plaketten mit feinem Musselin, der mit einer rasch härtenden Lotion getränkt war, bedeckte und darüber eine Lage Gips anbrachte. Dann konnten sie geborgen und in das Laboratorium des Museums von Damaskus transportiert werden. Dort begann sogleich die mühevolle Arbeit der Zusammensetzung eines Puzzles, das aus etwa 30 000 Teilchen bestand. Keine der Plaketten konnte lückenlos wiederhergestellt werden; doch das Gesamtresultat der Restaurierung war befriedigend.

Zur großen Überraschung der Entdecker hatten sich die acht 50 Zentimeter hohen und einen Meter langen Plaketten als doppelseitig erwiesen. Weitere acht Tafeln waren Rücken an Rücken mit Elfenbeinstiften an die zuerst gesichteten geheftet. Das Zentrum des inneren Paneels nahm die monumentale Gestalt einer Göttin mit

Doppelflügeln ein. *(Abb. 34)* Eine runde Scheibe mit Sternen- und Blitzsymbolen, gerahmt von zwei Hörnern, krönt das majestätische Haupt. Zwei schwere, unten eingedrehte Locken flankieren das Antlitz mit den langen Mandelaugen. Die Göttin, die Züge der ägyptischen Hathor mit syrischen vereint, personifizierte wohl die Anat oder die Asherat des ugaritischen Pantheons. Ihre Hände umfassen zwei kleine, knabenhafte Figuren, die an ihren Brüsten trinken. Der von einer Göttin gestillte Herrscher war ein ägyptisches Motiv, ein Sinnbild der Adoption eines Irdischen durch eine mütterliche Gottheit, das bis in die Antike gültig blieb.

Ägyptische Vorbilder verraten auch die Szenen auf den einzelnen Paneelen, die Kleidung und die Haartracht der dargestellten Personen. Ein Jagdbild zeigt den ugaritischen König als Löwenbezwinger. Er trägt einen Turban, bekrönt mit einer Uräusschlange, dem Herrschaftssymbol der Pharaonen. An die Amarna-Kunst aus der Zeit des Echnaton erinnert eine Liebesszene des königlichen Paares. *(Abb. 35)* Ein besonders fein gearbeitetes Relief zeigt den Herrscher als siegreichen Kriegsherrn. *(Abb. 36)* Ein überwältigter Feind liegt halb erhoben, um Gnade flehend vor ihm. Der König hat ihn am Schopf gepackt und bedroht ihn mit gezücktem Schwert.

Professor Schaeffer hielt das Ruhebett trotz seines ägyptischen Stils für eine Arbeit einheimischer Künstler. In der Nähe des Bettes wurden auch der Fuß eines runden Tischchens aus massivem Elfenbein und die Verzierung seiner Platte mit Elfenbeinintarsien ausgegraben. Deren ursprüngliche Anordnung ließ sich auf einer neuen Unterlage rekonstruieren. Die feinen Plättchen mit eingravierten Blumen, Vögeln und Fabeltieren bilden ein Muster aus konzentrischen Kreisen.

Der wichtigste Fund am gleichen Ort aber war ein fast lebensgroßes Haupt aus Elfenbein mit hoher Haube, die wahrscheinlich ursprünglich mit Goldblech überzogen war. *(Abb. 37)* Von den Einlagen aus Edelmetall, die das Antlitz einmal belebten, sind nur die Stirnlöckchen aus Silber und Gold erhalten. Inkrustiert waren auch die tief eingeschnittenen breiten Brauen und zwei Einkerbungen entlang der Wangen. Aus den schwarz umrandeten Augenhöhlen leuchteten

Pupillen aus blauem Lapislazuli auf weißem Grund, die Lider waren mit Kupfer inkrustiert. Es ist umstritten, ob das Bildnis einen König oder eine Königin darstellt. Schaeffer hielt es für weiblich. *(Abb. 38)*

Neben dem eindrucksvollen Haupt gehört das Figürchen einer Tamburinspielerin von bezaubernder Anmut zu den schönsten der wiedergefundenen Werke ugaritischer Elfenbeinschnitzerei. Schaeffer sah in ihr Anat, die im Baal-Epos einmal für ihren Geliebten musiziert. *(Taf. 35)*

Die nackte Ruine der zerstörten, geplünderten Residenz macht ihren einstigen Glanz schwer vorstellbar. Doch ein Text aus dem Palast bewahrt noch einen Widerschein des Prunkes, mit dem die Mitglieder der Königsfamilie auftraten. 43 Zeilen lang wird in ihm die Mitgift der Königin Achat-Milku aufgezählt. Ein Siegelabdruck mit dem Namen des Königs Du-Teshub von Amurru läßt annehmen, daß die Braut seine Tochter war, die dem Herrscher von Ugarit vermählt wurde. Ihr Schmuck – Armbänder, Ringe, Halsketten, Diademe, Gürtel – bestand aus zwölf Kilogramm Gold und neun Kilogramm Silber. Ihre Gewänder, die in Gruppen von mindestens 40 Stück erscheinen, entsprachen zur Hälfte der hurritischen, zur anderen der ugaritischen Mode, wie vermerkt wird. Die Liste der Möbel umfaßt Lehnstühle, Sessel und Taburette mit Einlagen aus Gold und Lapislazuli, drei mit Elfenbein intarsierte Ruhebetten und Fußschemel. Das Gewicht der zahlreichen Bronzegeräte ihrer Ausstattung betrug 350 Kilogramm. Abschließend werden sechs bemalte Parfumbehälter, 20 Puderdosen und vier elfenbeinerne Salzfässer genannt und festgestellt, die Liste enthalte 53 Kategorien von Gütern.

1955 wurde die Ausgrabung des Palastes beendet, in deren Verlauf auch dessen verschiedene Bauphasen sichtbar wurden. Die ersten Zufügungen an seinen Kern, der nicht mehr war als ein solide konstruiertes Herrenhaus von 30 Metern Länge und 15 Metern Breite mit einem kleinen Innenhof und einem Oberstock, erfolgten an seiner Ostseite. Damals entstand der große Hof mit dem Herd im Zentrum, der Säulenhalle, drei Seitenräumen am Ostende und zwei Sälen an der Nordflanke. Unter diesen wurden die Gräber angelegt.

Danach folgte ein weitläufiger Südflügel mit noch einem Innenhof, einer Halle mit Vestibül und Portikus an der Westseite und umliegenden Räumen. Später wurde an der Ostseite noch ein Hof angefügt, der den Mittelpunkt eines Komplexes von Kammern und Sälen bildete.

Die große Zahl juristischer Akten in akkadischer Sprache aus diesem Trakt legt nahe, daß sich dort ein Notariat befand. Doch entdeckte man auch einen interessanten Briefwechsel zwischen den Königen von Karkemisch, einer bedeutenden Handelsstadt am rechten Euphrat-Ufer unter hethitischer Oberherrschaft, und den Königen von Ugarit und Hattuşa. Das Verzeichnis des Brautschatzes der Königin Achat-Milku stammt ebenfalls aus diesem Bereich. Unter verschiedenen Schreiben in ugaritischer Sprache kam auch ein sehr persönlicher Brief voll liebevoller Besorgnis zutage, den der König an seine Mutter gerichtet hatte.

Der befestigte Frontteil des Palastes mit dem Turm, dem Haupteingang, dem Westarchiv und dem quadratischen Hof mit dem Brunnen stellte die fünfte Bauphase dar. Offenbar wurden die Zeiten damals unsicherer. Danach erweiterte man den Südflügel mit verschiedenen Hallen und Kammern und schuf den Hof mit dem Zierbassin. An dessen rechter Flanke entdeckten die Ausgräber das Südarchiv in zwei kleinen Räumen mit einer Treppe zum Oberstock. Die akkadischen Texte internationalen Charakters – politische, wirtschaftliche und juristische Dokumente aus diesen Kanzleien – erhellten einen zuvor unbekannten Abschnitt der Geschichte des Nahen Ostens. *(Abb. 39)*

In der letzten Periode der Residenz wurde diese durch den Garten verschönt, dessen feine Pflanzenerde noch deutlich zu unterscheiden war. Ein Teil der umliegenden Räume gehörte vielleicht zur Privatwohnung der königlichen Familie. Andere waren Magazine, in denen noch zahlreiche Vorratsgefäße standen. Drei Kammern am Ostende des Palastes enthielten das Ostarchiv mit Schriftstücken in ugaritischer, akkadisch-babylonischer und hurritischer Sprache. Es gab Briefe, Verträge, Schenkungsurkunden, Wirtschaftsberichte, Inventare. Interessant waren auch Listen mit Waffen und Angaben zu

Kaufpreisen, unter denen Schuppenpanzer für Männer und Pferde und Streitwagen vorkommen. Aus deren Beschreibung geht hervor, daß die königlichen Streitwagen mit Gold inkrustiert waren. Der Herrscher von Ugarit verfügte über riesige Pferdeherden. Aus dem Brief eines Züchters erfährt man von der Lieferung von 2000 Pferden. 90 Listen von Gilden aus dem Palast vermitteln eine Vorstellung von der großen Zahl von Gewerben, Berufen und Handwerken, die in der Stadt ausgeübt wurden. Die vielen Ortsnamen aus den Schriftstücken illustrieren die dichte Besiedlung des Königreiches.

Die Ausgräber legten auch zwei Nebenausgänge an der Nord- und der Südwestseite des Palastes frei und ein raffiniertes System von Wasserleitungen und Abflußkanälen. Für die Füllung des Zierbassins mit frischem Wasser war ebensogut gesorgt wie für die Entleerung der Toiletten. Die hygienischen Einrichtungen der Residenz waren unvergleichlich besser als zum Beispiel jene des Schlosses von Versailles unter dem Sonnenkönig Ludwig XIV.!

Einstmals war die königliche Residenz von Ugarit das vorbildlich funktionierende politische und wirtschaftliche Zentrum des kosmopolitischen Küstenstaates, dessen Größe in keinem Verhältnis zu der bedeutenden Position stand, die er im ökonomischen Netzwerk Vorderasiens besetzte. J. Nougayrol schätzte das Königtum in der Epoche seiner maximalen Ausdehnung auf einen Küstenstreifen von etwa 60 Kilometer Länge und ebensoviel Tiefe. Die Berechnungen anderer Gelehrter reichen von über 5000 Quadratkilometern bis zu lediglich 2000 Quadratkilometern. Dies entspräche ungefähr dem heutigen Distrikt von Latakia und vielleicht dem Endstadium des Stadtstaates, dessen Größe im Gefolge politischer Entwicklungen mehrmals wechselte. Nach den Maßstäben seiner Zeit war der ugaritische ein mittelgroßer Staat. Seine Handelsverbindungen allerdings umfaßten einen beträchtlichen Teil der vorderasiatischen und ostmittelmeerischen Welt des zweiten vorchristlichen Jahrtausends.

DER SÜDPALAST UND DAS WOHNVIERTEL DER ELITE

Die Suez-Krise unterbricht die Arbeit auf dem Ras Schamra

Die Freilegung der Ruinen des Königspalastes und seiner Archive fand ein weitreichendes internationales Echo in den Kreisen der Altertumsforscher. Die Anfragen archäologischer Institute, deren Mitarbeiter an den Grabungen auf dem Ras Schamra teilzunehmen wünschten, mehrten sich. Professor Schaeffer nahm dann auch vielfach ausländische Archäologen in sein Team auf, das zeitweise 15 Personen umfaßte. Die Existenzbedingungen am Minet el-Beida hatten sich inzwischen wesentlich geändert. Die Straße von Latakia zum Weißen Hafen war verbessert worden, Lastwagen und Autobusse ersetzten allmählich die Kamelkarawanen, die Transporte zu Esel und Pferd der Anfangszeit. Die vier Häuser der Mission erhielten elektrischen Strom und damit auch Kühlschränke, eine wesentliche Verbesserung der Versorgung mit Lebensmitteln. Zuvor mußte täglich eine Ladung Eisblöcke aus Latakia geholt werden, von der meistens die Hälfte bei der Ankunft geschmolzen war.

Gesondert von der Freilegung der Residenz fanden mehrere Tiefgrabungen statt, die bis in die ältesten Wohnschichten des Tells hinabgetrieben wurden. Die Grabungen an der Westseite der Akropolis und unter dem Garten innerhalb des Palastes zeigten, daß sich die frühneolithische vorkeramische Siedlung über die gesamte Oberfläche des damals noch ganz niedrigen Hügels erstreckte, der ursprünglich mit Kiefern bestanden war. Allerdings bildeten die Häuser kein Dorf, sondern standen einzeln zwischen den Äckern. Man baute Weizen, Gerste, Linsen, eine Erbsensorte und Flachs an und sammelte Wildfrüchte wie Mandeln, Pistazien, Feigen, Kornelkirschen, Oliven. Jagd auf den umliegenden Hügeln sowie Küstenfischerei trugen noch bedeutend zur Ernährung bei. Erst gegen 6000 v. u. Z. begannen die Siedler Vieh zu züchten. Die Reste von Thunfischen und Haien bezeugen seit dieser Zeit Hochseefischerei.

Ab 1953 hatte Claude Schaeffer auch mit der Erforschung des im Osten des Palastes gelegenen Stadtviertels der Oberschicht von Ugarit begonnen. Ihre monumentalen, gut ausgestatteten Häuser mit den zahlreichen Räumen, unterirdischen Familiengrüften und Obergeschossen waren dem Palast bautechnisch beinahe ebenbürtig. Drei parallel laufende Straßen von vier bis fünf Meter Breite durchschnitten das Quartier in ungefähr nordsüdlicher Richtung. Jedes Gebäude lieferte wichtige Funde. Das als erstes freigelegte gehörte vielleicht einem Händler von Bronzewaffen und -geräten. Im Hof kam ein Depot mit neuen Waffen und einem Dreizack ans Licht. Das interessanteste Stück ist ein langes Schwert vorderasiatischer Art, das anscheinend für den Pharao Merneptah (1234–1224 oder 1224–1204 v. u. Z.) bestimmt war, dessen Kartusche unter dem Heftzapfen eingraviert wurde.

Das angrenzende Haus, dessen Inhaber als der »Gelehrte« in die archäologischen Publikationen eingegangen ist, da sein Name unbekannt blieb, barg die Bibliothek eines Hochgebildeten, der vor allem altmesopotamische Literatur studierte. Man entdeckte mehrsprachige Wörterbücher, lexikalische Werke und zweisprachige Texte auf akkadisch und sumerisch. Darunter gibt es auch eine Abhandlung über die »Kunst des Schreibens« und Tontafeln mit magischen Formeln und Rezepten zur Bestreitung von Unglück und Krankheiten. Ein akkadischer Text beschreibt ein Ritual zur Erleichterung der Wehen einer gebärenden Frau.

Das nächste Gebäude gehörte einer Persönlichkeit namens Rašapabu, die eine wichtige Rolle im Wirtschaftsleben des Stadtstaates spielte. Wie die meisten Mitglieder der Oberschicht von Ugarit konnte er lesen und schreiben und besaß ein Archiv, in dem hauptsächlich ökonomische und juristische Dokumente aufbewahrt wurden. Es fanden sich darin Berichte über geschäftliche Transaktionen, Warenlieferungen, Listen von Schuldnern, die nicht in Ugarit wohnten. Juristische Texte in akkadischer Sprache handeln von einer Erbschaft seiner Gattin Piddaya und ihren Bedingungen. Die Freilassung eines Sklaven wird vor Zeugen bestätigt mit einer merkwürdigen Formulierung. Sein Herr erklärt ihn für »pur wie die Sonne«. Pur war offenbar das Synonym für frei.

1954 kam es anläßlich der Ausgrabung des Südflügels der königlichen Residenz zur Entdeckung eines zweiten Palastes, der durch einen Platz mäßiger Größe von ihm getrennt war. Obwohl er sich mit 1600 Quadratmetern Bodenfläche als viel kleiner erwies, entsprach seine Architektur mit den starken Mauern aus bossierten, das heißt außen kantig zugeschlagenen Quadern sowohl außen wie innen durchaus jener des Hauptpalastes. Ohne Zweifel wurde er von einem Würdenträger, vielleicht einem Mitglied der Königsfamilie, bewohnt, der wichtige Funktionen erfüllte.

Dieser »Südpalast«, wie er von den Ausgräbern genannt wurde, enthält mehrere weite Säle neben vielen kleineren Räumen, einen gepflasterten Hof und drei Portale mit den üblichen Säulenbasen aus Stein. Auf einer gab es noch Spuren verkohlten Holzes, ein Beweis für die Verwendung von Säulen aus diesem Material. Fürstlich wirken auch zwei ungewöhnlich große Grüfte mit Zugangstreppen aus schönen Hausteinen, die durch Bleikrampen miteinander verbunden wurden. In einem Grabkeller hatten noch 30 Alabastergefäße und kleine Goldsachen die Jahrtausende überdauert. Eine Vase wird durch die Kartusche Ramses' II. als ein Geschenk dieses Pharaos gekennzeichnet. Brunnen und Tröge dienten der Wasserversorgung. Der Toilettenraum besaß eine vorbildliche Kanalisation, die durch die Außenmauer zu einer gedeckten Senkgrube führte. Zwei Hallen bargen das reiche Archiv. Die Dokumente in akkadischer und ugaritischer Sprache bezogen sich zu einem beträchtlichen Teil auf den Seehandel mit Zypern, den levantinischen Küstenstädten und Ägypten. Auf einer Tafel werden sieben Handelsschiffe und die Namen ihrer Kapitäne genannt. Andere enthalten lange Listen von Waren, die von verschiedenen Städten eingeführt oder auch dorthin exportiert wurden. Diese zahlreichen Wirtschaftstexte lassen den Südpalast als eine Zentrale vor allem des Seehandels erscheinen. Ein besonderer Fund waren die Fragmente zweier Tafeln mit zyprominoischer Schrift, deren Entzifferung noch aussteht.

Die Herbstkampagne des Jahres 1956 begann mit einer der wichtigsten Entdeckungen in der langen Ausgrabungsgeschichte von Ugarit: der Freilegung des größten und am besten gebauten Hauses im Nobelviertel von Ugarit. Seine 34 Räume, zu denen auch ein Badezimmer und Innenhöfe gehörten, erstreckten sich über 800 Quadratmeter. Verschiedene Treppen führten in den einstigen Oberstock. Der Besitzer dieses imposanten Gebäudes, zweifellos eine Persönlichkeit von hohem Rang, die unmittelbar an den Staatsgeschäften beteiligt war, nannte sich Ra' panu. Er hinterließ ein Archiv und eine Bibliothek mit über 200 Tafeln mit Texten in akkadischer Sprache. Diese Dokumente aus den rund 50 letzten Jahren von Ugarit trugen wesentlich zur Kenntnis der innen- wie außenpolitischen Verhältnisse jener Periode, der Beziehungen des Königshauses, des hohen Bildungsstandes und auch des Weltbildes der städtischen Oberschicht bei.

Neben 81 Briefen kamen juristische, ökonomische, religiöse und literarische Texte zutage. Zu den enzyklopädischen Werken gehört ein viersprachiges Wörterbuch mit sumerischen, akkadischen, hurritischen und ugaritischen Vokabeln. Ein solches Nachschlagewerk würde man in einer modernen Bibliothek vergeblich suchen! Zur Zeit von Ugarit gab es vermutlich auch nicht viele Metropolen, deren Schreiber fünf verschiedene Schriften beherrschten: die hieroglyphisch-hethitische, die babylonische Keilschrift, die ägyptischen Hieroglyphen, die zyprominoische Linearschrift und das einheimische Alphabet! Die größte Tafel aus dem Archiv des Ra' panu mit 500 Zeilen in acht Spalten erwies sich als Teil eines Lexikons mit Namen von Vögeln, Pflanzen, Fischen, Metallen, Stoffen, Kleidern usw.

Im Oktober 1956 erhielt der Ras Schamra den Besuch von mehr als 20 Archäologen unterschiedlicher Nationalität, die als Vertreter der UNESCO erschienen. Bei dem festlichen Lunch nach der Besichtigung der Ausgrabungen herrschte Hochstimmung, die am Nachmittag in der Setzung eines Steins auf dem Tell gipfelte. Er sollte das erste Bauelement eines künftigen Ugarit-Museums sein; leider blieb er der einzige. *(Taf. 36)*

14 Tage später brach die Suez-Krise aus. Ein Abgesandter der Generaldirektion der syrischen Altertümer erschien aus Damaskus und teilte den Archäologen mit, daß sie »im Interesse ihrer eigenen Sicherheit« das Land innerhalb von 24 Stunden verlassen müßten. Dies war ein schwerer Schlag für Professor Schaeffer und seine Mitarbeiter, die gerade einer weiteren Bibliothek auf die Spur gekommen waren. Die Bergung der Tafeln war noch im Gange. Die Fundstätte wurde vorsichtshalber zugeschüttet, eine Maßnahme, die sich als unzureichend erweisen sollte. Begleitet von zwei Gendarmen wurde die französische Mission dann zur Grenze eskortiert.

Die unfreiwillige Forschungspause sollte wesentlich länger dauern, als Schaeffer angenommen hatte. Den bei den Ausgrabungen auf dem Tell beschäftigten Arbeitern wurde mitgeteilt, die Franzosen würden nie mehr zurückkehren. Dies war ein zusätzlicher Anreiz, um den aufgefüllten Graben heimlich wieder zu öffnen, die restlichen Tontafeln herauszuholen und auf dem Schwarzmarkt zu verkaufen. Dank der Detektivarbeit Claude Schaeffers sollten diese Dokumente trotzdem der Wissenschaft nicht verlorengehen. Viel später beichtete ihm der ehemalige Vorarbeiter bei den Ausgrabungen auf dem Totenbett den Diebstahl und machte genaue Angaben zu dem Mittelsmann, an den man die Tafeln verkauft hatte. Der Anfang des Weges war gefunden, der nach vielen Zwischenstationen vor einem Banksafe in der Schweiz endete. Die Tontafeln waren letztendlich vom kalifornischen Institute for Antiquity and Christianity in Claremont erworben worden. 1971 wurden sie dann als die »Claremont Ras Shamra tablets« vom päpstlichen Bibelinstitut publiziert.

DAS HAUS DES PRIESTER-MAGIERS UND DER VERLASSENE NORDPALAST

Die Übersiedlung der Mission nach Ibn Hani

1957 erhielt die französische archäologische Mission kein Visum für Syrien; doch im Herbst des nächsten Jahres konnte Claude Schaeffer, vorerst nur in Begleitung seiner Gattin, den Ras Schamra wieder besuchen. Die Erlaubnis zur Fortsetzung der Ausgrabungen in Zusammenarbeit mit drei syrischen Forschern wurde erneuert. Dies war ein außerordentlicher Vertrauensbeweis der Regierung, die mit der Anlage eines Marinehafens am Minet el-Beida begonnen hatte. 1959 wurde sogar der gesamten Mission die Einreise bewilligt. Ihre Mitglieder durften sich als einzige Zivilisten in der Nachbarschaft des Hafens aufhalten. In der See zu baden war allerdings verboten, und es war deutlich, daß dieser Ausnahmezustand nicht dauern konnte.

1960 wurde ein Ausweg in Form eines Tausches gefunden. Die syrische Militärbehörde übernahm die Häuser der französischen Mission mit der Verpflichtung, eine gleich große Station einige Kilometer weiter südlich des Weißen Hafens bei der Halbinsel Ibn Hani zu erbauen. Im September 1961 erfolgte die Übersiedlung an den Strand von Ibn Hani, an dem zur Freude der Archäologen kein Badeverbot mehr herrschte. Die Trennung von den alten Häusern im Schatten der Eukalyptusbäume in der unmittelbaren Nähe des Tells fiel nicht ganz leicht. Der holprige Weg zum Ras Schamra, der viermal täglich per Lastwagen oder Jeep zurückgelegt werden mußte, bedeutete eine zusätzliche Anstrengung. Für die späteren Ausgräber auf Ibn Hani war der neue Sitz der Expedition dann von Vorteil. Eukalyptusbäume wurden auch dort gepflanzt, die heute ebenso hoch aufragen wie die alten.

Der letzte Abschnitt der Ausgrabung des Ras Schamra unter der Leitung von Professor Schaeffer war noch von vielen wichtigen

Entdeckungen gekennzeichnet. 1959 wurde mit der Aushebung eines Grabens von rund 200 Metern Länge und 30 Metern Breite im südlichen Sektor des Tells begonnen. Ein weiterer Teil des Handwerkerviertels, ein Labyrinth von Gäßchen und dichtgedrängten Häusern und ein großer Platz kamen ans Licht. Werkstätten und Wohnungen wohlhabender Bürger und spezialisierter Handwerker mit den üblichen Grabkellern wurden freigelegt. Es gab zahllose Funde von Keramik, Alabaster- und Fayencegefäßen, Geräten, Werkzeugen, Waffen, Juwelen bis zu halbfertigen Stelen im Atelier eines Bildhauers *(Taf. 37)* und von Stempel- und Rollsiegeln aus der Werkstatt eines Steinschneiders. Ein Edelmetallschmied hatte einen Schatz in einem Versteck hinterlassen: Schmuckstücke aus Weißgold und Silber, eingeschmolzenes Gold, Silberbarren. In einer kleinen Nische in den Fundamenten seines Hauses kamen drei Götter- und ein Rinderfigürchen aus Bronze zutage, die ursprünglich in einem Leinentuch verpackt waren. Eine stellt den thronenden Göttervater El mit segnend erhobener Rechten dar. Seine vorgestreckte Linke hielt vielleicht einst ein Zepter oder einen Becher. *(Taf. 38)* Er trägt zwar die ägyptische Schilfbündelkrone, flankiert von zwei Straußenfedern, wie häufig auch Osiris, doch verraten Löcher über den Ohren, daß dieser Kopfputz durch ein Hörnerpaar, das typische Attribut vorderasiatischer Götter, ergänzt wurde. Auch sein Wulstmantel war eine rein syrische Tracht. Die 13,5 Zentimeter hohe Statuette war einst ganz mit Gold überzogen. Die überlangen Mandelaugen waren sicher eingelegt.

Die beiden anderen Figürchen, jugendliche, schreitende Gestalten mit erhobenen rechten Armen, die sicher eine Waffe schwangen, sind vermutlich Darstellungen des Wettergottes Baal. Ihre hohe, helmähnliche Kopfbedeckung imitiert die »Weiße Krone« Südägyptens. Sie sind nur mit einem verzierten Schurzrock bekleidet. Kopf und Hals waren ursprünglich mit Goldfolie bedeckt, der Körper wahrscheinlich mit einer Silberauflage, von der bei einer anderen Statuette aus Ugarit Spuren bemerkt wurden. *(Taf. 39)* Das bronzene Rinderfigürchen auf einer Platte mit Stift gehörte vielleicht zu einem Zepter.

1961 wurde ein weiterer großer Graben angelegt, der im Laufe von vier Kampagnen von der Mitte des Südabschnittes des Tells 145 Meter bis hinauf zur Akropolis vorgetrieben wurde und stellenweise eine Breite von etwa 50 Metern erreichte. Das freigelegte Quartier zeigte dasselbe Gewirr von Gäßchen – wie noch heute die alten orientalischen Städte – und zum Teil recht stattliche Häuser. Im südlichsten Teil gelang der seltene Fund eines ungeplünderten Grabes. In die Mauerspalte unter der mächtigen Deckplatte hatte man Bronzedolche gesteckt. Vielleicht eine Warnung für Grabräuber. Diese Gruft, deren lange Benutzung durch zahlreiche Skelette bezeugt wurde, enthielt eine Menge von zum Großteil unbeschädigten Gefäßen. Neben viel einheimischer Tonware kam auch solche mykenischen und zyprischen Ursprungs ans Licht sowie deren lokale Imitationen und schöne Vasen aus Fayence und Alabaster. Sicher ägyptischer Herkunft ist eine kleine Schale aus bläulicher Fayence mit Fischen, Wasserpflanzen und Blüten des Blauen Lotos. *(Taf. 40)*

Im Souterrain eines anderen Hauses gab es ebenfalls einen reichen Fund. Sein Besitzer hatte schöne Keramik, fünf Schalen und ein Rhyton, einen Dolch und Gewandnadeln aus Elektrum zusammen mit Stücken Silber und Gold in einem Krug verborgen.

Die bemerkenswertesten Entdeckungen aber lieferte ein Doppelbau im Nordteil des großen Grabens. Nach den Funden war er der Sitz eines Priester-Magiers, der auf die Eingeweideschau spezialisiert war, der altbabylonischen Praxis der Weissagung aus den Lebern und Lungen von Opfertieren, meistens Schafen. Etruskische Priester beherrschten sie noch in römischer Zeit. Eine Votivinschrift auf einem löwenköpfigen Becher, der dem »schützenden Gott Reshef« geweiht wurde, nennt vielleicht seinen Namen, Agaptarri, der hurritisch klingt. Die Gabe lag in einer mit Steinen abgegrenzten Kultecke des Nordbaus. *(Taf. 41)* In ihrer Nachbarschaft fand sich ein Rollsiegel aus dunklem Steatit mit der Darstellung eines Ringerpaares und zweier Priester, die einen stilisierten Baum festhalten. Neben dem Eingang des vollkommen ausgeplünderten Familiengrabes wurde eine große runde Steinplatte aufgedeckt, die der Niederlegung der Gaben für die Toten diente.

Die Freilegung des angrenzenden Südbaus erwies sich als wesentlich ergiebiger. Die Gruft darunter war zwar ausgeraubt, doch in einer durch ein Mäuerchen zweigeteilten Cella erwarteten die Ausgräber große Überraschungen. Dort wurden mit Sicherheit rituelle Handlungen ausgeführt. Eine Steinplatte mit einem Abflußloch diente vermutlich als Opferaltar, auf dem die Tiere getötet wurden, deren Eingeweide der Priester für die Divination brauchte. In einer Grube daneben lagen Leber- und Lungenmodelle aus Ton. *(Fig. 31)* Einige waren mit Einteilungen versehen und mit Angaben zur Bedeutung der einzelnen Teile beschriftet. Eine goldene *(Taf. 42)* und eine silberne Schale und ein bemalter Becher, der den Gott El mit einer Schale in der Hand zeigt, gehörten vermutlich zu den Kultrequisiten.

Im vorderen Teil der Cella stießen die Ausgräber auf eine der wertvollsten Bibliotheken aus Ugarit, die wesentlich zur Kenntnis der religiösen Literatur und der Glaubensvorstellungen der Ugariter beitrug. Die meisten der mythologischen, kultischen und liturgischen Texte waren in ugaritischer, nur zwei in akkadischer und einige in hurritischer Sprache abgefaßt. Auf einer Tafel wurden 50

Fig. 31 Lungenmodell aus dem Haus des Priester-Magiers

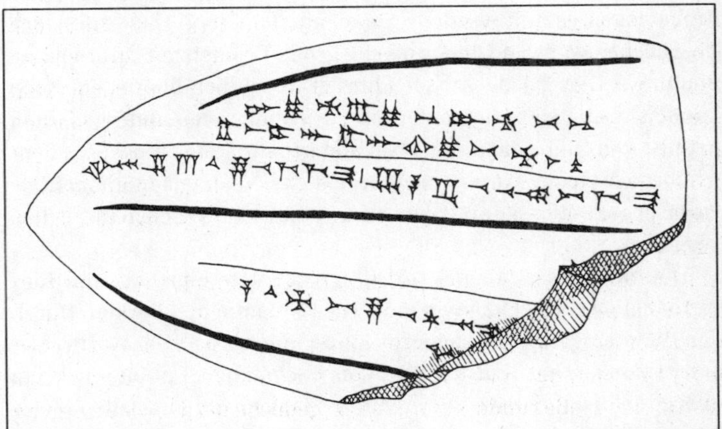

bis 60 Namen von Gottheiten aufgezählt. 30 waren noch lesbar, viele davon zuvor unbekannt, darunter auch hurritische. Von besonderem Interesse ist eine zweispaltige Königsliste. Auf der unbeschädigten rechten Seite stehen die Namen der vergöttlichten königlichen Ahnen. Ein Großteil der linken Spalte fehlt, auf der die Herrscher des 14. und 13. Jahrhunderts eingetragen waren. Nur die aus anderen Dokumenten bekannten Namen Ammischtamru und Niqmepa sind noch vorhanden. Zwei Täfelchen mit dem Alphabet weisen auf Schüler des Priesters.

Der Ostflügel des Südbaus erwies sich als fast völlig zerstört. Im besser erhaltenen Westflügel aber kam eine zweite Bibliothek zutage. Die hauptsächlich akkadischen Texte reichten von literarischen über magisch-medizinische bis zu astrologischen. Außerdem gab es eine Götterliste, Akten und Briefe.

Die beiden letzten Ausgrabungskampagnen unter Leitung von Claude Schaeffer, der 1970 Henri de Contenson, der seit 1955 zu seinen Mitarbeitern gehörte, zu seinem Nachfolger ernannte, brachten 1968 eine weitere bedeutende Entdeckung.

Im Norden des Königspalastes, nur durch eine Straße von ihm getrennt, kam der mächtige Unterbau eines großen älteren Bauwerkes ans Licht, des geheimnisvollen »Nordpalastes«, wie er von den Archäologen getauft wurde. Er war mit etwa 1600 Quadratmetern Oberfläche zwar viel kleiner als die große Residenz in ihrer letzten Bauphase, dieser jedoch bautechnisch wesentlich überlegen. Noch immer stehen Reihen der meterhohen, fugenlos aneinandergepaßten Orthostaten, mit denen die über anderthalb Meter dicken Außenmauern verkleidet waren, beeindruckt das einstmals monumentale Portal in der Ostfassade mit dem riesenhaften Schwellenstein, zu dem zwei Stufen führen.

Die Innenräume zeigen sorgfältig geglättete Flure aus mit Kies vermengtem Mörtel, die wie moderne Zementböden wirken. Durch den Haupteingang – ein kleineres Tor befindet sich an der Westfront – betritt man das Vestibül, flankiert von Wachstuben. Dahinter liegt ein quergestellter Hof. An seiner rechten Flanke leitet ein sieben Meter breites Säulenportal in eine Halle, die sich in einen weiten, rechteckigen Hof öffnet. Seine Nordmauer wurde zu einer imposanten Fassade mit zwei Eingängen gestaltet, deren prächtige Orthostaten die Jahrtausende überdauert haben. Merkwürdigerweise waren sie mit einer Lage Bitumen bedeckt worden, die sie dunkel wie Basalt erscheinen ließ. *(Abb. 40)* Es ist anzunehmen, daß dies die Front der privaten Residenz der fürstlichen Familie war. Für eine Wohnbestimmung der dahinterliegenden Säle und Räume sprechen auch ein Badezimmer, eine Latrine und eine Treppe zum ehemaligen Obergeschoß sowie Wirtschaftsräume hinter der Ostmauer des Palastes.

Dieser Bau, dessen Architektur in Ugarit allein steht, im mittelbronzezeitlichen Ebla aber Vergleichbares hat, gibt Rätsel auf. Als der neue Palast in seiner unmittelbaren Nähe entstand, war er bereits seit langem verlassen und vollständig geräumt. Geringe Keramikreste aus dem frühen 15. Jahrhundert beweisen, daß er um diese Zeit noch bewohnt wurde. Dann aber diente er als eine Art Abfallplatz und wurde teilweise abgebrochen. Viele Blöcke und Platten wurden vermutlich als Baumaterial für neue Konstruktionen verwendet. Keine der restlichen Mauern ist höher als einen Meter.

Im 14. Jahrhundert v. u. Z. wurden innerhalb der Ruine einige bescheidene Bauten, vor allem Töpferwerkstätten, niedergesetzt. Bis heute wurde keine Familiengruft entdeckt, die Licht in die Geschichte dieses mächtigen Palastes werfen könnte. Gibt es noch Gräber unter seinen Fluren in der Art der Königsgräber von Ebla? Sein Erbauer bleibt anonym. War es jener König von Ugarit, der den Palast des Zimri-Lim von Mari aus dem 18. Jahrhundert v. u. Z. zu sehen wünschte?

Aus der Hyksos-Zeit, die einen allgemeinen Niedergang im Bereich der levantinischen Staaten brachte, kann diese aufwendige Residenz kaum stammen. Auch in Ugarit begann ein neuer Aufstieg erst gegen Mitte des 16. Jahrhunderts. Wenn der Palast aber erst im 16. Jahrhundert errichtet wurde, wirkt es seltsam, daß er verhältnismäßig bald wieder aufgegeben wurde und daß die Anfänge des großen Königspalastes in seiner Nachbarschaft recht bescheiden waren. Man könnte in dessen Erbauern dann die Begründer einer neuen Dynastie vermuten. Doch gegen diese Theorie spricht das

»dynastische Siegel« der historischen Könige von Ugarit, von dem noch die Rede sein wird.

Claude Schaeffer hatte seine letzte Kampagne im Herbst 1969 ausschließlich auf den Nordpalast konzentriert, dessen Freilegung 1973 vollendet wurde. Auch nach seinem Ausscheiden als Leiter blieb er in engem Kontakt mit der Forschungsarbeit auf dem Ras Schamra, die bis zu seinem Tode im August 1982 das Hauptthema seiner wissenschaftlichen Publikationen war. Die Ausgrabung der bronzezeitlichen Stadt bei Enkomi auf Zypern wurde von ihm bis 1971 mit viel Erfolg fortgesetzt.

1973, im Jahr des Jom-Kippur-Krieges, griff Claude Schaeffer noch einmal persönlich in das Geschick der Ausgrabung von Ugarit ein. Die wachsende Spannung zwischen Syrien und Israel hatte damals auch Folgen für den Tell in der strategisch wichtigen Küstenzone. Schaeffer erfuhr im August 1973, daß eine Anzahl beschriebener Tontafeln bei militärisch notwendigen Erdarbeiten auf dem Ras Schamra zutage gekommen war und daß diese durch eine falsche Behandlung im Museum von Damaskus teilweise unleserlich geworden seien. Trotz der bedrohlichen Lage im Nahen Osten entschloß er sich sofort, sich selbst vom Zustand der kostbaren Dokumente und der Ausgrabungen auf dem Tell zu überzeugen. Es sollte eine abenteuerreiche Reise werden.

Die Flugverbindungen mit der Levante waren höchst unsicher geworden; Schaeffer schiffte sich daher mit Beirut als Ziel in Venedig ein, gelangte aber nur bis Rhodos. Dort wurden die Passagiere am Morgen des 8. September vom Ausbruch des Krieges zwischen Israel und den arabischen Staaten informiert. Der Dampfer kehrte um, doch Schaeffer blieb auf Rhodos und gelangte schließlich von dort aus mit einem Frachtschiff nach Zypern. Damaskus war inzwischen von der israelischen Luftwaffe bombardiert worden, alle Verbindungen zwischen Zypern und dem Libanon waren unterbrochen. Erst am 21. Oktober konnte Schaeffer nach Beirut fliegen. Am 24. war er in Damaskus. Der Generaldirektor der syrischen Altertümer war zur Truppe eingezogen worden und unerreichbar. Trotzdem gelang es Schaeffer, die neugefundenen Tontafeln zu besichtigen. Man hatte eine Anzahl in einer zu scharfen Lösung gereinigt. Ein Teil der Texte war zerstört, doch die restlichen Tontafeln konnten auf Professor Schaeffers Insistieren im Museumslaboratorium von Damaskus durch einen Experten behandelt und restauriert werden. 66 Dokumente in akkadischer Keilschrift und neun in ugaritischer Schrift, alle aus dem 13. Jahrhundert, wurden gerettet.

Ein Treffen mit dem syrischen Kulturminister in einem unterirdischen Bunker verschaffte Schaeffer auch die Erlaubnis, sich in Begleitung von zwei Polizeioffizieren am 2. November auf den Ras Schamra zu begeben. Mit großer Erleichterung konnte Schaeffer dort feststellen, daß der Tell wie die Station der französischen archäologischen Mission nicht unter den Kriegshandlungen gelitten hatten.

1979 organisierte die Direktion der Altertümer Syriens ein internationales Kolloquium zur Feier des fünfzigsten Jahrestages der Entdeckung von Ugarit. Claude Schaeffer, schon lange Ehrenbürger von Latakia, und seine Gattin waren die Ehrengäste im Kreise der Archäologen, die aus aller Welt erschienen waren, um eines der bedeutendsten Ereignisse in der Forschungsgeschichte des Nahen Ostens zu feiern. Groß war die Freude der einheimischen Bevölkerung, die das Wiedersehen mit Claude Schaeffer nach Landessitte mit einem ohrenbetäubenden Chor schriller Schreie feierte. Sie hatte ihn nicht vergessen, und noch heute lebt der französische Forscher als eine beinahe legendäre Gestalt im Gedächtnis der Dorfbewohner im Bereich des Ras Schamra fort. *(Abb. 41, 42, 43)*

DER FORTGANG DER FORSCHUNGSARBEIT AUF DEM RAS SCHAMRA

Wer bewohnte das prunkvolle »Haus der Alabaster«?

Das Jahr 1970 wurde durch geringe Spatenforschung auf dem Ras Schamra gekennzeichnet. Nur Henri de Contenson, der sich seit 1955 hauptsächlich mit Sondierungsgrabungen in den Schichten II bis V des Tells beschäftigt hatte, setzte seine Tiefgrabung am Westabhang der Akropolis fort.

1971 wurde wieder ein Jahr intensiver Ausgrabungsarbeit und bedeutender Entdeckungen auf dem »Fenchelkopf«. Die Freilegung der Relikte des Nordpalastes machte große Fortschritte. 28 Räume, Höfe und Gänge kamen zutage. Die Untersuchung von einigen seiner Zementflure zeigte, daß diese mehrfach erneuert worden waren, ein Beweis langer Benutzung des Gebäudes. Der Grund seiner Aufgabe blieb unklar. Es gab keine Anzeichen eines Brandes, und die Mauerreste waren zu gering, um festzustellen, ob der Palast durch ein Erdbeben getroffen wurde. In Stil und Bautechnik wie in seiner Orientierung unterschied er sich wesentlich von seinem Nachfolger. Der Haupteingang war nach Osten, zur Akropolis und der Altstadt hinaus gerichtet. Das Portal des jüngeren Königssitzes öffnete sich hingegen nach Westen, zum Hafen hin, an dem ein neuer Stadtteil für den Seehandel entstanden war. Je mehr von den eindrucksvollen Ruinen ans Licht geholt wurde, desto zahlreicher wurden die Fragen, die sie aufwarfen.

Die Untersuchung der prähistorischen Schichten wurde in dieser Kampagne bis in zehn Meter Tiefe, bis in Stratum IV aus der Periode der Halaf-Kultur, vorgetrieben. Außerdem wurden die Reste einer Niederlassung aus der persisch-griechischen Epoche erforscht. 1972 wurde diese Arbeit weitergeführt, die Freilegung des Nordpalastes vollendet und zwei Tiefgrabungen unternommen.

Auch 1973 standen die postugaritische Niederlassung und eine

Sondierung auf dem Arbeitsprogramm. Die aufregendste Entdekkung dieser Kampagne, die vom 5. Mai bis zum 27. Juni dauerte, war jedoch das »Haus der Alabaster« am südwestlichen Rand des Wohnviertels der Elite, unweit des Großen Palastes. Einstmals war es ein dreieckiger Riesenbau auf zwei Ebenen mit einem Höhenunterschied von 1,70 Meter gewesen. Seine Ostseite maß 45 Meter, die West- und Südseiten 50 und 30 Meter. 1,40 Meter starke Quadermauern bilden zwei monumentale Fassaden. Auch die Innenkonstruktion des Gebäudes mit den etwa 60 Zentimeter dicken Wänden aus verputzten Bruchsteinen war außerordentlich solide. Es gab mindestens vier Eingänge an den verschiedenen Seiten.

Claude Schaeffer hatte bereits 1953 und 1956 mit der Freilegung des Nordflügels begonnen. Im Laufe der neuen Ausgrabung wurde deutlich, daß es drei Bereiche verschiedener Bestimmung gegeben hatte: eine Privatwohnung im Südwesten, Repräsentationsräume im Südosten, Arbeits- und Geschäftslokale im Norden und Nordwesten. Insgesamt enthielt das Bauwerk 50 Räume und mehrere Innenhöfe. Eine achtstufige Steintreppe verband den unteren mit dem oberen Teil. Unter dem Flur des größten Hofes hinter der Südfassade wurde ein Familiengrab mit zwei Kammern und dem üblichen Brunnen für Trankopfer entdeckt. Ein Säulenportal führte zur luxuriösen Wohnung, die über zwei Badezimmer mit Wannen aus Kalkstein und einen Brunnen, eine weite Küche mit einem riesigen runden Ofen, mehrere Gemächer, einen Saal und kleinere Kammern verfügte.

Die Empfangsräume lieferten kaum Funde, und auch die Gruft war bis auf die Scherbe einer Alabastervase mit einer beschädigten Kartusche, die wahrscheinlich von Ramses II. stammte, leer. Um so reicher war die Ernte aus dem Wohntrakt. Die Küche und ein angrenzendes Magazin waren noch vollgestopft mit Vorratsgefäßen, mit Becken, einem Kessel, Kochgeschirr und -gerät sowie bemalten Krügen mykenischen Stils. Gleich den Wirtschaftsräumen machte auch der Saal den Eindruck einer hastigen Flucht der Bewohner unter Zurücklassung der Hauseinrichtung und vieler persönlicher Besitztümer.

Über 70 Gefäße aller Art und Größe lagen auf dem Boden.

(Taf. 43, 44) Drei schöne bemalte Rhyta waren sichtlich von der Wand gefallen, an der sie hingen. 23 Henkelschalen mit Brandresten hatten vermutlich als Räucherpfannen gedient. Zwischen der vielfältigen Tonware kamen ein Bronzefigürchen des syrischen Baal und die Steatitstatuette eines Ägypters auf einem Alabastersockel, vielleicht ein Bildnis des Hausherren, zutage. Mitten im Saal war der Boden mit Perlen, Juwelen *(Taf. 45)*, Anhängern, Ringen und Amuletten bestreut, vermutlich dem Inhalt einer Schmuckschatulle der Hausherrin, die ihre Kostbarkeiten nicht mehr hatte retten können. Einer der Anhänger stellt eine Sphinx dar, ein anderer eine Uräusschlange, zwei typisch ägyptische Motive.

Aufschlußreich waren auch die Funde in den Wirtschaftsräumen, in denen anscheinend Olivenöl produziert wurde. Ein quadratischer Hof mit vielen Tonfässern und Krügen bildete das Zentrum. Zwei seitliche Kammern enthielten je eine runde Steinplatte von 1,60 Meter und einem Meter Durchmesser mit einem Loch in der Mitte, die auf dem Flur festgesetzt waren. Verstreute Olivenkerne lassen annehmen, daß sie als Untersätze für Ölpressen dienten. Von diesem Abschnitt des Hauses gelangte man über die Steintreppe in den unteren Teil. An ihrem Fuß lagen in einem kleinen Hof ein Basaltmörser, Alabasterfragmente und mykenische Schalen. In einer anschließenden Kammer entdeckten die Ausgräber zwei prächtige, unversehrte Alabastervasen, nach denen man das ganze Gebäude benannte. Eine Halle enthielt wieder zahlreiche kanaanäische und ägyptische Vorratsgefäße, Olivenkerne und Murexmuscheln. Von diesem Saal aus erreichte man über einen weiten Vorraum einen der Ausgänge zur Straße. Befanden sich in diesem Trakt Verkaufslokale?

Die überall verstreuten Funde, dicke Aschenlagen in verschiedenen Kammern, Pfeilspitzen vor den Fassaden des Bauwerkes – die meisten an seiner Südecke, wo sich die Wohnung befand – deuten auf einen Überfall, auf Kampf und Brandschatzung. Manches spricht dafür, daß der letzte Inhaber des »Hauses der Alabaster« ein Ägypter war, zugleich ein hoher Beamter und ein reicher Mann. Die Ausgräber vermuten in ihm einen Abgesandten des Pharaos, der sich in

Ugarit niedergelassen hatte und seine diplomatischen Aufgaben mit kommerziellen Aktivitäten verband. Argumente für diese Theorie sind neben den zahlreichen Objekten ägyptischer Herkunft auch das Fehlen von Schriftzeugnissen. Ein Ägypter benutzte wahrscheinlich keine Tontafeln, sondern Papyrus, für den ein Brand fatale Folgen haben mußte. Auf ein Ehrengeschenk als Dank für treue Dienste weist vielleicht die Kartusche Ramses' II. auf dem Bruchstück einer Vase aus dem Besitz des Hausherren hin, dessen Name unbekannt bleibt.

Während dieser Kampagne gab es auch wichtige Textfunde im Bereich des Terrains, das zuvor für eine militärische Anlage durch Bulldozer umgewühlt worden war. Unter einer Anzahl in ugaritischer Sprache beschrifteter Tafeln kam sowohl Verwaltungs- und Wirtschaftskorrespondenz wie diplomatische ans Licht. Ein Brief handelt von Hochzeitsvorbereitungen für eine Tochter des Königs von Amurru, die wahrscheinlich einem König von Ugarit vermählt werden sollte. Man erfährt unter anderem, daß dem amurritischen Fürsten 100 Goldschekel und Teppiche überbracht wurden.

Religionsgeschichtlich aufschlußreich ist der Text auf einer Tafel mit einer Anrufung der Ahnengottheiten, der Rephaim, und einem Gebet an die Sonnengöttin Schapasch. Jahre später wurde an derselben Stelle ein weiteres Dokument entdeckt, das für die Datierung des Untergangs von Ugarit, der zuvor gegen 1200 v. u. Z. angesetzt worden war, entscheidend ist: ein Brief an Hammurapi, den letzten König des Landes. Der Absender war ein Wesir des Pharao Setnakht namens Peya. Da die Regierungszeit dieses ägyptischen Herrschers nur von 1186 bis 1184 dauerte, beweist dieses Schreiben, daß Ugarit damals noch nicht zerstört war.

Gleichzeitig mit der Freilegung von Ruinen der Wohnschicht aus den letzten Jahrhunderten von Ugarit wurden zwischen 1972 und 1976 die Tiefgrabungen am Westhang der Akropolis durch Henri de Contenson fortgesetzt. Die Erforschung der starken jungsteinzeitlichen Straten in diesem Teil des Tells brachte weitere Beweise für den Zusammenhang der ältesten Niederlassungen mit der neolithischen Kultur am Mittleren Euphrat und der zweiten vorkeramischen

Kultur von Jericho. Contenson stellte auch eine Unterbrechung in der Besiedlung des Hügels zwischen der ersten des Stratums 5 C und der nächsten des Stratums 5 B fest; eine Periode, in welcher der Ras Schamra verlassen und mit Kiefern bestanden war.

1974 wurde die Leitung der Ausgrabungen J. C. Margueron übertragen. Die Herbstkampagnen von 1975 und 1976 galten hauptsächlich der Freilegung eines monumentalen zweigeschossigen Gebäudes am Nordrand des Tells mit einer langen Geschichte. Ein Teil des Bauwerkes war infolge von Erosion abgerutscht. Die ungewöhnlich dicken Mauern, die noch zweieinhalb Meter emporragten, die Lage und verschiedene Kleinfunde wie Pfeilspitzen und Elemente von Bronzerüstungen könnten darauf hinweisen, daß dieses Bauwerk zu den Befestigungsanlagen der Stadt gehörte. Doch war es ohne Zweifel ständig bewohnt. Seine endgültige Zerstörung erfolgte durch Feuer, doch stießen die Ausgräber auch auf Anzeichen mehrfacher Beschädigung des Hauses durch Erdbeben.

Die Räume waren um zwei Höfe mit je einem Säulenportal an der Nordseite angeordnet. Unter einem der Säle wurde eines der bestgebauten und eindrucksvollsten Totenhäuser von Ugarit wiedergefunden. Diese Gruft erwies sich darüber hinaus als ein Unikat. Ein gestufter Dromos führt hinab zu einer eleganten Pforte, deren Schwelle Löcher für die Zapfen einer Flügeltür zeigt. Die weite, spitzbogig überwölbte Kammer mit Nischen in der Rückwand war geplündert und mit infiltrierter Erde gefüllt. Deren Ausräumung brachte überraschende Ergebnisse. Zunächst kamen Bruchstücke einer großen Steinkiste zutage, die kaum anders als die Reste eines Sarkophages erklärt werden können. Allerdings fehlte der Deckel, der vielleicht jedoch verschleppt wurde. Die zweite Besonderheit der Gruft bestand in einem kleinen Nebenraum an ihrem Ostende, der nur durch Luken mit der Hauptkammer verbunden ist. Die Plünderer, die das Grab zweimal heimsuchten, hatten eine Luke erweitert, um in die verborgene Zelle einzudringen, und diese so gründlich geleert, daß ihr Inhalt und ihre Bestimmung unbekannt bleiben. Die einzigen Kleinfunde aus dem sicher reich mit Totenbeigaben versehenen Grab sind zwei schöne Alabastervasen, die auf dem Boden des auch dort eingebauten Brunnens lagen. Sie waren zu groß, um durch den engen Mund des Brunnens hinabgesenkt zu werden, und mußten daher schon vor dessen Fertigstellung und der Pflasterung der Kammer mit Steinplatten deponiert worden sein. Es handelte sich vermutlich um ein Ritual, das jedoch nirgends sonst in Ugarit beobachtet wurde.

Parallel zur Forschungsarbeit auf dem Ras Schamra begannen 1975 Notgrabungen auf der zweieinhalb Kilometer langen und 500 Meter breiten, flachen Halbinsel Ras Ibn Hani. Auf dieser fünf Kilometer vom Minet el-Beida entfernten Landzunge sollten Hotelbauten entstehen. Auch sie brachten bedeutende Entdeckungen, die neues Licht auf die spätbronzezeitliche Geschichte von Ugarit warfen. Man hatte eine der Städte, die in den ugaritischen Dokumenten als zum Küstenstaat gehörig vorkommen, wiedergefunden und zugleich einen Sommerpalast der königlichen Familie auf der windgekühlten Halbinsel, die zwei Buchten mit schönen Stränden bildet.

Ein großer und zwei kleine Tells verrieten, daß es dort früher Niederlassungen gab. Die Ausgrabung zeigte, daß die Halbinsel erst ab dem 14. Jahrhundert v. u. Z. besiedelt wurde. Dann aber wurde in ihrem Südabschnitt ein Palast im Stil der Residenz von Ugarit errichtet. Er thronte auf einem Glacis, das einen künstlichen Hügel von drei bis vier Metern Höhe bildete. Die anderthalb Meter starke Außenmauer bestand aus besonders großen Quadern mit der üblichen Balkenverstärkung. Der vielräumige Bau mit einem Innenhof von 17 Metern Länge und elf Metern Breite bedeckte etwa 5000 Quadratmeter Bodenfläche und war nach dem Königspalast von Ugarit der zweitgrößte an der syrischen Küste. Schriftfunde aus der dritten Ausgrabungskampagne enthüllten, daß auch er für die Herrscherfamilie bestimmt war und wohl in ihrem Auftrag entstand. Im 13. Jahrhundert hatte sich in seinem Umkreis eine Stadt entwickelt, die sicher auch maritime und strategische Funktionen hatte. Vermutlich war die Nordbucht ihr Haupthafen.

Der Rest einer Bibliothek, die 1977 zutage kam, umfaßte 19 Täfelchen unterschiedlichen Inhalts. Neben Briefen und diplomatischen Dokumenten gab es mythologische und medizinischmagische, liturgische und administrative Texte. 13 Tafeln waren in ugaritischer Sprache beschrieben, sechs in sumerischer und babylonischer. 1978 kamen weitere Tontafeln ans Licht, die bestätigten, daß ein Mitglied des Königshauses von Ugarit den Palast bewohnte. Ein Schreiben in babylonischer Sprache, das 1981 gefunden wurde, enthält den vermutlichen Namen der Stadt: Bi'ruti. Sonst gab es auffallend wenige Kleinfunde im Palast, der etwa gleichzeitig mit seinem Vorgänger in Ugarit einem Brand zum Opfer fiel. Vielleicht wurde er schon vor der Katastrophe geräumt.

Von besonderem Interesse war die Entdeckung, daß das Kap, anders als der Ras Schamra, bald wieder bewohnt wurde. In der zerstörten Residenz wurden, vielleicht durch ihre Zerstörer, leichte Bauten niedergesetzt. Töpferware submykenischen Stils, die auch an anderen nordsyrischen Fundorten beobachtet wurde, bezeugt die Niederlassung von Gruppen, die vermutlich zu den Seevölkern gehörten, in diesen Gebieten. Ibn Hani war, allerdings mit Unterbrechungen, bis in die byzantinische Epoche besiedelt, und immer wieder hatten die Ruinen der spätbronzezeitlichen Stadt mit ihrem prächtigen Palast den verschiedenen Bewohnern als Steinbruch gedient!

1977 wurde Madame M. Yon die Nachfolgerin von M. Margueron, und seit 1978 findet die Erforschung von Ugarit unter ihrer Leitung statt. Stark beschränkte Mittel erlauben keine Ausgrabungen im großen Stil der früheren Jahre. Im allgemeinen gehört jetzt nur jedes zweite Jahr der Spatenarbeit auf dem Tell und die Zwischenzeit der theoretischen Forschung, der Dokumentation, Studien in den Museen, Publikationen, in denen einzelne Themen erschöpfend behandelt werden. Das neue Programm versucht ein Gesamtbild des Lebens in einer bedeutenden Hafenmetropole des zweiten Jahrtausends an der syrischen Küste zu geben, das sowohl die städtebaulichen wie die sozialen, wirtschaftlichen, technischen und organisatorischen Aspekte zeigt. Sonderstudien beschäftigen sich mit der ugaritischen Architektur und den verwendeten Techniken, mit den nicht-metallischen Geräten, der lokalen Keramik usw.

Zu dieser Zielsetzung paßt die Untersuchung eines Quartiers aus der letzten Periode der Stadt, das in den achtziger Jahren in einer Länge von 50 Metern in Nordsüdrichtung und einer Breite von 25 Metern im Zentrum des Tells freigelegt wurde. Das Alltagsleben der Stadtbewohner wurde dort durch ihre eilige Flucht vor dem Überfall der Seevölker besonders deutlich. Der gesamte gewöhnliche Hausrat war zurückgeblieben. Die Hausflure waren übersät mit Küchengeschirr, Vorratsresten, Feuersteinklingen, die als billiges Gerät bis in diese Epoche gebraucht wurden, Gewichten aus Hämatit und Bronze, Nadeln, Schminkdosen in Entchenform, Vasen, Stößeln, Mörsern; Ölpressen standen noch an Ort und Stelle. Auch einige Tontafeln kamen ans Licht.

Im Süden des Ausgrabungsareals wurde ein Bauwerk freigelegt, dessen Anlage und Fundmaterial auf ein Heiligtum deuten, das nicht isoliert lag wie die großen Tempel, sondern inmitten der Wohnhäuser. Ein erhöhter Raum, der hinter dem Eingang des Gebäudes über drei Stufen betreten werden konnte, zeigte an zwei Mauern des sechs mal sieben Meter messenden Saales Bänke und in der Mitte seiner Ostmauer eine ebenfalls über drei Stufen zu erreichende Plattform. Das Fragment einer Kalksteinstele, der untere Teil einer Alabasterstatuette, Untersätze für Kultobjekte und Rhyta für flüssige Spenden, nach denen der Bau von den Archäologen genannt wurde, bezeugen sakrale Handlungen. Ein kleiner Nebenraum diente vielleicht als Sakristei.

Bis jetzt wurde wenig mehr als ein Drittel des Ras Schamra ausgegraben. *(Fig. 32)* Zahllose Entdeckungen warten noch im Schutt seiner 5000 Jahre langen Besiedlung, die den flachen Hügel im Hintergrund des Weißen Hafens zu einem kleinen Berg wachsen ließ. Seine älteste namen- und schriftlose Geschichte wurde durch die Sondierungen in den prähistorischen Schichten nur in großen Linien sichtbar. Von der Periode, in der die erste Stadt auf dem Tell entstand, deren Name *Ugarit* in der zweiten Hälfte des dritten Jahrtausends auf einer Tontafel aus Ebla erscheint, wissen wir bis jetzt nicht viel. Vielleicht wird eine »pioche heureuse« eines Tages auch im Ras Schamra auf ein Archiv, eine Bibliothek aus der Frühbronzezeit stoßen, die Licht auf diese Periode wirft, in der die wichtige Rolle von Ugarit als Knotenpunkt von Handelsverbindungen zwischen der Levante, Anatolien, der Ägäis und Ägypten begann. Im »Fenchelkopf« schlummert noch Forschungsmaterial für Jahrhunderte.

Die Ausgrabung von Ugarit hat vor allem die Kenntnis der Geschichte, der Kultur und der religiösen Vorstellungen des Nahen Ostens in der zweiten Hälfte des zweiten Jahrtausends v. u. Z. außer-

Fig. 32 Lageplan der Ausgrabungen auf dem Ras Schamra. 1: Königspalast; 2: Festungsmauer und Poterne; 3: Südpalast; 4: Alabasterhaus; 5: Residenzviertel und Haus des Rapanu; 6: Nordpalast; 7: Tetrapylenhaus; 8: Ausgrabungen 1975/76; 9: Baal-Tempel; 10: Haus des Oberpriesters; 11: Dagan-Tempel; 12: Priesterhaus; 13: Ausgrabungen der achtziger Jahre

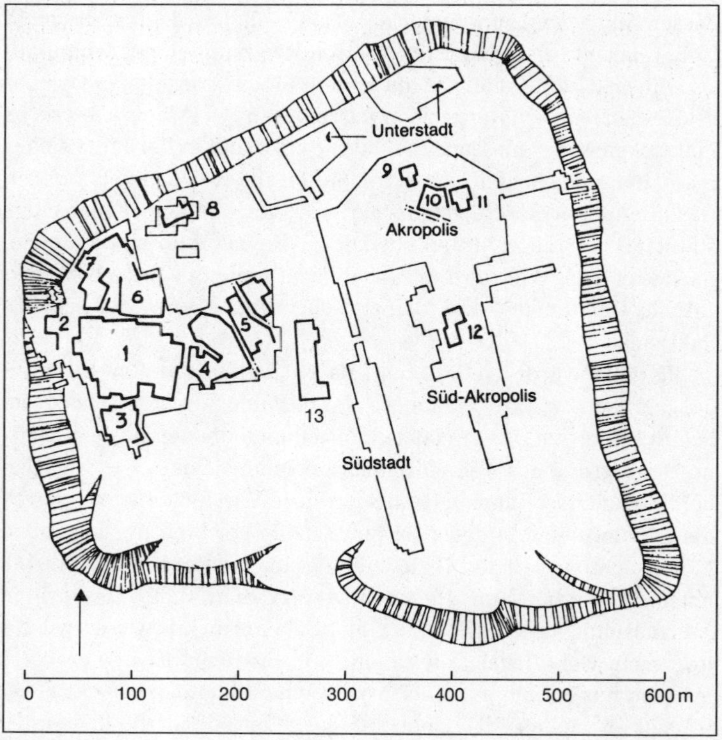

ordentlich erweitert und bereichert und die letzten Jahrhunderte der Hafenmetropole, ihr »Goldenes Zeitalter«, für uns zum Leben erweckt. Viele tausend beschriebene Tontafeln haben die Protagonisten dieser glanzvollen Epoche, ihre Schicksale, ihre Existenzbedingungen, ihre Gesetze und Glaubensvorstellungen beleuchtet. Ugarit ist heute keine schweigende Ruinenstätte mehr für uns. In den labyrinthischen Gassen und Bauwerken der freigelegten Stadt *(Taf. 46)* begegnen wir den vertraut gewordenen Schemen ihrer einstigen Bewohner, von deren Dasein wir vieles wissen, deren Leistungen wir bis heute Wesentliches verdanken.

Die Entzifferung der Dokumente vom Ras Schamra geht pausenlos weiter und bringt immer wieder neue, oft überraschende Einsichten in Vergangenes, in Ursprünge, in Zusammenhänge. Kürzlich wurde eine Tontafel aus Ugarit selbst für die moderne Astronomie von Bedeutung.

EIN TEXT AUS UGARIT ERMÖGLICHT, DIE ABNAHME DER ROTATIONSGESCHWINDIGKEIT DER ERDE IN DEN VERGANGENEN 3200 JAHREN ZU BERECHNEN

»An dem … Tag des neuen Mondes im [Monat] hiyaru ging die Sonne unter. Ihr Torhüter war RSP.« Diese Zeilen wurden auf der Vorderseite einer Tontafel entziffert, die 1948 im Westarchiv des Großen Palastes von Ugarit ans Licht kam. Auf ihrer Rückseite steht: »Zwei Lebern wurden geprüft. Gefahr.« Virolleaud, der erste Übersetzer, deutete den Text astrologisch. Fast 20 Jahre ruhte die Tontafel danach im Museum von Damaskus, ehe sie die Aufmerksamkeit zweier britischer Forscher, des Astronomen F. R. Stevenson und des Assyriologen J. F. A. Sawyer, erregte. Das Resultat ihrer Studien wurde 1970 in einem vielbeachteten Bericht veröffentlicht. Das mysteriöse ugaritische Dokument wird darin als die älteste bisher bekannte Beschreibung einer totalen Sonnenfinsternis ausgelegt.

Eine totale Eklipse ist ein seltenes, eindrucksvolles Ereignis, das in alten Zeiten gewöhnlich Furcht und Schrecken erregte. Meistens wurde sie von Priestern und Magiern als Vorbote von Katastrophen erklärt, deren Art man durch Orakelbefragungen, wie zum Beispiel die Leberschau, zu ergründen suchte. Unter dem schriftlichen Nachlaß früher, stark astronomisch ausgerichteter Religionen wie der altmesopotamischen oder der chinesischen gibt es viele Erwähnungen von Sonnenfinsternissen. Nur wenige aber liefern eindeutige Hinweise auf den Ort, den Zeitpunkt und das Ausmaß der Eklipsen.

Die britischen Forscher errechneten vier totale Sonnenfinsternisse, die zwischen 1450 und 1200 v. u. Z. in Ugarit zu sehen waren. Sie fielen in die Jahre 1406, 1375, 1340 und 1223. Nach ihrer Ansicht kommt nur die Eklipse vom 3. Mai 1375 als die beschriebene in Frage.

Heute, nach mehr als 20 Jahren, erscheint die ehrwürdige Tontafel abermals in einer neuen, überraschenden Rolle im Blickfeld der

Astronomen und Geophysiker. Zwei holländische Gelehrte, der Astronom Professor Dr. T. de Jong und der Assyriologe Dr. W. H. van Soldt, veröffentlichten in der wissenschaftlichen Zeitschrift *Nature* das Ergebnis einer neuerlichen Analyse des ugaritischen Textes und der daraus resultierenden bedeutsamen Konsequenz für die moderne Astronomie und Geophysik. Ihre Untersuchung erfolgte im Rahmen einer Arbeit, die sich anhand früher Berichte über Sonnenfinsternisse mit Berechnungen der abnehmenden Rotationsgeschwindigkeit der Erde im Verlauf der letzten Jahrtausende beschäftigt. Die Beschreibung ihrer Spürarbeit liest sich wie ein Detektivroman. Das nunmehr veröffentlichte Ergebnis ist ein gut fundierter Nachweis, daß Stevenson und Sawyer bei ihrer Datierung der Eklipse, die in Ugarit als bedrohliches Ereignis aufgezeichnet wurde, *irrten*. Nach Ansicht der beiden holländischen Gelehrten konnte es sich bei diesem Bericht nur um die Sonnenfinsternis vom 5. März 1223 v. u. Z. gehandelt haben.

Seit dem 18. Jahrhundert konstatieren Sternkundige eine Abnahme der Umdrehungsgeschwindigkeit der Erde um ihre eigene Achse und eine gleichzeitige Zunahme der Geschwindigkeit des Mondes bei seinem Lauf um unseren Planeten. Es geht dabei um minimale Zeitspannen. Nach den Berechnungen der letzten 300 Jahre bedeuten sie für die Erde eine Verlängerung des Tages um zwei Millisekunden je Jahrhundert und für den Mond eine Verlängerung seiner Umlaufzeit um 20 Millisekunden. Trotzdem führte die Akkumulation dieser Vorgänge, die vor allem durch die Gezeiten verursacht werden, im Laufe einiger Jahrtausende zu beträchtlichen Zeitverschiebungen und Unterschieden zwischen der einstigen und der heutigen Stellung des Mondes zur Erde. Antike Nachrichten über Eklipsen können daher, wenn sie einigermaßen genaue Angaben enthalten, für eine weit zurückreichende Berechnung dieser Veränderungen entscheidend sein.

Das Eintreten einer totalen Sonnenfinsternis hängt von der Stellung des Mondes ab und das Gebiet, in dem sie sichtbar ist, von der entsprechenden Stellung der Erde. Eine solche Eklipse kann nur in einer schmalen Zone, einem Streifen von etwa 100 Kilometern, beobachtet werden. Wenn daher der Ort, an dem sie gesehen wurde, und das Jahr, in dem sie stattfand, bekannt sind, läßt sich ihr Datum meistens genau fixieren. Die Astronomen gewinnen dann einen festen Ausgangspunkt für die Kalkulation der abnehmenden Rotationsgeschwindigkeit des Erdballs seit diesem Ereignis.

1975 unternahmen die Astronomen Müller und Stevenson bereits den Versuch, die Verlangsamungsrate der Umdrehungsgeschwindigkeit der Erde und die Zunahme der Mondgeschwindigkeit mit Hilfe der Daten von 25 Sonnenfinsternissen, die zwischen den Jahren 1375 und 1267 v. u. Z. stattfanden, zu bestimmen. Die erzielten Werte waren wesentlich höher als die Durchschnittswerte, die aus den astronomischen Beobachtungen seit dem 18. Jahrhundert hervorgehen. Diese eigenartige Diskrepanz stimulierte die beiden holländischen Forscher zu einer neuerlichen Überprüfung des konsultierten Materials und der darauf beruhenden Berechnungen. Der ugaritische Bericht über eine Eklipse erhielt dabei besondere Beachtung.

Zunächst wurde der auf der Tafel genannte Monat »hiyaru« (»hyr«) vorgenommen und festgestellt, daß dessen Definition als April/Mai nicht stimmen kann. In älteren Übersetzungen wurde er dem babylonischen Ajjaru fälschlich gleichgesetzt, da man annahm, daß der babylonische Mondkalender auch in Ugarit galt. Stevenson und Sawyer hatten 1970 diese Auslegung übernommen. Van Soldt und de Jong sind hingegen überzeugt, daß man in Ugarit, das im zweiten Jahrtausend stark unter dem Einfluß der ägyptischen Kultur stand, den ägyptischen Mondkalender benutzte, der auch im benachbarten Palästina eingeführt war. Daß der ugaritische Kalender ein Mondkalender war, ist durch Bezeichnungen wie Neumondtag oder Vollmondtag gesichert.

Nur zehn Monatsnamen des zwölfmonatigen ugaritischen Kalenders sind bis heute bekannt. Umstritten ist aber, welchen Monaten sie entsprechen. Van Soldt, der 1982 eigens nach Damaskus reiste, um den Text auf einer ugaritischen Tontafel zu studieren, in dem fünf Monatsnamen vorkommen, fand dort den Schlüssel zur richtigen Reihenfolge der Monate und identifizierte »hyr« als Februar/März.

Die britischen Forscher hatten diesen wichtigen Text nicht beachtet. Nach dem ägyptischen Kalender fiel Neumond im März 1223 v. u. Z. auf den vierten Tag. Am 6. März erschien die Mondsichel wieder am Himmel. Die Eklipse vom 5. März erfolgte danach tatsächlich an einem Neumondtag.

Noch überzeugender als diese Forschungsergebnisse weist die Erwähnung des »Torhüters RSP« im ugaritischen Text auf die Sonnenfinsternis vom 5. März 1223 als die einzig mögliche Kandidatin. Nach altbabylonischen Schriftzeugnissen ist es wahrscheinlich, daß mit RSP der Planet Mars gemeint war. Stevenson und Sawyer hielten RSP auch für den Mars, hatten sich aber nicht weiter mit dieser bedeutsamen Angabe beschäftigt. De Jong hingegen berechnete, wo sich dieser Planet zur Zeit der Eklipsen von 1406, 1375 und 1223 befand. Es zeigte sich, daß der »rote Stern« einzig während der letztgenannten Sonnenfinsternis am Himmel stand und damals nur 3,5° von deren Zentrum entfernt war. Für de Jong war die Abwesenheit des Mars während der Eklipse von 1375 der Hauptgrund gewesen, die Auslegung der britischen Gelehrten zu bezweifeln. Die Sichtbarkeit des Planeten während der Sonnenfinsternis von 1223 beweist außerdem, daß diese total war. Nur die hellsten Sterne sind in einem solchen Fall zu sehen, wie de Jong überprüfen konnte.

Ungeklärt bleibt im ugaritischen Text noch btt (durch Punkte ersetzt), das diesen einleitet. Beide Forscher unterstreichen, daß die Aufzeichnung auf der Tontafel nur einen sachlich knappen Bericht geben will, und denken daher an eine Angabe der Stunde, in der sich die Eklipse ereignete. Allerdings ist die Zeiteinteilung des Tages in Ugarit unbekannt. Vermutlich entsprach sie aber der ägyptischen, die überliefert ist. Nach dieser könnte btt etwa »um sechs« bedeuten. Die sechste Tagesstunde endete am 5. März 1223 in Ugarit ungefähr um 13 Uhr. Dies würde dem von de Jong errechneten Zeitpunkt der Eklipse, die rund drei Minuten dauerte, gut entsprechen.

Für zwei der Voraussetzungen, auf denen die Interpretation des ugaritischen Dokuments durch die holländischen Forscher beruht, nämlich die Gleichsetzung des RSP mit dem Planeten Mars und die Übernahme des ägyptischen Kalenders in Ugarit, gibt es bis jetzt keine hundertprozentigen Beweise. Trotzdem ist das Resultat ihrer langen, minuziösen Arbeit überzeugend genug, um als Basis einer Berechnung des abnehmenden Tempos der Erdrotation in den vergangenen 3200 Jahren zu dienen. Nach de Jongs Kalkulation erzeugte diese Verlangsamung je Jahrhundert eine Verlängerung des Tages um 1,6 Millisekunden. Im Laufe von mehr als 3200 Jahren summieren sich diese winzigen Spannen aber doch zu einem Zeitunterschied von: 32 × 36 525 Tage × 32 × 0,0016 : 2 Sekunden = 8,3 Stunden. Mit anderen Worten: Unsere Erde geht heute gegenüber dem Jahr 1223 v. u. Z. um mehr als acht Stunden »nach«. Dieses Ergebnis entspricht den modernen Berechnungen recht gut und zeigt, daß sich die Abnahmerate der Erdrotation in den letzten drei Jahrtausenden nicht wesentlich geändert hat.

Die Fülle unschätzbarer Informationen und Erkenntnisse auf vielen verschiedenen Gebieten, die der schriftliche Nachlaß von Ugarit der Welt schenkte, hat eine neue Bereicherung erfahren!

SECHSTAUSEND JAHRE GESCHICHTE AUF DEM RAS SCHAMRA

Historischer Überblick nach den Resultaten der Spatenforschung und den Aussagen der Schriftzeugnisse

VON DEN ERSTEN DÖRFERN BIS ZUR ERSTEN STADT AUF DEM RAS SCHAMRA

Es war kein Zufall, daß der Küstenstreifen, der vom Götterberg Sapon bis zum Südrand der Ebene von Jable reicht, das spätere Königreich von Ugarit, sehr früh von Menschen besucht wurde. Die ersten Spuren ihrer Anwesenheit in diesem Durchzugsgebiet zwischen Afrika und Asien sind ungefähr eine Jahrmillion alt. Feste Siedlungen gab es seit der Jungsteinzeit. Von den 36 Tells, die bis jetzt in diesem Bereich gezählt wurden, enthalten mehrere neolithische Wohnschichten. Klimatisch war diese Zone besonders begünstigt. Die dichtbewaldete Bergkette, die sie von Innersyrien trennt, hält die Wolken aus dem Westen fest, die für genügend Regen sorgen. Große Flüsse wie der Orontes fehlen, doch gibt es genügend kleinere Wasserläufe und Quellen. Die Halbinseln von Latakia, Ibn Hani und Ras el Bassit gliedern die teils felsigen, teils sandigen Meeresufer, und der Minet el-Beida formt den einzigen natürlichen Hafen der nordsyrischen Küste.

Der Ras Schamra, damals ein nur wenige Meter aufragendes Kalksteinplateau, bot mit den beiden Bächen, die ihn umfließen, ideale Vorbedingungen für eine Niederlassung. Die Natur ringsum war freigebig. Der fruchtbare Schwemmboden im Hinterland der Bucht versprach gute Ernten. Wildfrüchte aller Art, Jagd und Fischfang ergänzten den Speisezettel.

Die ersten Bewohner, die sich gegen 6500 v. u. Z. in diesem kleinen Paradies ansiedelten, kamen höchstwahrscheinlich aus dem oberen Euphrat-Bereich. Obsidianfunde aus den ältesten Straten bezeugen auch Verbindungen zu Anatolien. Das erste Dorf, dessen verstreute Hütten und Äcker den ganzen Hügel besetzten, gehörte zu dem einheitlichen Kulturraum, der zwischen dem neunten und dem sechsten Jahrtausend v. u. Z. von Südkleinasien bis Palästina reichte. Von der eindrucksvollen Entwicklung, die sich an einzelnen Orten wie Jericho und Çatal Hüyük manifestierte, blieb es aber lange unberührt. Nicht vor 6000 v. u. Z. wurden die ersten festen Häuschen aus Feldsteinen erbaut und mit Gipsfluren versehen, Ziegen- und Schafzucht eingeführt und Tongefäße hergestellt. Es ist nicht mit Sicherheit festzustellen, ob diese Neuerungen mit der Ankunft von Siedlern aus höher entwickelten Gebieten zusammenhingen.

Henri de Contenson hatte bei seiner letzten Tiefgrabung am Westhang der Akropolis 1976, zumindest in dieser Zone, eine zeitliche Unterbrechung in der Bewohnung des Tells festgestellt. Mit Sicherheit erschienen aber gegen 5250 Einwanderer aus dem Bereich der Halaf-Kultur auf dem Ras Schamra. Die Folgen – eine Neugestaltung des Dorfes mit größeren, gut gebauten Häusern und ein Aufschwung auf allen Gebieten – wurden bereits bei den Ausgrabungsberichten behandelt. Das stattliche Dorf in der Gegend der späteren Akropolis wurde vielleicht durch einen Wall mit steinverkleideten Hängen geschützt. Die feine Keramik des Halaf-Stils wurde zweifellos durch spezialisierte Töpfer hergestellt. Die Form der Siegel aus Karneol und Steatit verrät mesopotamische Vorbilder. Obsidian wurde in beträchtlichen Mengen verwendet.

Die Blütezeit im Zeichen der Halaf-Kultur dauerte fast tausend Jahre. Ihre Relikte über den fünf Meter hohen Wohnschichten aus dem Neolithikum, die Schaeffer in Stratum V A, B, C eingeteilt hatte, bilden Stratum IV. Gegen 4300 v. u. Z. zeichnet sich dann ein Niedergang der Siedlung ab. Die Funde aus dieser Periode sind gering und ärmlich. Die Keramik von schlechter Qualität erinnert nur mehr entfernt an die Halaf-Tonware. Vielleicht wurde der Tell in dieser Zeit von einer primitiveren Volksgruppe besetzt.

Erst mit dem vierten Jahrtausend, in dem ganz Obermesopotamien in die Ausstrahlung der großen städtischen Zentren in Sumer und Elam einbezogen wurde, zeichnet sich wieder ein Aufschwung der Niederlassung ab. Wurde die auf der Töpferscheibe gedrehte lederfarbene Ubaid-Keramik mit ihren braunen Mustern, die sich im gesamten Zwischenstromland verbreitete, von Zuwanderern aus dem Osten nach Ugarit gebracht oder nur eingehandelt? Kupfer wurde häufiger verwendet, doch die Wohnbauten auf dem Tell blieben bescheiden. Von der fortschrittlichen städtischen Zivilisation sumerischer Prägung, die um die Mitte des vierten Jahrtausends in Habuba Kabira und Tell Brak sichtbar wird, war auf dem Ras Schamra nichts zu merken, obwohl der Einfluß der Ubaid-Kultur unverkennbar ist. Stratum III, das die Geschichte des Tells ungefähr zwischen 4300 und 2300 in seinen fünf Meter hohen Wohnschichten birgt, besteht erst ab etwa 3000 v. u. Z. aus den Relikten einer echten Stadt. Auch sie entstand auf dem seit der Urzeit bewohnten Areal, das später die Tempel tragen sollte, und war von einer zyklopischen Mauer aus großen Blöcken umgeben.

Im dritten Jahrtausend erscheint Ugarit schon als eine kanaanäische Stadt mit vorwiegend semitischen Bewohnern, deren Keramik und Rollsiegel sich gleichartig auch in den frühbronzezeitlichen Siedlungsschichten anderer syrischer und palästinischer Tells finden. Um die Mitte des dritten Jahrtausends tauchten aber im gleichen Raum schöne, fremdartige Gefäße auf, die nach ihrem ersten Fundort am See Genezareth Khirbeth-Kerak-Ware genannt werden. Vielleicht signalisiert diese hochpolierte Keramik mit roter oder schwarzer Engobe und manchmal Reliefdekor Einwanderer aus Nordostanatolien. Ob Hurriter, deren ungeahnt frühes Erscheinen in Syrien in Ebla sichtbar wurde, im Spiel waren, bleibt offen.

In der zweiten Hälfte des dritten Jahrtausends begann wahrscheinlich die Rolle von Ugarit als Hauptumschlagplatz für zyprisches Kupfer. Die Erwähnung seines Namens in einem eblaitischen Text, der von Kupferlieferungen aus Alašia (Zypern) handelt, weist auf bereits weitreichende Handelsbeziehungen. Seit dieser Zeit erschienen die Eselskarawanen aus dem Osten am Weißen Hafen, um die wertvolle Fracht zu übernehmen. Die Stadt auf dem Ras Schamra war damals noch klein, doch deutlich in das Netz des internationalen Warenverkehrs eingebunden und befand sich im Aufstieg. Die Siedlungsstraten aus der Frühbronzezeit erreichen eine Stärke von über drei Metern und bestehen teilweise aus Gebäuderuinen von beträchtlicher Größe. Bei den verschiedenen Sondierungen kamen Waffen aus einer Kupferlegierung zutage, die sicher lokale Produkte waren. Auch wurde eine Anlage zur Erzeugung von Olivenöl entdeckt. Im ganzen aber ist unsere Kenntnis der ersten Stadt auf dem Ras Schamra vorläufig noch sehr fragmentarisch. Fest steht nur, daß sie, wie viele andere im syrisch-palästinischen Bereich, im letzten Viertel des dritten Jahrtausends v. u. Z. zerstört und aufgegeben wurde.

Nach dieser Katastrophe blieb der alte Siedlungshügel am Minet el-Beida lange verlassen. Seine nächsten Bewohner waren die bereits beschriebenen mysteriösen Torques-Träger, die ihre Spuren nur in Gräbern hinterließen, aber vermutlich bald mit lokalen Bevölkerungselementen verschmolzen, die für einen neuen, glänzenden Aufstieg von Ugarit sorgten.

UGARIT UND ÄGYPTEN

Die Königsstadt der Mittelbronzezeit

Stratum II aus den über drei Meter starken Wohnschichten der neuen Stadt, die noch im Laufe des 20. Jahrhunderts v. u. Z. entstand, wurde an vielen Stellen durch die Ausgrabungen und Sondierungen angeschnitten. Es zeigte sich, daß damals die gesamte Oberfläche des Tells bebaut und ringsum durch eine zweieinhalb Meter dicke Steinmauer befestigt war. Zahlreiche Funde und Entdeckungen aus der mittelbronzezeitlichen Phase von Ugarit vermittelten eine deutliche Vorstellung vom raschen Aufstieg der Metropole im ersten Viertel des zweiten Jahrtausends v. u. Z., von ihrem Aussehen, ihrem Reichtum und ihren internationalen Verbindungen. Der Hügel, der im Nordostabschnitt des Ras Schamra durch die fast vier Jahrtausende währende Besiedlung dieser Zone des Tells aufgewachsen war, wurde damals zur Akropolis, auf der man die turmhohen Tempel der Hauptgötter errichtete. Auf Palastruinen aus dieser Periode stießen die Ausgräber bis jetzt nicht. Doch erscheint es sicher, daß Ugarit zumindest im 20., 19. und 18. Jahrhundert von Königen regiert wurde. Einer der Beweise für das Bestehen einer Dynastie ist der bereits erwähnte Brief des ugaritischen Fürsten an Zimri-Lim von Mari.

Die erste mittelbronzezeitliche Periode von Ugarit wurde durch intensive Beziehungen zu Ägypten stark geprägt. Der Fund einer Karneolperle mit der Kartusche Sesostris' II. (1971–1926 v. u. Z.) aus der Umgebung der Tempel zeigt, daß diese bereits im 20. Jahrhundert begannen. Daß nicht nur Halsketten als Ehrengeschenke der Pharaonen in die Hafenstadt gesandt wurden, beweisen Fragmente ägyptischer Skulpturen, die wahrscheinlich als Weihgaben verschiedener Herrscher der XII. Dynastie (1991–1785 v. u. Z.) nach den Heiligtümern der ugaritischen Götter gelangten. Der ägyptische Hof legte sichtlich Wert auf ein gutes Verhältnis zu dem nordsyrischen Küstenstaat, der sich eine führende Stellung im vorderasiatischen Warenverkehr aufgebaut hatte. Über die Art der Bindungen von Ugarit an das Nil-Reich wird noch immer gerätselt. Waren seine Könige Vasallen oder sogar Alliierte der Pharaonen? Wichtige Handelspartner waren sie ohne Zweifel. Beziehen sich die Titel des Wesirs Sesostris-Ankh, die auf der Rückseite seiner ugaritischen Gedenkstatue stehen, auf seine Funktion in der syrischen Metropole?

Es ist anzunehmen, daß die Pharaonen ihre Interessen zumindest durch eine ständige Vertretung in Ugarit wahrnehmen ließen. Der kulturelle Einfluß Ägyptens wird dort jedenfalls seit etwa dem 19. Jahrhundert v. u. Z. sichtbar und setzte sich bis zum Ende des Königreiches fort. Abgesehen vom beträchtlichen Import von Luxusgütern aus dem Nil-Reich, den Nachahmungen ägyptischer Produkte im Kunsthandwerk, wird dies bei den Bildwerken besonders deutlich. Die Statuetten der Götter, Göttinnen und Könige von Ugarit wurden ägyptischen Vorbildern stark angeglichen, in deren kanonischer Haltung, und oft mit deren Kennzeichen und Emblemen dargestellt. Die Reliefs der Elfenbeinpaneele des Prunkbettes aus dem Großen Palast von Ugarit zeigen, daß der höfische Stil der Pharaonen bis zum Schluß das Statussymbol der ugaritischen Herrscher blieb.

Frühzeitig begannen auch die Kontakte zum Zwischenstromland, die sich nicht nur auf die Handelsbeziehungen beschränkten, von denen Schriftstücke aus den Archiven von Mari berichten. Aus dem literarischen Nachlaß von Ugarit geht die dominierende Rolle der großen altmesopotamischen Dichtung im Geistesleben der Stadt hervor. Das Kopieren dieser Werke gehörte zum Lehrgang eines jeden Schreibers, ihre Kenntnis zum Bildungsschatz jedes Intellektuellen. Die Erfindung einer alphabetischen Schrift machte die Bevölkerung von Ugarit vermutlich zur belesensten jener Zeit, deren durchschnittliches Bildungsniveau ohnehin wesentlich über der allgemeinen Norm im Nahen Osten lag.

Intensiv waren von alters her die Beziehungen zwischen Ugarit und Zypern. Die syrische Hafenstadt war nicht nur der Hauptumschlagplatz für die Kupferproduktion der Insel. Viele Funde bezeugen eine bedeutende Einfuhr auch anderer zyprischer Produkte, vor allem von Tongefäßen mit unterschiedlichen Inhalten, die ebenfalls zum Teil weiterverkauft wurden. Das Bruchstück eines typisch zyprischen »Brettidols« aus Stratum III gehört zu den ältesten Beweisen früher Importe. *(Taf. 47)* Einwanderer aus der seit dem späten siebten Jahrtausend besiedelten Insel erschienen möglicherweise schon in vorgeschichtlichen Perioden im Weißen Hafen. Im 14. und 13. Jahrhundert bildeten sie vielleicht jenen Teil der Bewohner, der den Import der großen Mengen mykenischer Tonware, der über Zypern lief, in Händen hatte. Briefe aus dieser Periode verraten auch, daß enge, wahrscheinlich sogar verwandtschaftliche Bindungen zwischen den jeweiligen Königsfamilien bestanden.

Seeverkehr mit Kreta zu Beginn des 18. Jahrhunderts v. u. Z. signalisieren die feinwandigen bemalten Tassen des Kamares-Stils aus ugaritischen Familiengräbern.

Der Einbruch der Hurriter in Nordsyrien verursachte wahrscheinlich den bereits erwähnten Niedergang, der sich ab etwa der Mitte des 18. Jahrhunderts v. u. Z. in Ugarit abzeichnet. Ganze Teile der Stadt wurden verlassen und verfielen. Ähnliches spielte sich auch in anderen Gebieten Westasiens ab, das eine Epoche der Wirren und Zerstörungen erlebte. Inwieweit diese Ereignisse mit dem Beginn der etwa 100 Jahre dauernden Hyksos-Herrschaft in Ägypten zusammenhingen, ist noch immer ungeklärt. In der Levante dominierten die Hurriter nachweislich bis ins 15. Jahrhundert. Am neuen Aufstieg von Ugarit im 16. Jahrhundert waren sie mit Sicherheit wesentlich beteiligt. Aus Wörterbüchern, Namenlisten und Schriftstücken des 14. und 13. Jahrhunderts geht hervor, daß ein hoher Prozentsatz der Stadtbewohner hurritischer Sprache war.

Das Hurriter-Reich Mitanni im Bergland zwischen dem Oberlauf der Flüsse Euphrat und Tigris hatte sich gegen 1500 v. u. Z. zu einer Großmacht und damit zu einem gefährlichen Gegenspieler Ägyptens in Syrien und Palästina entwickelt. Die neue Expansionspolitik der ersten Pharaonen der XVIII. Dynastie, die nach der Vertreibung der Hyksos-Herrscher die Kontrolle über die levantinischen Kleinstaaten zurückgewinnen wollten, führte unter Thutmosis I. (1506–1494) zum ersten Zusammenstoß mit Mitanni. Der Pharao drang bis zum Euphrat vor, konnte aber trotz weiterer Expeditionen weder einen entscheidenden Sieg erringen noch den Einfluß des Gegners auf die syrischen und palästinischen Fürstentümer ausschalten. Deren durch Mitanni geschürte antiägyptische Haltung sorgte für fortlaufende Unruhen in diesem Bereich. Noch Thutmosis III. sah sich zwischen 1466 und 1448 fast jährlich zu Feldzügen nach Westasien gezwungen, um die ägyptische Oberherrschaft zu sichern. Palästina wird in ägyptischen Berichten aus dieser Zeit als »Huru«, das heißt als ein von Hurritern regiertes Land bezeichnet. In den strategisch wichtigsten Orten, zu denen auch Ugarit gehörte, wurden ägyptische Garnisonen eingerichtet.

Obwohl es 1448 zu einem Vertrag zwischen Mitanni und dem Nil-Reich kam, der den Grenzverlauf zwischen beiden Mächten festlegte, mußte der Nachfolger Thutmosis' III., Amenophis II., neuerlich verschiedene, durch Mitanni angezettelte Aufstände niederschlagen. Im siebten Jahr seiner Regierung kam es zu einem Feldzug gegen Nija im Osten des Orontes und anschließend zur Niederschlagung einer Revolte gegen die ägyptische Garnison und den pharaotreuen König von Ugarit. Dieses Ereignis wurde auf einer Stele des Amenophis II. in Karnak verewigt. »Seine Majestät begab sich nach Ugarit und besiegte alle seine Feinde und entfernte sich leichten Herzens, nachdem er das ganze Land zu seinem Eigentum gemacht hatte«, heißt es darauf. Dieselbe Inschrift nennt Ugarit auch »Festung des Königs«. Unter Amenophis III. wird es in einer Liste der Vasallenstaaten genannt.

Die ägyptische Oberherrschaft dauerte wahrscheinlich bis in die Regierungszeit Amenophis' IV. (Echnaton), obwohl die Machtstellung der Pharaonen in Palästina und Syrien zusehends abbröckelte. Es scheint, als erhielten die ugaritischen Fürsten eine Sonderbehandlung unter den Vasallen des Nil-Reiches. Unter den »Amarna-Briefen«, der diplomatischen Korrespondenz der Pharaonen mit Syrien im 15. bis 14. Jahrhundert aus der oberägyptischen Residenz des Echnaton, fand sich eine Tontafel mit einem Schreiben des

Niqmadu II. von Ugarit. Darin bittet er um die Überlassung zweier junger nubischer Sklaven für den Palastdienst und die Entsendung eines Arztes. Auf dem Bruchstück einer Alabastervase aus seiner Residenz ist die Hochzeit des Niqmadu mit einer ägyptischen Prinzessin dargestellt. Die Kartuschen Echnatons und seiner Gattin Nefertiti auf anderen Gefäßfragmenten zeigen, daß der Pharao Geschenke nach Ugarit schickte.

Bis zum 14. Jahrhundert v. u. Z. wird die Geschichte Ugarits nur aus den archäologischen Funden und vereinzelten Erwähnungen des Königreichs in Dokumenten aus Ägypten und anderen Ländern sichtbar. Die letzten 200 Jahre seiner Historie aber, in denen der Küstenstaat eine größere internationale Rolle als je zuvor spielte, lassen sich weitgehend aus eigenen Schriftzeugnissen rekonstruieren. Sie ergänzen und erhellen vielfach die Ergebnisse der Ausgrabungen, die sich über 50 Jahre hauptsächlich auf Stratum I konzentrierten, das die Relikte der letzten Hochblüte von Ugarit enthält. Darüber hinaus komplettieren sie auch die Berichte, die in den Archiven von Amarna, Hattuşa und Alalach am Orontes-Knie (Tell Açana von Woolley ausgegraben) zutage kamen, und trugen damit wesentlich zur Kenntnis der spätbronzezeitlichen Geschichte ganz Vorderasiens bei.

ZWEIHUNDERT JAHRE WIRTSCHAFTLICHER UND KULTURELLER BLÜTE

Ugarit unter hethitischer Oberherrschaft

Im 14. Jahrhundert v. u. Z. änderten sich die Machtverhältnisse im nordsyrischen Raum grundlegend. Die ägyptische Hegemonie wurde durch eine hethitische abgelöst. Das Reich Hatti hatte zuvor nach seinem raschen Aufstieg im 16. Jahrhundert eine lange Periode innerer Schwäche erlebt, die es seinen Einfluß in Nordsyrien kostete. Gegen Ende des 15. Jahrhunderts kam es dann zu einem Sieg über Mitanni unter dem Großkönig Tuthalija III., der auch einen Vertrag mit Aleppo abschloß. Dieser bedrohliche Vorstoß der Hethiter führte aber die alten Konkurrenten Mitanni und Ägypten zueinander. Ihre neuen freundschaftlichen Bande wurden sogar durch die Verheiratung zweier mitannischer Prinzessinnen mit Amenophis III. besiegelt. Dieses Bündnis und feindliche Einfälle in das hethitische Kernland sowie Aufstände in Anatolien machten Tuthalijas Erfolge wieder zunichte.

Erst unter dem energischen Schuppiluliuma I. (1380–1354), der die Stabilität des Hatti-Reiches wiederherstellte und dessen äußere Feinde, vor allem Mitanni, besiegte, entstand wieder eine für Ägypten gefährliche Lage. Schuppiluliuma hatte durch die Eroberung von Karkemisch am Euphrat und die Unterwerfung von Aleppo, das zum Vasallen von Hatti wurde, seine Einflußzone bis an die Grenze der ägyptischen Interessensphäre vorgetrieben. Außerdem konspirierte der Großkönig erfolgreich mit den Fürsten der levantinischen Kleinstaaten, deren Loyalität gegenüber den Pharaonen er zu unterminieren suchte. Bezeichnend für diese Entwicklung ist ein Brief des Ammistamru I. von Ugarit aus dem Amarna-Archiv. Er bezeugt darin zwar dem Pharao seine Treue, erwähnt aber auch die Nachstellungen der Hethiter. Interessant ist in diesem Zusammenhang ein Schreiben aus dem ugaritischen Palastarchiv, in dem Schuppiluliuma Niqmadu II. mit den Worten: »Niqmadu, sei wieder ein Feind meiner Feinde und ein Freund meiner Freunde« an eine alte Verbindung zwischen ihren Ahnen erinnert. Stand Ugarit schon einmal, vielleicht im 16. Jahrhundert, in einem Lehnsverhältnis zu Hatti?

Der endgültige Zerfall der ägyptischen Oberherrschaft über Syrien im Gefolge des Vordringens der neuen Großmacht Hatti war nicht mehr aufzuhalten. Auch Niqmadu II. widerstand diesem Druck auf die Dauer nicht. Noch unter Schuppiluliuma kam es zu einem Vertrag mit Hatti, der Ugarits Abfall von Ägypten und seine Eingliederung in die Schar der hethitischen Vasallen festlegte. Niqmadu II. verpflichtete sich darin zur Leistung eines jährlichen Tributes und zur Stellung von Soldaten, Streitwagen und Schiffen im Kriegsfall. Schuppiluliuma versprach seinerseits Hilfe gegen Angriffe auf das Königreich und eine Erweiterung von dessen Nordgrenze. Nachdem der hethitische den mitannischen Herrscher Tuschratta vernichtend geschlagen und dessen Hauptstadt Waschuganni eingenommen hatte, stieß er bis in den Libanon vor und unterwarf auch das Königtum Amurru, den südlichen Nachbarn von Ugarit. Weitere Eroberungszüge galten Mukisch und Qatna am Orontes.

Niqmadu nahm an diesen Expeditionen nicht teil, obwohl ihn Schuppiluliuma dazu aufgefordert und ihm als Belohnung einen weiteren Terraingewinn angeboten hatte. Nach dem siegreichen Ende des hethitischen Feldzuges mußte er sich dem Großkönig allerdings zu Füßen werfen, um dessen Vergebung zu erlangen, und einen hohen Tribut zahlen. Aus einer Liste geht hervor, daß dieser 500 Goldschekel, das heißt über 46 Kilogramm Gold, goldene und silberne Gefäße, Prunkgewänder und eine große Menge blauer und purpurner Wolle für den König, die Königin, den Thronerben und hohe Beamte umfaßte. Offenbar lasteten diese Abgaben nicht sehr schwer auf dem reichen Stadtstaat, ebensowenig wie das Vasallenverhältnis zu Hatti, das sich relativ wenig in die Wirtschafts- und Innenpolitik von Ugarit einmischte.

Die beträchtliche Autonomie des Stadtstaates unter der hethitischen Oberherrschaft spricht für die diplomatischen Fähigkeiten seiner Könige, die auf eine lange Erfahrung im Lavieren zwischen den Großmächten zurückblicken konnten. Ihre unmittelbaren Gesprächspartner waren meistens die Fürsten von Karkemisch, das als letztes Bollwerk des Mitanni-Reiches in die Hände der Hethiter gefallen war. Schuppiluliuma hatte dort einen seiner Söhne als Statthalter eingesetzt, der die Angelegenheiten der syrischen Vasallenstaaten stellvertretend zu regeln hatte.

Der ugaritische Handelsverkehr mit Hatti nahm einen gewaltigen Aufschwung. Aus hethitischen Dokumenten geht hervor, daß die Handelskompanien, die ihre Karawanen nach Hattuşa sandten, dort eine Bank gegründet hatten und daß andererseits hethitische Kaufleute aus dem kilikischen Ura eine für die Einheimischen unerwünscht große Rolle in Ugarit zu spielen begannen. Es scheint, daß diese vor allem den lebenswichtigen Import von Getreide aus den nordsyrischen Küstenstaaten beherrschten und die besondere Protektion des Großkönigs genossen. Vermutlich war der Hafen von Ura der Hauptzugang der Hethiter zur See und Ausgangspunkt wichtiger Inlandsrouten. In einer Beschwerde, die König Niqmepa an seinen Oberherrn Hattuşili richtete, heißt es: »Die Kaufleute, Söhne von Ura, lasten schwer auf dem Lande Deines Dieners.« Hattuşili verbot daraufhin diesen Händlern den Erwerb von Haus- und Grundbesitz im ugaritischen Staat. Außerdem durften sie sich dort nur im Sommer aufhalten, um ihre Geschäfte nach der Einbringung der Ernte zu tätigen. Doch wurde ihnen das Recht zugesprochen, zahlungsunfähige Schuldner mit ihren Familien als Sklaven nach Ura zu deportieren. Deren Häuser und Ländereien wurden jedoch Eigentum des Herrschers von Ugarit.

Es ist merkwürdig, daß die politischen und wirtschaftlichen Bande zwischen Hatti und Ugarit dort zu keiner wesentlichen kulturellen Beeinflussung führten. Obwohl Hethitisch eine der sieben Sprachen war, die nicht nur die Schreiber, sondern sicher auch ein Teil der Bevölkerung beherrschten, war das Interesse an der hethitischen Kunst und Religion offenbar gering. Unter den Funden gibt es kaum Importe aus Hatti.

Der Handelsverkehr mit Zypern, Kreta und den anderen levantinischen Staaten ging ungestört weiter, und die Beziehungen zu

Ägypten rissen selbst in der Zeit ernster Konflikte zwischen Hatti und dem Nil-Reich nie gänzlich ab.

Zahlreiche Texte beweisen, daß Ugarit in den letzten Jahrhunderten seiner Existenz eine bedeutende Seemacht war. Seine Flotte umfaßte sicher mehrere hundert Schiffe, die sowohl für den Waren- und Passagiertransport wie auch für Kriegshandlungen eingesetzt werden konnten. Aus hethitischen Dokumenten geht hervor, daß Hatti zur See wahrscheinlich weitgehend auf die ugaritische Flotte angewiesen war. Aus Ugarit stammen die bisher ältesten Schiffslisten. Zuvor kannte man nur die Schiffslisten aus der *Ilias*. Die großen Schiffe werden unter zwei verschiedenen Namen angeführt, doch ist anzunehmen, daß dasselbe Modell sowohl als Frachter wie auch, mit gewissen Änderungen bei der Ausstattung und Besatzung, als Kriegsschiff diente. Solche Mehrzweckschiffe waren kennzeichnend für die frühe Seefahrt und noch im Mittelalter üblich.

Die Entdeckung und Bergung eines gesunkenen ugaritischen Schiffes ist der Unterwasserarchäologie bislang noch nicht geglückt. Das bis heute älteste Wrack, ein mykenischer Frachter aus dem 13. Jahrhundert mit zyprischen Kupferbarren als Hauptladung, wurde 1960 beim türkischen Kap Ghelidonya aufgefunden. Dieses Fahrzeug wird sich wohl nicht wesentlich von den levantinischen unterschieden haben. Daß die ugaritischen Schiffe ziemlich groß waren, geht aus der Erwähnung eines Transportes von 90 Mann hervor. Es gab aber auch zahlreiche kleinere Boote verschiedener Bestimmung. Listen bieten einen Einblick in die Vielfalt der Schiffsbautraditionen in der Hafenstadt, die zweifellos über leistungsfähige Werften verfügte. Mesopotamische Modelle wie »Typ des Landes von Mari«, »Typ des Landes von Ur«, »Typ des Landes von Akkad« kommen häufig in den Listen vor.

Die Entwicklung von Ugarit zu einem Haupthafen des ostmittelmeerischen Seeverkehrs wird durch das ausgedehnte Hafenviertel illustriert, das spätestens ab dem 14. Jahrhundert die Bucht säumte, in der schon seit langem fremde Schiffe gelandet waren. Mit den geraden Straßen, stattlichen Häusern, Magazinen, Werkstätten, Läden, Purpurfärbereien und seiner buntgemischten Bevölkerung verkörperte es den Aufstieg des Küstenreiches zu einer bedeutenden Thalassokratie. Warenlager wie jenes, in dem die Ausgräber noch 80 Amphoren aufgereiht fanden, die für den Transport von Olivenöl oder Wein bestimmt waren, mehr als 1000 Flakons und Bilbils in einem anderen, in denen parfümiertes Öl, vielleicht auch Mohnsaft oder in Honig aufgelöstes Opium aus Zypern verschickt wurden, und zahllose andere Funde verrieten die Reichhaltigkeit des wohlorganisierten ugaritischen Exports.

In Wirtschafts- und Verwaltungsschriftstücken erscheinen über 350 Kategorien von Gütern, die zu Lande und zu Wasser verhandelt wurden. Kupfer, Zinn, Holz, Getreide, Wolle und Olivenöl spielten neben Fertigwaren wie Textilien, Bronzegeräten und Luxusgegenständen aus Edelmetallen, kostbaren Hölzern und Elfenbein eine Hauptrolle in der Ausfuhr. Kosmetika, Salben, Heilkräuter erscheinen ebenfalls auf den Listen. Dieses gewaltige Angebot, das nur zu einem Bruchteil für den Binnenmarkt bestimmt sein konnte, zeigt Ugarit als eine ganz auf die internationalen Märkte ausgerichtete Wirtschaftsmacht. Schaeffer dachte an eine zyprische und eine mykenische Kolonie am Hafen, doch unter den etwa 2000 Personennamen aus Ugarit kam kein einziger mykenischer vor, und unter den Schriftzeugnissen gibt es keines in der mykenischen Linear-B-Schrift. Nur die noch unentzifferte zyprominoische Schrift erscheint auf einigen Tontafeln und Objekten.

Aus Akten geht hervor, daß ein Teil der Handelsflotte dem König gehörte. Neben anderen besaß er das Monopol des Kupfer- und Getreidehandels. Der beträchtliche Export von Olivenöl erfolgte ebenfalls unter der Aufsicht des Palastes. Ein Hafenmeister, der »akîl kâri«, überwachte ihn und kassierte spezielle Taxen von ausländischen Käufern. Königliche Agenten wickelten auch Geschäfte mit Alašia, Kilikien und Ägypten ab. Daneben gab es selbständige Unternehmer. Als einer der großen Reeder wird mehrfach ein gewisser Sinaranu genannt, der Privilegien genoß und zu den reichsten Männern von Ugarit gehörte. Manchmal fungierte der Palast als Kapitalgeber für den privaten Seehandel. Außerdem bestand wahrscheinlich eine Gesellschaft, die als »hurbur« in den Dokumenten erwähnt wird und die die Interessen einer Handelsflotte vertrat, die auf eigenes Risiko operierte. Die merkantile Organisation der Hafenmetropole wirkt in vieler Hinsicht sehr modern.

In der ersten Hälfte des 14. Jahrhunderts wurde Ugarit von einer Katastrophe getroffen, deren Echo in einem der Amarna-Briefe erhalten blieb. König Abimilki von Tyros berichtet darin dem Pharao Amenophis IV. über die Lage in Syrien. Unter anderem schreibt er: »Ugarit, die Stadt des Königs, hat Feuer zerstört. Ihre Hälfte hat es verzehrt, und ihre andere Hälfte besteht nicht mehr.«

Für Schaeffer stand auf Grund seiner Ausgrabungsergebnisse fest, daß Ugarit damals von einem der in diesen Gebieten häufigen Erdbeben ereilt wurde, das eine Flutwelle und Brände auslöste. Als »die andere Hälfte« verstand er das Hafenquartier, das durch die hereinbrechenden Wassermassen weggefegt wurde. Tatsächlich waren dort die Spuren der Verwüstung noch deutlicher als auf dem Tell. Die meisten Gebäude mußten neu aufgebaut werden. Doch auch auf dem Ras Schamra weisen eine Brandschicht, gestürzte, geborstene und verschobene Mauern auf ein schweres Beben hin. Schaeffer datierte es gegen 1364 v. u. Z.; andere Forscher schlagen ein etwas früheres Datum vor. Als Argument hierfür dienen Erdbebenspuren in Jericho, dessen Mauern wohl ebenfalls auf Grund eines solchen Naturereignisses und nicht durch den Schall der israelitischen Trompeten einstürzten! Auch eine Plünderung und Brandschatzung der Metropole im Gefolge einer von Mitanni geschürten Revolte nordsyrischer Fürsten gegen Hatti wird unter Berufung auf einige Texte von anderen Archäologen erwogen. In diesem Fall wären die Zerstörungen ein Racheakt gegen den König von Ugarit gewesen, der sich dem Aufstand nicht anschließen wollte. Niqmadu II. hätte dann notgedrungen Schuppiluliuma zu Hilfe gerufen, der die Revolte unterdrückte und Niqmadu als Vasallen aufnahm.

Welche Ursachen auch hinter der Katastrophe standen, die Stadt erholte sich rasch. Stattliche Wohnhäuser mit großen Grabkellern im neu aufgebauten Hafenviertel bezeugen die Anwesenheit einer durch den Seehandel emporgekommenen Oberschicht reicher Kaufleute, Reeder und Schiffskapitäne. Keine andere Hafenstadt des

Mittelmeers mag damals von einem ähnlich bunten Völkergemisch bewohnt und besucht gewesen sein, in keiner anderen wurde vermutlich in sieben Sprachen gesprochen und geschrieben. Ugaritisch und Hurritisch waren die Idiome der Alteingesessenen, Akkadisch-Babylonisch wurde hauptsächlich im diplomatischen Briefverkehr und für amtliche Schriftstücke gebraucht, Hethitisch für die offizielle Korrespondenz mit den Höfen von Hattuşa und Karkemisch, Sumerisch spielte etwa die Rolle des Lateinischen in unserer Zeit, Zyprisch-Mykenisch diente der Verständigung mit der nahen Insel und wahrscheinlich auch mit Kreta und der ägäischen Welt im allgemeinen. Bewundernswert ist die Vielzahl verschiedener Schriften, die von den Schreibern, Steinschneidern und Graveuren beherrscht wurden. Die Wiedergabe der verschiedenen Schriftzeichen ist nicht immer fehlerfrei, ihre Kenntnis aber doch verblüffend gründlich.

Der Wohlstand von Ugarit in den letzten zweihundert Jahren seiner Geschichte war groß. Es scheint, als hätte niemand in dieser ausgezeichnet organisierten Gemeinschaft Not gelitten. Selbst Sklaven konnten es zu einer hohen Stellung bringen. Die Gesetzgebung war für jene Epoche erstaunlich human. Die Todesstrafe war zwar vorgesehen, wurde aber sehr selten vollzogen. Auch ernste Vergehen wurden verhältnismäßig milde bestraft. Von der Steinigung oder dem Abhacken der Hände, noch heute im islamischen Orient übliche Prozeduren, ist im ugaritischen Strafrecht nirgends die Rede. An der Spitze dieser fortschrittlichen Gesellschaft stand der König. Er verfügte über absolute Macht und ungeheuren Reichtum, trug aber auch die volle Verantwortung für ihr befriedigendes Funktionieren, für soziale Gerechtigkeit und das Wohlergehen seiner Untertanen.

DIE KÖNIGE VON UGARIT

Das letzte Kapitel einer glanzvollen Geschichte

Aus dem Keret-Epos, das von einem legendären König dieses Namens handelt, erfährt man einiges über die sozialen Verpflichtungen des Herrschers. Der Sohn des schwerkranken Fürsten wirft diesem vor, daß er seine Aufgaben nicht mehr erfülle, und verlangt von ihm, aus diesem Grund auf den Thron zu verzichten. Er sagt:

»...nicht sprichst du das Recht
der Witwe, nicht richtest du
die Rechtssache des an der Seele Bedrückten, nicht wirfst du nieder
die, die bedrücken die Armen. Vor dir
nicht lässest du speisen die Waisen...«

Man stellte deutlich hohe ethische Ansprüche an das Herrscheramt. Der König war Oberster Schiedsrichter. Seine Beschlüsse hatten Gesetzeskraft. Wahrscheinlich bekleidete er auch das höchste Priesteramt. Welchem Modell seine Stellung entsprach, ist unklar. Galt er, wie die Pharaonen, als Adoptivsohn einer Gottheit? Das Relief auf einem der Paneele des Prunkbettes, das die Große Göttin mit zwei königlichen Knaben an der Brust zeigt, könnte darauf hinweisen. Keret wird im Epos außerdem als »Sohn des El« bezeichnet. Zwei Göttinnen stillen seine Söhne. Waren die akkadischen Herrscher Vorbild, die als von den Göttern erwählte Heroen betrachtet, aber nur selten divinisiert wurden? Oder die hethitischen Großkönige, die erst nach ihrem Tode vergöttlicht wurden? Auf einer fragmentarischen Liste der ugaritischen Könige werden nur die verstorbenen göttlich genannt.

Auf eine außerordentlich lange Regierungsperiode des Königsgeschlechtes von Ugarit deutet der Gebrauch eines »dynastischen« Rollsiegels von hohem Alter durch die Herrscher des 14. und des

13. bis 12. Jahrhunderts. Dessen Abdrücke blieben auf zahlreichen Tontafeln erhalten. Stilistisch entspricht es genau den mesopotamischen Siegelzylindern der Ur-III-Periode und kann daher in das frühe zweite Jahrtausend datiert werden. Es trug die Aufschrift: »Yakarum, Sohn des Niqmad, König von Ugarit«. Darüber wurde eine typisch altbabylonische Einführungsszene eingeschnitten. Vor dem sitzenden bärtigen Gottkönig mit breitrandigem Hut steht ein Mann in Beterhaltung und hinter ihm eine »fürsprechende Göttin« mit Hörnerkrone und Falbelgewand. Der König hält einen Becher in der erhobenen Rechten. Vor ihm schweben am oberen Bildrand Astralsymbole: Sonne, Mondsichel und der Abendstern, das Emblem der Ischtar.

Es gab noch ein zweites solches Rollsiegel, das eine interessante Frage aufwirft. Es war etwas kleiner, gröber gearbeitet und wich in Details leicht ab. Ein Schriftstück aus dem Zentralarchiv des Palastes berichtet von einer Fälschung des königlichen Siegels und der Verbreitung »lügenhafter Dokumente« in Ugarit. Die Täter wurden bei der Arbeit ertappt und aus dem Palast und dem Stadtgebiet verbannt. Trotz der Schwere ihres Vergehens wurde kein Todesurteil gefällt! Allerdings erstreckte sich die Strafe auch auf die Söhne der Verbrecher. Im gleichen Archiv fand sich eine Tontafel ohne Beschriftung, auf der aber die Abdrücke des Originalsiegels und seiner Kopie wie zum Vergleich nebeneinander erscheinen. Für Schaeffer war dies der Beweis, daß es sich bei dem zweiten Exemplar um die Fälschung handelte. *(Fig. 33)*

Die ugaritischen Könige trugen stets Siegelringe mit ihren Namen, deren Abdrücke ebenfalls auf Dokumenten erscheinen. Doch maß man der Abrollung des ehrwürdigen Zylindersiegels, das vielleicht vom Gründer des Herrschergeschlechtes stammte, offenbar mehr Gewicht bei. Durch diese magisch geladene Handlung wurden die königlichen Beschlüsse gleichsam im Namen einer ganzen Dynastie legalisiert, deren hohes Alter das Siegel symbolisierte.

Niqmad und sein Sohn Yaqarum müßten in der mittelbronzezeitlichen Blüteperiode von Ugarit, im ersten Viertel des zweiten Jahrtausends, regiert haben. Ihre Namen sind die ältesten überlieferten.

Vielleicht gingen ihnen aber noch andere Könige voraus, die als Rephaim, als Ahnengötter, in den ugaritischen Epen auftauchen. Man hat den Namen Niqmad mit dem griechischen Nikomedes assoziiert. Dies wäre ein Argument für die Theorie einer Abkunft der Achäer aus Kleinasien und ihre frühe Verbindung mit den Hyksos beziehungsweise mit den Hurritern, die in der ersten Hälfte des zweiten Jahrtausends eine bedeutende Rolle in Ugarit zu spielen begannen. Doch könnte Niqmad auch ein semitischer Name sein, der etwa mit »Hadad rächt sich« zu übersetzen wäre.

Eine über 500 Jahre fortdauernde Herrschaft der ugaritischen Dynastie erscheint im Hinblick auf den langanhaltenden Niedergang, den die Stadt gleich vielen anderen in Syrien und Palästina ab der Mitte des 18. Jahrhunderts erlebte, problematisch. Überdauerten ihre Mitglieder die Krisenzeit im Exil? Wohin waren sie geflüch-

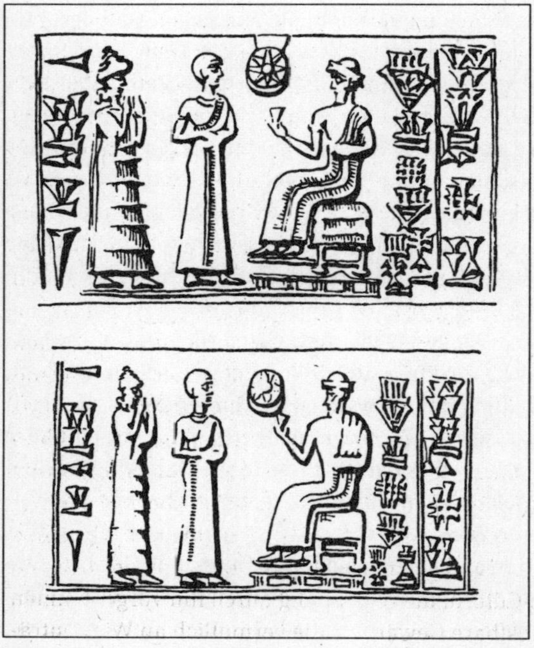

Fig. 33
Abrollungen der beiden dynastischen Siegel, mit denen Dokumente des Zentralarchivs gesiegelt wurden. Oben das Originalsiegel, darunter die jüngere Kopie

tet? Und wer errichtete, bewohnte und verließ dann vorzeitig den Nordpalast, der sich so auffallend von der jüngeren Residenz unterschied? Mit den Namen der meisten Könige, die etwa zwischen 1400 und 1180 in Ugarit herrschten, verbinden sich auf Grund der dortigen Schriftfunde sowie der Briefe und Berichte aus ägyptischen und hethitischen Archiven deutliche Vorstellungen. Die Dauer ihrer Regierungen läßt sich nicht immer genau feststellen. Annalen wurden anscheinend nicht geführt, doch liefern die Kopien, die in den Kanzleien von der ein- und ausgehenden Korrespondenz angefertigt wurden, viele wertvolle Informationen über die Außen- und Innenpolitik, die Beziehungen und Abkommen mit anderen Staaten und selbst über die persönlichen Probleme der Fürsten. Auch zuvor unbekannte historische Ereignisse und Entwicklungen im Ostmittelmeerraum und insbesondere der Levante werden durch manche Schriftstücke beleuchtet.

Die Mehrzahl der Akten aus den königlichen Kanzleien wurde in babylonischer Silbenschrift aufgezeichnet, die sowohl für die diplomatischen wie die juristischen Texte üblich war. Aus dem Zentralarchiv des Palastes stammt eine Fülle amtlicher Schriftstücke, die durchaus in ein modernes Notariat passen würden. Der König spielt darin eine Hauptrolle als Garant für Kontrakte, als Zeuge bei Abmachungen, als Unterzeichner von Dekreten, Ernennungen und Beförderungen. Man erfährt von Schenkungen Begünstigter an den königlichen Wohltäter, von hohen Abgaben und zugesagten Leistungen seiner Untertanen. Die ugaritischen Herrscher besaßen auch eigene Landgüter, und in den selbständigen Dörfern und Städtchen sorgten Beamte (»hazanu«) für die Wahrung ihrer Interessen, die Eintreibung von Steuern, die Erfüllung der Militärdienstpflicht usw. Das einfache Volk mußte die Soldaten stellen, die Oberschicht die Elitetruppe der Wagenkämpfer. Groß war die Schar der Beamten im Palast. Hohe Funktionäre trugen Titel wie Präfekt, Oberaufseher.

Eine Kategorie alphabetischer Texte handelt von umfangreichen Lieferungen von Öl, Wolle, Wein usw. an den König, aber auch von der Verteilung von Gütern, die regelmäßig durch ihn vorgenommen wurde, darunter kostbare Gewänder, die vermutlich an Würdenträger verschenkt wurden. Funde von Tongefäßen mit winzigen Scheibenperlen aus Korallen, Lapislazuli, blauer Fayence im Palast geben eine Vorstellung von solcher mit Perlen bestickter Prunkkleidung der vornehmen Ugariter. Viele Akten handeln von Erbverträgen, Prozessen, Besitzteilungen und Übertragungen, Ankäufen. Alle Texte wurden sehr genau formuliert. Auf Vertragsbruch stand hohe Strafe. Bestimmte Formulierungen gehörten zur Amtssprache, die aber weniger trocken und persönlicher wirkt als der Kanzleijargon unserer Zeit. Nachstehend ein Beispiel aus einer Adoptionsakte:

»Mit dem heutigen Tag hat Yasiranu, Sohn des Halamanu, Ilkuya als Sohn angenommen, vor Niqmadu, Sohn des Ammistamru, König von Ugarit. Er hat ihn für immer als Sohn angenommen. Sollte sich Yasiranu künftig von seinem Sohn trennen, wird er ihm 100 Silberschekel in die Hände geben. Wenn aber Ilkuya sich von Yasiranu, seinem Vater, trennen will, wird er sich die Hände waschen und auf die Straße hinausgehen.«

Diese Formel kommt auch in Testamenten vor, in denen die Gatten stets für die Wahrung der Rechte ihrer Witwen Sorge tragen. Bei deren Nichtbeachtung werden die Söhne mit Vertreibung von Haus und Hof bedroht. In der Adoptionsakte heißt es ferner:

»Wenn aber Yasiranu sterben sollte, wird seine Frau, Dame Milku, sein Haus weiter bewohnen. Wenn Ilkuya sich von ihr trennen will, wird sie die 80 Silberschekel, die sie als Mitgift einbrachte, zurücknehmen und das Haus verlassen... So wird Dame Milku in der Trauer ihres Herzens im Hause ihres Vaters wohnen.«

Die hohe Stellung der Frau in Ugarit wird aus vielen Dokumenten deutlich. In einem anderen Testament wird die Gattin als Alleinerbin eingesetzt. Die beiden Söhne werden ermahnt, nicht zu streiten und ihrer Mutter zu gehorchen. Andernfalls sind Strafen in Form von Bußzahlungen an den König und Hausverbot vorgesehen. Briefe an Frauen sind von ausgesuchter Höflichkeit. Einzelne Schreiben von Söhnen an ihre Mütter spiegeln ein liebe- und vertrauensvolles Verhältnis. Talamyani, ein »Seher« im Dienst der Schwester des Königs von Ugarit, schreibt zum Beispiel an seine Mutter:

»Ich lege meine Ergebenheit zu Füßen meiner Herrin, die so weit entfernt ist. Mögen die Götter Euch behüten und für Euer Wohlergehen sorgen. Wisse, daß Kelal bei mir ist. Es geht ihm gut und auch mir. Meine Aufgabe hier ist zu Ende. Ich ruhe mich nun aus. Meine Herrin, möget Ihr Eurem Diener alles über Eure Gesundheit mitteilen.«

Unter den literarischen Texten vom Ras Schamra fand sich ein poetischer Lobgesang auf eine Mutter. Vermutlich wurde er aus der sumerischen Dichtung übernommen, weil er auch den Gefühlen der Ugariter entsprach. In dem langen Gedicht, das in sumerischer, akkadischer und hethitischer Sprache niedergeschrieben wurde, kommen viele hymnische Vergleiche vor. Unter anderem heißt es darin:

»Meine Mutter, gleich dem Licht des Horizontes, ist ein Berghirsch.
Ein Morgenstern, der noch mittags glänzt…
Das köstliche Geschmeide einer Königstochter…
Eine Alabasterstatuette auf einem Sockel aus Lapislazuli.
Ein Elfenbeinpaneel, makellos und voll Charme…
Meine Mutter ist der ersehnte Regen, das erste Wasser für die Saat.«

Trotz der mutterrechtlichen Züge der ugaritischen Gesellschaft – auf den Quittungen aus dem Hause des Rašapabu, dessen Mutter eine Prinzessin war, erscheint zum Beispiel Rašapabu nur als ihr Sohn, der Vater wird nicht genannt – bevorteilten die Scheidungsgesetze deutlich den Mann. Er konnte ohne weiteres eine zweite Frau nehmen. Seiner Frau wurde aber nicht zugestanden, sich zum Zwecke einer Wiederverheiratung scheiden zu lassen. Auch als Witwe war sie im Falle einer neuen Ehe benachteiligt. Das Haus blieb ihr nur, wenn sie es allein bewohnte. Kinder aus zweiter Ehe erbten nichts und wurden als »Söhne von der Straße« bezeichnet. Der Gedanke an eine Wiederverheiratung ihrer Witwen war bei den ugaritischen Männern sichtlich unpopulär. Dies bezeugt auch eine Art Letzter Wille des Königs Ar-Chalba von Ugarit, ein sehr persönliches, emotionsgeladenes Dokument, in dem er einen potentiellen Nachfolger verflucht:

»Mit dem heutigen Tag hat Ar-Chalba, König von Ugarit, gesagt: Wenn ich in der Zukunft sterbe, sei jener, der meine Gattin Kubaba, Tochter des Takan, aus den Händen meines Bruders als Frau empfängt, durch Baal ertränkt. Sein Thron möge nicht vergrößert werden, sein Haus nicht blühen. Ja, möge Baal, der Herr des Berges Hazi (Sapon) ihn ertränken!«

Ob diese Verwünschung die Wiederverheiratung seiner Witwe verhinderte, bleibt offen. Ar-Chalbas Regierung dauerte nur einige Jahre (1340–1335?). Sie fiel in eine unruhige Epoche antihethitischer Revolten in Syrien, hinter denen wahrscheinlich Ägypten stand, das unter den energischen Pharaonen der XIX. Dynastie seine alte Machtstellung in Syrien zurückzugewinnen suchte. Es scheint, als sei Ar-Chalba damals auch seinem Oberherrn untreu geworden. Vermutlich kostete ihn dies seinen Thron, vielleicht selbst sein Leben. Murşili II. von Hatti setzte jedenfalls Ar-Chalbas Bruder Niqmepa als König von Ugarit ein, nachdem er die hethitische Vorherrschaft in Syrien aufs neue konsolidiert hatte. Von Ar-Chalba hören wir nichts mehr.

Unter Niqmepa II., der während seiner sechs oder sogar sieben Jahrzehnte umfassenden Regierung der Zeitgenosse dreier Großkönige wurde, verlor Ugarit seinen langjährigen Vasallenstaat Schijanu-Uschnatur an Karkemisch. Dies bedeutete nicht nur eine beträchtliche Schrumpfung des von ihm kontrollierten Gebietes, sondern auch größere Abhängigkeit von Hatti. Niqmepa ersuchte im Gefolge dieses Gebietsverlustes Murşili II. um eine Herabsetzung der jährlichen Tributleistung um ein Drittel, die ihm auch zugesagt wurde. Ein neuer Vertrag mit Hatti, aus dem ein gewisses Mißtrauen des Großkönigs gegenüber seinem wankelmütigen Vasallen spricht, band Ugarit noch fester an das Hethiter-Reich, mit dessen Schicksal es dann bis zum Ende beider Staaten verbunden blieb.

Ugaritische Soldaten nahmen an der Niederwerfung eines neuerlichen Aufstandes gegen Murşili teil. Eine Befreiung von der Heeresfolge konnte aber auch durch die Zahlung einer stattlichen Summe erlangt werden. So entging Ugarit durch die Entrichtung von 50 Goldminen später einer militärischen Teilnahme an einem

Abb. 25: Goldene Anhänger und Amulette
mit Darstellungen der Großen Göttin

Abb. 26 *linke Seite oben:* Gußformen aus Steatit für die Herstellung von Schmuck aus Gold und Silber

Abb. 27 *linke Seite unten:* Rinderfigur als Gewicht

Abb. 28 *oben:* Bronzegewicht in Form eines Kopfes

Abb. 29 *oben:* Entdeckung der bronzenen Sitzstatuette einer (hurritischen?) Göttin

Abb. 30 *rechte Seite:* Profilansicht der thronenden Göttin

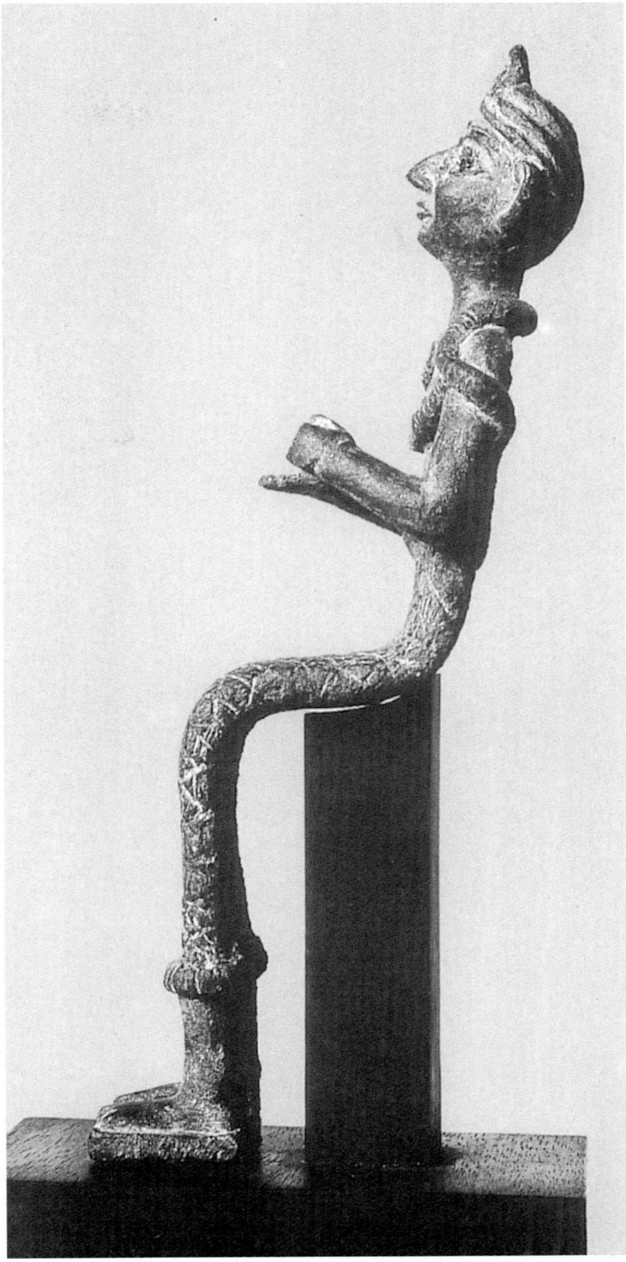

Abb. 31: Bronzestatuette
eines (hurritischen?)
Gottes. Vorderansicht

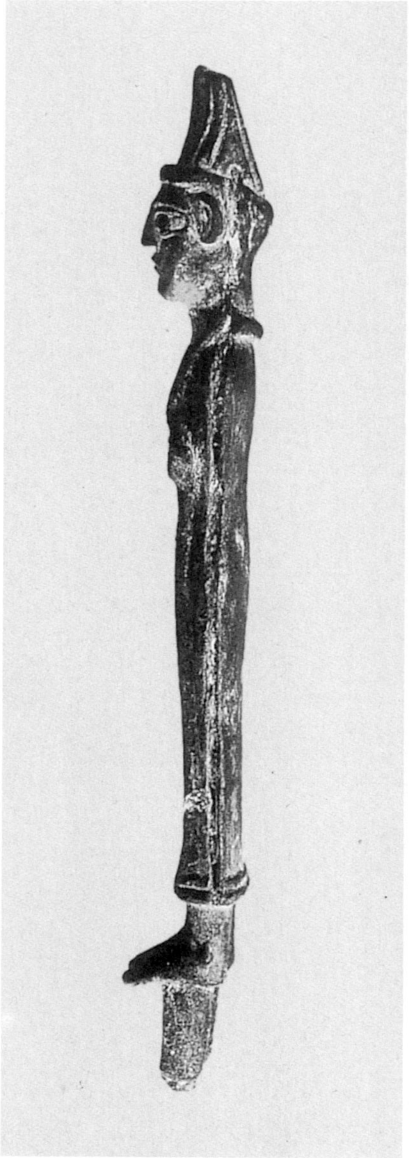

Abb. 32: Profilansicht
derselben Statuette

Abb. 33: Die Festungsanlage von Ugarit mit der Poterne

Abb. 34: Elfenbeinpaneel des Königsbettes mit Darstellung der Hathor, die zwei Knaben stillt

Abb. 35: Der König und seine Gattin in ägyptischer Tracht

Abb. 36: Elfenbeinpaneel des Königsbettes mit der Darstellung des Königs als Pharao, der einen Feind besiegt

Abb. 37: Die Entdeckung eines Elfenbeinhauptes

Abb. 38: Das restaurierte Haupt

Abb. 39 *linke Seite oben:* Claude Schaeffer und zwei Mitarbeiter bei der Freilegung einer Gruppe beschriebener Tontafeln

Abb. 40 *linke Seite unten:* Die Orthostaten der Fassade des Nordpalastes mit Resten der Bitumen-Auflage

Abb. 41 *oben:* Raïf Hafez, Wolfgang Forrer und Odile Schaeffer (v. r. n. l.) auf dem Ausgrabungsgelände im Palast von Ugarit

Abb. 42 *folgende Doppelseite:* Ansicht des Ras Schamra mit dem Ausgrabungsareal

Abb. 43: Porträt von Claude F. A. Schaeffer

assyrisch-hethitischen Konflikt. Als es im Gefolge des Abfalles des Königs Benteschina von Amurru, der sich mit Ägypten verbündete, zu einer großen Auseinandersetzung zwischen dem hethitischen Herrscher Muwatalli und Ramses II. von Ägypten kam, nahmen ugaritische Truppen an der Schlacht bei Qadesch am Orontes teil. Ramses II. ließ diesen Kampf der beiden Großmächte um die Vorherrschaft in Syrien in dramatischen Reliefdarstellungen an Tempelwänden in Abu Simbel, Karnak, Abydos und Luxor und wortreichen Inschriften im Stil eines Heldenepos als einen Sieg der Ägypter verherrlichen. Danach habe er persönlich an der Spitze seiner Leibgarde, trotz der Flucht seiner Truppen, das Kriegsglück zugunsten Ägyptens gewendet.

Dieser Schlachtenlyrik steht nur ein kurzer, trockener Text aus Hattuşa gegenüber, in dem Hattuşili III. berichtet: »Zur Zeit, als König Muwatalli den König von Ägypten bekriegte, als er den König von Ägypten besiegte, da ging der Ägypterkönig zurück nach dem Lande Aba (das Gebiet im Umkreis und nördlich von Damaskus). Dann aber besiegte König Muwatalli das Land Aba, marschierte danach zurück ins Land Hatti, ich aber blieb im Lande Aba.« Aus diesem Dokument und vor allem aus den auf die Schlacht von Qadesch folgenden Machtverhältnissen geht deutlich hervor, daß von einem Sieg Ramses' II. keine Rede war. Die Ägypter mußten sich im Gegenteil bis weit hinter Damaskus zurückziehen und das Land Aba den Hethitern überlassen. Amurru wurde wieder ein Vasallenstaat von Hatti.

Kriegshandlungen in großem Stil zwischen dem Nil-Reich und Hatti gab es danach nicht mehr, doch blieb das Verhältnis gespannt. Zu einem Friedensvertrag zwischen Ramses II. und Hattuşili III. kam es erst wesentlich später (1270?). Mit diesem Abkommen aber begann eine lange Periode der Stabilität für Syrien und Palästina. Großkönig Hattuşili sandte Ramses II. sogar seine älteste Tochter als Gemahlin, und dessen Nachfolger Merenptah half dem Hethiter-Reich anläßlich einer Hungersnot mit Getreidelieferungen aus.

Ugarit, als Hauptstation der großen Nord-Süd-Route von Anatolien nach dem Nil-Tal, gehörte zu den hervorragendsten Nutznießern dieser Zeit ungestörten Handelsverkehrs. Der allgemeine Wohlstand nahm zu, der Palast wurde erweitert, neue imposante und komfortable Häuser entstanden längs der gepflasterten Straßen der dichtbevölkerten Stadt. Die Handelsverbindungen mit Ägypten wurden wieder intensiviert. Von dem Krieg, der zwischen Tuthalija IV. und Salmanassar I. und Tukulti Ninurta I. von Assyrien ausbrach, hatte Ugarit in erster Linie wirtschaftliche Nachteile, da die hethitischen Vasallen verpflichtet wurden, Assur und Babylon vom Mittelmeerhandel auszuschließen.

Der Herrscher von Karkemisch, ein hethitischer Prinz namens Ini-Teschub, wurde vom Großkönig zunehmend mit der Regelung sämtlicher Angelegenheiten der syrischen Lehnsstaaten betraut. Er stand im Range über deren Königen und mischte sich auch mehrfach in die Affären des ugaritischen Herrscherhauses ein.

Als Niqmepa, genannt »Herr der Gerechtigkeit, Oberaufseher des Königlichen Hauses, Hüter der Grenzen, der Baumeister, der das Herz des Königreiches erfreut«, starb, war sein designierter Nachfolger scheinbar noch nicht erwachsen. Die Regierungsgeschäfte wurden einige Zeit von der Königin Achat-Milku geführt, ehe Ammistamru II. den Thron bestieg. Seine etwa ein Vierteljahrhundert umfassende Regierungszeit verlief ohne schwerwiegende außenpolitische Probleme, doch nicht ohne innenpolitische Krisen verschiedener Art, in die Ini-Teschub, vermutlich im Auftrag des Großkönigs, und auch dieser selbst mehrmals eingriffen.

Zunächst scheinen zwei Brüder des Ammistamru ein Komplott gegen ihn und seine Mutter geschmiedet zu haben, um sich des Thrones zu bemächtigen. Der junge König und Achat-Milku appellierten an Tuthalija und den König von Karkemisch als Schiedsrichter. Das Urteil fiel zugunsten des Ammistamru aus. Seine Brüder wurden nach Auszahlung ihres Erbes für immer nach Alašia verbannt und mußten schwören, in Zukunft keinerlei Forderungen mehr gegen den ugaritischen König oder dessen Söhne geltend zu machen. In dem diesbezüglichen Dekret heißt es auch ausdrücklich, Ammistamru könne seinen Nachfolger frei wählen.

Verwickelter erscheint die spätere dramatische Scheidung des

Ammistamru II., von der verschiedene Dokumente aus dem Südarchiv des Palastes handeln. In einem ist von seiner Trennung von Piddu oder Piddaya, der Tochter Königs Benteschina von Amurru, die Rede, die verstoßen wurde und nach Amurru zurückkehrte. Ein anderer Text bezieht sich ebenfalls auf eine Scheidung des Ammistamru von der »Tochter der Großen Dame«, einer amurritischen Prinzessin, die eine schwere Verfehlung begangen habe. Ihr Name wird nicht genannt, doch waren die beiden Personen höchstwahrscheinlich identisch. Es ist nicht anzunehmen, daß der König zweimal hintereinander eine amurritische Prinzessin heiratete und sich dann unter skandalösen Umständen von ihr scheiden ließ. Claude Schaeffer war überzeugt, daß es sich um ein und dieselbe Angelegenheit handelte.

Zu jener Zeit regierte bereits Benteschinas Sohn Schauschgamuwa in Amurru. Drei Tontafeln aus dem Südarchiv stammen von ihm und beziehen sich durchweg auf die Affäre der »Tochter der Großen Dame«. Den Titel »Große Dame« könnte die Witwe des Benteschina getragen haben. Ammistamru verlangte von Schauschgamuwa die Rückkehr oder Auslieferung seiner Gattin. Dieser antwortete zunächst ausweichend und beschwichtigend, reagierte dann aber wütend, als Ammistamru drohte, seine Frau notfalls mit Gewalt zu holen, und verlangte von diesem die Abgabe einer Erklärung, in der er auf alle Versuche, seine Rechte geltend zu machen, verzichtete.

An diesem Punkt mischte sich Tuthalija, der Wert auf Frieden in seinen Vasallenstaaten legte, in den Konflikt ein. In einem Brief an Schauschgamuwa verbietet er diesem in scharfen Worten und unter Herabrufung des Zornes der Götter bei Nichtbeachtung seines Befehls jegliche Kriegshandlung gegen Schiffe oder Soldaten des Ammistamru, die dessen Frau zurückholen sollen. Eingeschüchtert gibt der amurritische König nach und sendet seine vermutliche Schwester mit den grausamen Worten zurück: »Mache mit ihr, was du willst! Wenn es dir gefällt, wirf sie ins Meer; wenn es dir gefällt, töte sie!« Über das Ende dieser Tragödie wissen wir nichts, doch erscheinen die Rollen des Hethiter-Königs und seines Stellvertreters in

Karkemisch in dieser komplizierten Geschichte merkwürdig. Aus dem Text einer großen Tontafel mit dem Siegelabdruck des Tuthalija geht hervor *(Fig. 34)*, daß er diese Heirat, bei der er als Trauzeuge auftrat, ursprünglich gefördert, wenn nicht sogar arrangiert hatte. Die Scheidung erfolgte später aber vielleicht auf seinen Befehl, sicher mit seiner Zustimmung. In dem Dekret heißt es: »Vor der Sonne, Tuthalija, Großkönig, König von Hatti, hat Ammistamru, König von Ugarit, die Tochter des Benteschina, des Königs von Amurru, zur Frau genommen. Sie aber hat nur Böses im Sinn gehabt. Ammistamru, der König von Ugarit, hat die Tochter des Benteschina verstoßen. Für ewig!«

Es folgen Anweisungen über die Rückgabe der Mitgift an die Königin und die Erbfolge. Ihr Sohn Utrischarruma wird als Thronfolger anerkannt. Falls er sich aber seiner Mutter anschließen wolle, »soll er sein Gewand auf einen Schemel legen und hingehen. Ammistamru, König von Ugarit, wird einen anderen seiner Söhne als

Fig. 34
Siegelabdruck des Hethiter-Königs Tuthalija IV. auf der Urkunde, die sich auf die Scheidung des Königs Ammistamru II. von der Tochter Königs Benteschina von Amurru bezieht

Kronprinz einsetzen... Falls Utrischarruma nach dem Tod von Ammistamru seine Mutter zurückholt und wieder als Königinmutter einsetzt, soll er sein Gewand auf einen Schemel legen und hingehen, wohin er will. Dann wird meine Sonne einen anderen Sohn des Ammistamru in Ugarit zum König machen...«

Jahre später warf die Entdeckung einer heimlich ausgegrabenen und verkauften Tontafel aus Ugarit in Paris, die das Siegel des Ini-Teschub trägt, neues Licht auf den ugaritischen Scheidungsskandal. Nach diesem Text verlangte der König von Karkemisch von Schauschgamuwa, seiner Schwester den Aufenthalt in Amurru zu verbieten und ihre Rückkehr nach Ugarit zu verhindern. Schaeffer neigte nach diesem Fund zur Ansicht, die Trennung des ugaritischen Königspaares wurde durch eine hethitische Intrige gegen die Fürstin, die einer ägyptenfreundlichen Dynastie entstammte, mit Hilfe falscher Beschuldigungen von Ammistamru erpreßt. Es fanden sich auch Hinweise auf bedeutende Geldsummen, die hethitischen Persönlichkeiten, darunter Prinzen, angeboten wurden. Schaeffer hielt diese für Agenten mit dem Auftrag, die Königin zu verleumden und zu kompromittieren. Das »Böse«, das sie im Sinne gehabt hätte, könnte auf ihre antihethitische Einstellung deuten. Aus der sicher lückenhaften Dokumentation über die Eheprobleme des Ammistamru wird nur eines ganz deutlich: die weitgehende Einmischung des Großkönigs in die Angelegenheiten des ugaritischen Königshauses. Auch in anderen innenpolitischen Fragen spielte vor allem der Herrscher von Karkemisch den Schiedsrichter, der gelegentlich Briefe mit Befehlen an den König von Ugarit richtete, als sei dieser sein Untergebener.

Ammistamru bestimmte noch bei Lebzeiten nicht Utrischarruma, sondern seinen Sohn Ibiranu zum Nachfolger. Es scheint, daß dieser seinem hethitischen Oberherrn weniger Respekt entgegenbrachte als sein Vater. Im Brief eines hethitischen Prinzen wird ihm vorgeworfen, er habe dem Großkönig keinen Antrittsbesuch gemacht und keine Boten gesandt. »Die ›Sonne‹ ist sehr über diese Affäre verärgert. Beeile Dich, Deine Boten mit Geschenken für den König und für mich zu schicken...«, heißt es darin. Aus zwei dringenden Briefen des ugaritischen Botschafters am Hof von Hatti an seinen König erfährt man, daß es auch mit den Geschenken nicht weit her war. Eine dem Großkönig versprochene Sendung von Lapislazuli bestand aus minderwertigem Stein und erregte den Zorn des Herrschers. Takuhlu, der Botschafter, beschwört seinen Herrn, um Himmels willen echten Lapislazuli für den Großkönig zu beschaffen, der ein großer Liebhaber dieses Steines sei, damit dieser nicht noch mehr erzürne und sich von Ibiranu verspottet fühle.

Seinen militärischen Verpflichtungen als Vasall von Hatti suchte Ibiranu ebenfalls zu entgehen. Als Talmi Teschub, der inzwischen den Thron von Karkemisch bestiegen hatte, von ihm die sofortige Entsendung von Soldaten und Kampfwagen verlangt, betreibt er eine Verzögerungstaktik und wünscht zunächst genaue Angaben über die Zahl der Streitwagen. Ein Spezialist wird dann eilig nach Ugarit beordert, um die Menge der verfügbaren Gefährte festzustellen, die Talmi Teschub nochmals energisch anfordert.

Nach Ibiranu wurde dessen Sohn, Niqmadu III., König. Seine Regierung dauerte anscheinend nicht lange. Nur wenige Schriftstücke aus dieser Zeit blieben erhalten, darunter ein Brief, in dem er aufgefordert wird, dem Pharao Gold und Purpur als Geschenk zu senden. Die Beziehungen zwischen Ugarit und Ägypten waren nach dem Friedensschluß zwischen den Großmächten wieder ausgezeichnet. Eine Reihe von Texten bezeugt lebhaften Warenverkehr mit dem Nil-Reich. Zahlreiche ägyptische Kaufleute besuchten Ugarit und tätigten große Einkäufe von Öl und anderen Produkten. Viele waren auch in Ugarit ansässig und bildeten eine eigene, rechtlich anerkannte Körperschaft, deren Interessen von ihrem Souverän, dem Pharao, geschützt wurden. Aus der Zeit des Ammistamru stammt eine Urkunde über die Schenkung eines Hauses und von Ländereien an einen Ägypter.

Der letzte Herrscher von Ugarit trug den altberühmten Namen Hammurapi. Es ist nicht deutlich, ob er ein Mitglied der Dynastie war. Auch bleiben das Datum und die Umstände seiner Thronbesteigung unklar. Sicher scheint nur, daß er bis zum Ende von Ugarit regierte. Aus seiner Korrespondenz mit dem hethitischen Hof geht hervor, daß Hatti unter Schuppiluliuma III. im Gefolge innerer Krisen und der wachsenden Bedrohung durch die Nord- und Seevölker viel von seinem Ansehen und seiner Macht eingebüßt hatte. Der Großkönig spricht in einem Brief von einer doppelten Gefahr für sein Reich: von einer Hungersnot und einer Invasion.

Hammurapi verkehrt mit ihm nicht mehr als der untertänige Vasall, sondern als ein wichtiger Verbündeter, auf dessen Beistand das hethitische Reich, vor allem zur See, angewiesen ist. Der dringende Brief eines Angehörigen des Hofes von Hatti erbittet die umgehende Entsendung eines großen Schiffes mit entsprechender Besatzung für eine Ladung Getreide aus Mukisch, die Schuppiluliuma für die hungernde Bevölkerung der südlichen Küstengebiete seines Reiches bestellt hatte. Ein zweites Schreiben über diese Angelegenheit enthält außerdem die Forderung, Schiffe für Truppentransporte und die Evakuierung des königlichen Hofes – wohin, wird nicht gesagt – zu schicken. Ein dritter Brief spiegelt Panik. »Komme zusammen mit deinen Schiffen zur ›Sonne‹, deinem Herrn«, heißt es darin. Als Belohnung für seine Hilfe wird Hammurapi eine riesige Summe Gold und Silber versprochen.

Aus Hammurapis bereits früher zitierter Korrespondenz mit dem König von Alašia geht hervor, daß er seine Schiffe tatsächlich an die anatolische Küste beorderte und dem Ansturm des Feindes zu Lande und zur See ohne seine stärkste Waffe, die schlagkräftige Flotte, ausgeliefert war. Ob Ugarit wirklich ein Opfer der Seevölker wurde, die nach dem Brief des Hammurapi an den König von Alašia bereits sein Land und verschiedene seiner Städte verwüstet hatten, ist nicht mit absoluter Sicherheit nachzuweisen, aber sehr wahrscheinlich.

Claude Schaeffer änderte allerdings in den letzten Jahren seiner Ausgrabungen auf dem Ras Schamra seine ursprüngliche Meinung über das Ende von Ugarit. Er setzte dieses erst einige Jahre nach der geschilderten Invasion Nordsyriens an und gab einem furchtbaren Erdbeben, das verheerende Brände auslöste, die Schuld. Eine stellenweise meterdicke Schicht gelblichen Staubs, unter der die Trümmer von Ugarit und des Hafenviertels lagen, erschien ihm als der Beweis für eine katastrophale Dürreperiode, die der Vernichtung vorausgegangen war. Er vermutete, daß die gut befestigte Metropole durch geschickte Verhandlungen mit den feindlichen Horden und entsprechende Zahlungen und Lieferungen von diesen verschont blieb. Eines von Schaeffers Argumenten ist die fehlende Erwähnung von Ugarit auf Ramses' III. Listen der von den Nord- und Seevölkern eingenommenen Städte. Karkemisch wird jedoch genannt und könnte stellvertretend für das gesamte, ihm unterstehende Gebiet stehen. Nach Schaeffers Ansicht wurde Ugarit nach Jahren des Verfalls auf Grund der Kriegswirren und einer sehr lang anhaltenden Trockenheit erst später durch seine von einleitenden Erdstößen gewarnten Bewohner fluchtartig verlassen.

Was immer im ersten Viertel des 12. Jahrhunderts v. u. Z. geschah, Ugarit, seine Dynastie und seine hochzivilisierte Bevölkerung verschwanden ebenso plötzlich wie endgültig von der Bühne der Geschichte.

Nach über drei Jahrtausenden wurde die vergessene Stadt auf dem Ras Schamra wiedergefunden. Ihr durch die Menschen und die Zeit geschundenes Bild bleibt unvollständig. Es gleicht einem Mosaik in einer sehr alten Kirche. Viele Stücke fehlen, doch schemenhafte Gestalten und der dunkle Glanz von Gold und unvergänglichen Farben zaubern noch eine Vision von den unzerstörbaren Kräften menschlichen Geistes in die dämmrigen Gewölbe.

GÖTTER, MONSTREN, MYTHEN UND ZEITLOSE WEISHEIT

Kultische und literarische Texte aus Ugarit

DAS PANTHEON DER UGARITER

Durch die Entdeckung der Kulttexte von Ugarit, sei es auch nur in Fragmenten, entstand zum erstenmal ein klares Bild von der altkanaanäischen Religion. Dieser Nachlaß einer früher fast nur aus zweiter Hand in Bruchstücken übermittelten geistigen Welt bereichert nicht nur die Geschichte der Religionen und der Dichtung. Er schlägt darüber hinaus auch eine Brücke zwischen der althebräischen und der griechischen Literatur, die zuvor fehlte, trägt zum Verständnis des Alten Testaments bei und deckt Verbindungslinien auf, die von den frühen östlichen Zivilisationen bis in unsere Zeit führen.

Die Gottheiten von Ugarit, die zuvor kaum bekannt waren, erscheinen in den wiedergefundenen Mythen gleich den Naturkräften, denen sie Gestalt verleihen: ungeheuerlich, furchterregend, unberechenbar, gütig und grausam; daneben aber auch so klein wie Menschen, manchmal selbst lächerlich. Sie betrinken sich, schlemmen, sind gewalttätig, machtbesessen, feige, intrigant. Nichts Irdisches ist ihnen fremd. Sie bieten ein Schauspiel von kosmischen Dimensionen und zugleich ein ins Titanische vergrößertes Abbild der menschlichen Gemeinschaft. Ähnliches tritt uns später in der homerischen Götterwelt entgegen.

Die Ugariter sparten nicht mit blutigen und unblutigen Opfergaben für ihre Gottheiten. Ganze Viehherden stehen auf den Opferlisten; außerdem Fische, Früchte, Wein, Honig, Kostbarkeiten, Geld. Ein Votivtext erwähnt zum Beispiel 400 Goldschekel für Baal. Glaubte aber jedermann wirklich an dieses Pantheon, an die Macht, das erkaufbare Wohlwollen der bunten Götterschar? Vielleicht trennt uns weniger, als wir denken, von der Einstellung zumindest der belesenen, geistig beweglichen Oberschicht von Ugarit. Man gebrauchte nur andere Gleichnisse; die ewigen Fragen waren für sie dieselben wie für uns.

Die Wissenschaft hat die Welt seither entmythologisiert, viele Geheimnisse enträtselt, viele Phänomene erklärt; das Warum beantwortet sie ebensowenig wie die Priester und Weisen von Ugarit. Hinter den gigantischen, farbenprächtigen Figuren, den fabulösen Taten und Schicksalen der Götter der altorientalischen Hochkulturen, zu beginnen mit der sumerischen, diesen Gebilden einer schrankenlosen Phantasie, die sich Symbole erschuf, erstreckt sich der dunkle, nackte Hintergrund eines tiefen Pessimismus. Er unterscheidet sich nicht wesentlich von der Illusionslosigkeit unserer Zeit.

Der oberste Gott des ugaritischen Pantheons war Il, der El des Alten Testaments. Er wird als alter, weiser Göttervater mit grauem Bart dargestellt. In den Mythen heißt er »der Freundliche«, »der Mitleidvolle«, »der Gütige«. »Du hast die Weisheit und ewiges Leben zum Anteil«, sagt seine Gattin Ascherat, die »Gebärerin der 70 Götter«, zu ihm. Er wird aber auch »der Stier« genannt als Ausdruck seiner Kraft und Potenz. Trotzdem erscheint Ils Macht nicht sehr groß; seine Rolle ist eher passiv. Er liebt die Ruhe, den Frieden, den Schlaf, den Wein und läßt sich leicht beeinflussen. Seine Residenz befindet sich an einem unendlich weit entfernten, mysteriösen Ort: »an der Quelle der beiden Flüsse«, »in der Tiefe der beiden Ozeane«. In seiner Botschaft an die mordsüchtige Göttin Anat sagt er:

»Ich lehne ab die Kriege im Lande! Lege auf die Erde
viel Liebe, gieße Frieden in die Mitte des Landes,
...in die Mitte der Gefilde,
halte zurück deinen Stab, deine Waffe...« *(Fig. 25, S. 206)*

Il gehörte vielleicht zu einer früheren Kosmogonie gleich dem Kronos, Zeus' Vater, im griechischen Mythos. Der sehr umstrittene, unvollständige Text eines Kultrituals auf einer ugaritischen Tontafel könnte dieser älteren Götterlehre entstammen, deren Hauptperson Il war. Die in Rubriken unterteilte Vorderseite der Tafel enthält eine Lobeshymne auf die »lieblichen und schönen Götter« mit Wiederholungen und Anweisungen für einen siebenmal vorzutragenden Wechselgesang. In diesem wird »das Feld« verherrlicht, der Acker, den der befruchtende Samen zum Leben erweckt, als Sinnbild des Mutterschoßes der Ascherat und der Rhmy, die von Il geschwängert werden. Weiter gibt es Segenssprüche für die Teilnehmer an der Kultfeier, den König, die Königin, das Hof- und Tempelpersonal, Opfervorschriften und den lückenhaften Text eines Chorliedes. Auf der Rückseite der Tafel folgt die Geschichte der Zeugung der Astralgottheiten Schalim und Schachar.

Il begegnet am Meeresufer zwei Frauen, wahrscheinlich der Ascherat und ihrer Magd Rhmy, die Wasser in ein Gefäß füllen. Sie rufen ihn an wie einen androgynen Urgott: »Väterchen, Väterchen«, die eine, »Mütterchen, Mütterchen«, die andere. »Da verlängerte Ils Hand (Glied) sich wie das Meer, die Hand Ils wie der Ozean.« Er bringt die Frauen in sein Haus. Es folgt eine Szene, deren Symbolik nicht durchschaubar ist. Il wird vorübergehend impotent. Die Frauen rufen: »Mann, Mann – Väterchen, Väterchen!« Il erhält seine Kraft zurück und umarmt sie.

»Er neigte sich zu ihren Lippen, er küßt sie,
Siehe, ihre Lippen sind süß wie die Weintrauben…«

Die Frauen empfangen und gebären die beiden Sternengötter. Die gute Nachricht wird Il überbracht. Auf seine Frage nennt man ihm die Namen der Kinder. Er ist hoch erfreut und ordnet ein Opfer an für die Sonnengöttin Schapasch und die Sterne. Die Unersättlichkeit der Neugeborenen wird dann beschrieben. Sie saugen abwechselnd an den Brüsten der Herrin Ascherat:

»Mit einer Lippe an der Erde,
mit der anderen am Himmel,
und es flogen in ihren Mund die Vögel des Himmels,
und die Fische des Meeres…«

Später werden die Knaben nach der »heiligen Wüste« gebracht. Dort können sie frei umherschweifen. Sie bleiben sieben oder acht Jahre in der Wüste, bis sie den »Wächter der Saat« treffen, den sie bitten, »ihnen das Tor zu öffnen«. Er läßt sie ein in sein Haus, und sie genießen reichlich Brot und Wein. Bedeutete diese Episode ihren Eintritt in das fruchtbare Kulturland?

Der Text auf dieser Tafel bezieht sich zweifellos auf eine Kultfeier, bei der ein Mythos, begleitet von Gesang und Opfern, rezitiert und wohl gleichzeitig auch dargestellt wurde. Es ist deutlich, daß es sich um ein Fest zur Beschwörung der Fruchtbarkeit der Natur handelt. Der »hieros gamos«, die Heilige Hochzeit, steht im Mittelpunkt des Geschehens; vielleicht geht es aber auch um die Verjüngung des Schöpfergottes.

Die Meinung der Gelehrten über diesen Text ist geteilt. Einige sehen darin die Vorschriften für ein Frühlingsfest, andere vermuten, daß es um eine Feier zu Ehren der Erstlingsfrüchte im Frühsommer geht. Auch an eine Zeremonie, die Kindersegen für das Königspaar bewirken sollte, wurde gedacht. Die Schilderung des unstillbaren Hungers der beiden Sternengötter könnte eine Aufforderung sein, ihnen reichliche Opfer zu spenden, für deren Bereitstellung im Tempel der »Wächter der Saat« zu sorgen hatte.

Die Nachvollziehung der Götterhochzeit spielte schon in Sumer eine Hauptrolle im Ritual. Sympathetische Magie zur Erweckung und Sicherung der Fruchtbarkeit der Erde gehörte zu den Urinhalten der meisten Religionen. Ugarit schuf seine eigenen Mythen, seine eigene Variation der Grundthemen, auf denen auch das großartige Gebäude der altmesopotamischen Religion ruhte. In der Zeit, als die Kulttexte im Auftrag des Königs Niqmadu II., dessen Name auf einigen Tafeln steht, aufgeschrieben wurden, war Il mehr zum Zuschauer geworden als Träger der Handlung. In ihrem Zentrum standen der Wettergott und eine verjüngte Göttergeneration. Ihre riesenhaften Gestalten, sterblich und unsterblich zugleich, treten kämpfend, hassend, liebend im Baal-Zyklus aus dem Dunkel der altsyrischen Religionsgeschichte. Dieses Epos kann bis jetzt nicht lückenlos rekonstruiert werden. Die Hoffnung auf ergänzende Funde bleibt. Durch fehlende oder stark beschädigte Tafeln gibt es auch Probleme hinsichtlich der Reihenfolge der geschilderten Ereignisse. Ihr Ablauf scheint nach dem heutigen Stand der Forschung jedoch ziemlich deutlich.

Die führenden Rollen spielen Alijan Baal, dessen Name »der sehr starke Herr« bedeutet, und seine Schwester und Geliebte, die kriegerische Jungfrau, besser gesagt: das »Mädchen Anat«. Baal, ein westsemitischer Wetter- und Fruchtbarkeitsgott, der »Wolkenreiter«, gebot dem Regen, dem Sturm, dem Gewitter. Sein Palast stand auf dem Sapon, dem Nordberg von Ugarit. Er wurde dem Hadad der Aramäer, dem hurritischen Teshub und dem babylonischen Adad gleichgesetzt. Die Schriftfunde aus Ebla zeigten, daß seine Verehrung in Syrien älter war, als früher angenommen wurde. Sein Vater war nicht Il, sondern der alte westsemitische Korngott Dagan (Dagon), der in Ebla und Mari hochverehrt war und dort den Titel »König des Landes« trug. Aus der Bibel erfährt man, daß er auch ein Hauptgott der Philister war. Der Tempel, den Samson zum Einsturz brachte, war Dagon geweiht. Sein Heiligtum in Ugarit beweist, daß er dort einen Kult besaß. Sein Name steht auf den Opferlisten. In den religiösen Texten wird er aber nur als Vater des Baal erwähnt. Baals Konkurrent war Yam, der Meeres- und Flußgott; Baals ewiger, großer Feind war Mot, der Herr der Unterwelt, die Personifizierung des Todes. Schapasch, »die göttliche Lampe«, war die Sonnengöttin, Jarikh der Mondgott; Kothar, der Baumeister und Handwerksgott, kam vielleicht aus Kreta.

Neben diesen wichtigsten Gottheiten gab es eine unübersehbare Menge göttlicher, halbgöttlicher und dämonischer Wesen, die in den Texten in verschiedenen Funktionen erscheinen, die Rephaim, die vergöttlichten Ahnen der Könige, und verschiedene Monstren, die einer älteren Kosmogonie entstammen könnten.

DER BAAL-ZYKLUS

Der erste Teil des Mythos handelt vom Machtkampf zwischen Baal und Yam. Il bevorzugt den Meeresgott, seinen Sohn, der »Geliebter des Il« genannt wird. Er beauftragt Kothar, Yam einen Palast zu erbauen, die scheinbar unerläßliche Vorbedingung für die Oberherrschaft.

Zwischen Yam und Baal entbrennt ein Streit. Yam schickt daraufhin zwei Boten zur Götterversammlung mit der Aufforderung: »Gebt, Götter, den heraus, den ihr schützt!« Die Götter wagen keinen Widerstand und lassen »das Haupt auf die Knie sinken«. Baals Auslieferung wird von Il mit den Worten beschlossen:

»Baal sei dein Knecht, o Yam,
Baal sei dein Knecht, o Nhr (Strom)
der Sohn des Dagan sei dein Gefangener.
Er soll dir Tribut leisten wie die Götter…«

Baal ist empört über die Feigheit der Götter und wird nur mit Mühe von den Göttinnen Anat und ttrt daran gehindert, die Boten zu töten. Il befiehlt Kothar aufs neue, den Palast für Yam zu errichten, doch meldet sich noch ein anderer Gott, der ebenfalls Baals Nachfolge antreten will und den Palast für sich verlangt. Il bleibt aber bei seiner Entscheidung für Yam.

Baal, dessen Stimme »unter dem Thron des Fürsten Yam« hervorkommt – eine Umschreibung seiner Erniedrigung –, gibt nicht auf. Er sagt: »Ich werde mich rüsten. Zur Erde soll fallen der Starke, zum Staube der Mächtige.« Kothar ermutigt ihn: »… Baal, siehe, deinen Feind sollst du schlagen, siehe, du sollst vernichten deinen Gegner! Du sollst in Besitz nehmen dein ewiges Reich, deine Herrschaft in Ewigkeit!« Er überreicht ihm eine magische Doppelwaffe: zwei Keulen. Die erste heißt »Vertreiber«, die zweite »Wegstoßer«.

Mit der ersten trifft Baal die Schulter des Yam; doch dieser ist stark und sinkt nicht zu Boden. Die zweite aber

»schnellte aus der Hand des Baal
wie ein Adler aus seinen Fingern.
Sie traf den Schädel des Fürsten Yam,
zwischen die Augen den Herrscher des Stromes.
Yam brach zusammen und stürzte zur Erde;
seine Gelenke erzitterten, seine Gestalt schrumpfte…«

Baal zerreißt ihn und sagt: »Yam fürwahr ist tot, Baal wird herrschen.« Wie alle Götter ist Yam aber unsterblich. Sein Tod im Kampf symbolisiert nur seine Entthronung. Später kommt es nochmals zu einem Konflikt mit Baal.

Auf Baals Sieg folgt ein Freudenfest, das er in Gesellschaft seiner drei Töchter Pdry, Tly und Arsy feiert. Ein ungeheurer Pokal, der 1000 Krüge Wein faßt und 10 000 Krüge Mischwein aufnehmen kann, wird aufgetischt; man zerteilt die Brust eines Masttieres »mit blinkendem Messer« für Baal. »Der Fürst, schön von Stimme, singt und jubelt, Zymbeln sind in der Hand des Lieblichen.«

Eine Spalte der großen, dreispaltigen Tafel mit der Schilderung des Festes berichtet ganz andere Dinge von Anat. Wie die sumerisch-babylonische Ischtar war sie zugleich Liebes- wie Kriegsgöttin und erscheint hier in ihrer verderbenbringenden Gestalt. Sie tötet die Bewohner zweier Städte, die im Westen und im Osten liegen und vermutlich für die gesamte Menschheit stehen. Da der obere Teil der Tafel fehlt, bleibt der Grund ihrer Wut dunkel. Sie richtet am Fuß eines Berges ein Blutbad an, gürtet sich mit abgeschlagenen Köpfen und Händen, die sie, »aufgeschichtet wie Halme«, umgeben. Sie »watet knietief im Blut der Getöteten«. Ihre Mordlust ist noch nicht gesättigt; sie begibt sich in ihren Tempel und zertrümmert Stühle und Tische auf den Kriegern, Schemel auf den Helden. Diese zügellose Schlächterei »erfüllt ihr Herz mit Freude, das Innere der Anat mit Lachen, ihr Inneres jubelt, als sie die Knie ins Blut der Gefallenen taucht«. *(Fig. 35)*

Nach diesem Blutbad folgt ein Reinigungsritual. Die Göttin

wäscht sich »mit dem Tau des Himmels, dem Fett der Erde, dem Regen des Wolkenreiters«. Baal sendet ihr zwei Boten mit der Aufforderung, ihn auf dem Sapon-Berg aufzusuchen. Dort will er ihr ein Geheimnis mitteilen:

»Siehe ein Wort
habe ich und will es dir kundtun;
eine Kunde, und ich will sie dir wiederholen. Das Wort
des Baumes und das Flüstern des Steines,

Fig. 35 Anat als Kriegsgöttin (Zeichnung: Louis Chatrer)

das Seufzen des Himmels mit der Erde,
des Ozeans mit den Sternen.
Ich will erschaffen den Blitz, den kennen soll der Himmel;
ein Wort, das fürwahr kennen sollen die Menschen,
das verstehen sollen die Bewohner der Erde…«

Anat erschrickt zunächst beim Anblick der Boten, deren Kommen sie als Zeichen einer neuen Bedrohung ihres Geliebten auffaßt. Ihre Kampfeslust erwacht, und sie erinnert sich ihrer früheren Siege über verschiedene Feinde, darunter Yam, eine Tochter des Il namens Dbb und mehrere Ungeheuer, die alle zu Il und vielleicht zu einer älteren Mythologie gehörten, von der die bisher gefundenen Texte nichts verraten. Eines dieser Monstren aber, »Ltn, die gewundene Schlange mit den sieben Köpfen«, erscheint noch mehrmals im Alten Testament als Jahwes Feind, das Meerungeheuer Leviathan. »Du hast des Leviathan Köpfe abgeschlagen, gabst ihn den Haien zum Fraß«, heißt es unter anderem im Psalm 74,13f.

Baals Abgesandte beruhigen Anat. Kein Feind bedrohe ihren Bruder. Nach dreimaliger Wiederholung seiner Botschaft, die mit demselben Aufruf zum Frieden beginnt, den auch Il zuvor an sie richtete, begibt sie sich zu Baal, der ein festliches Mahl für sie vorbereitet. Baal erhofft Hilfe von Anat, um seine Herrschaft über die Götter anzutreten, durch die auch die Fruchtbarkeit der Erde gesichert wird. Ohne einen Palast für sich und seine Familie kann er sie nicht ausüben. Anat verspricht, sich bei Il für ihn einzusetzen. Wenn nötig, selbst mit Gewalt.

Die Tafeln mit dem Text über die Begegnung zwischen Anat und Il sind stark beschädigt, so daß sich der Ablauf des Treffens nur lückenhaft rekonstruieren läßt. Anat wirft dem Göttervater vor:

»Nicht hat Baal einen Palast gleich den Göttern, ein Heiligtum
gleich den Söhnen der Ascherat, eine Wohnung gleich der des Il.«

Sie droht:

»Es soll achten auf mich der Stiergott, mein Vater;
er soll achten auf mich und…,
sonst werde ich Blut fließen lassen in sein Grau, das Grau seines Bartes

in Blutgerinnsel, wenn es keinen Palast gibt, für Baal gleich dem der Götter...«

Anat stampft mit den Füßen, daß »die Erde erzittert«, doch scheint sie trotz ihrer Drohungen keine endgültige Zustimmung für den Palastbau von Il zu erhalten. Der Göttervater weist auf Baals Ohnmacht, die von dessen Widersacher Mot geförderte Dürre der Erde zu verhindern. Ohne eigenen Palast muß Baal aber der Erde den segenbringenden Regen vorenthalten. Schließlich wird Ils Einverständnis mit dem Bau durch die Einschaltung seiner Gemahlin Ascherat erreicht. Baal und Anat begeben sich zu Ascherat *(Taf. 48)*, deren feindliche Gesinnung mehrfach im Epos deutlich wird. Das Geschwisterpaar bringt jedoch köstliche Geschenke aus Gold und Silber mit, die Kothar in ihrem Auftrag für die Göttin angefertigt hat.

Ascherat erschrickt zunächst bei ihrem Nahen, weil Baal früher ihre Söhne und Gefährten bekämpft habe, und befürchtet eine Gewalttat. Angesichts der prächtigen Geschenke ändert sich ihre Stimmung aber. Der Empfang ist freundlich. Baal beklagt sich nun über die schmachvolle Behandlung und schlechte Bewirtung, die ihm beim Mahl der Göttersöhne zuteil wurde. Nur ein eigener Palast kann Abhilfe schaffen. Ascherat ist jetzt bereit, ihm zu helfen, und begibt sich, begleitet von ihrem Diener Qadesch-Amurru und von Anat, auf die lange Reise zu Il. Ein Hengst, eine Eselin und ein Esel mit goldenem und silbernem Zaumzeug sind die Reittiere der Gesellschaft. Amurru, ein amoritischer Gott, beginnt zu »leuchten wie ein Stern«. Baal kehrt auf den Sapon zurück.

Il empfängt seine Gattin freudig und fragt nach dem Grund ihres Besuches. Ascherat rühmt zuerst seine Weisheit und überzeugt ihn ohne große Mühe von der Notwendigkeit eines Palastes für Baal, als dem König der Götter. Sie lobt dann seinen Beschluß:

»Gar sehr, Il, bist du weise,
Das Grau deines Bartes belehrt dich;
...Baal wird den Reichtum seines Regens geben,
Reichlich geben, Reichtum an Feucht durch Schnee.
Und er wird seine Stimme erschallen lassen in den Wolken,
seine Leuchten zur Erde sind die Blitze.

Einen Palast aus Zedern soll er vollenden;
...einen Palast aus Silber und Gold,
einen Palast aus ... Edelsteinen.«

Anat eilt mit der Freudenbotschaft zu Baal. Dieser bemüht sich sogleich um Bauleute und die Beschaffung des Baumaterials für seinen Palast. Kothar wird feierlich berufen, zur Rechten des Baal auf einen Thron gesetzt und bewirtet. Nach dem Mahl wird die Errichtung des Palastes geplant, wobei es zu einer Meinungsverschiedenheit kommt. Kothar will ein Fenster anbringen, Baal wehrt sich dagegen mit der Begründung, daß Yam durch diese Luke eindringen und seine Töchter rauben könnte. Kothar prophezeit, daß er, Baal, seine Ansicht ändern werde. Der prunkvolle Palast wird in sieben Tagen gebaut und mit einem gewaltigen Bankett eingeweiht, an dem, außer den 70 Söhnen der Ascherat, zahllose Götter und Göttinnen teilnehmen. Hekatomben der verschiedensten gebratenen Tiere kommen auf die Tafel. Aus goldenen Bechern trinkt man »das Blut der Bäume«, den Wein. Solche Gelage werden später auch bei Homer geschildert. Baal beschließt nun selbst die Anbringung eines Fensters im Palast und öffnet einen Spalt in den Wolken. Ein Gewitter bricht los. Die Erde bebt. Baal schwingt den Blitzspeer und ruft:

»Ich allein bin es, der herrschen
soll über die Götter, daß fett werden sollen
Götter und Menschen, daß satt werden
sollen die Menschen der Erde!«

Die symbolische Bedeutung des Fensteröffnens durch den Wettergott ist deutlich. Nur Baal kann die Erde fruchtbar machen, ihr den Regen schenken. Ihr Leben hängt von seiner Herrschaft ab. Claude Schaeffer vermutete, daß die Fensterepisode sich außerdem auf ein bestimmtes Ritual bezog, auf eine besondere Einrichtung im Baal-Tempel. Er dachte an eine Luke im Dach des turmhohen Gebäudes, die in Zeiten der Trockenheit feierlich geöffnet wurde, um mit Hilfe von sympathetischer Magie Regen herbeizurufen. Seine These stützte sich auf den Zustand der Baal-Stele aus dem Tempelbereich. Ihr Oberteil erscheint wie durch Wasser abgeschliffen, als sei sie beregnet worden. Schaeffer zog aber auch Jahrhunderte hindurch fortgesetzte Opfergüsse als Ursache in Betracht.

Der erste Abschnitt des Baal-Zyklus mit dem Kampf des Wettergottes um die Herrschaft über die Götter und um einen Palast, das heißt um einen Tempel und einen eigenen Kult, schildert den Konflikt mit einer älteren Mythologie, die in den Hintergrund gedrängt wird. Im zweiten Abschnitt erscheint Baal nicht allein als Fruchtbarkeitsgottheit, sondern verkörpert auch das Werden und Vergehen der Natur, von dem die Ackerbaukultur eines Landes, das sechs Monate des Jahres ohne Regen auskommen muß, abhängig ist. Sein Schicksal entspricht dem Geschick der Erde, die nach den Winterregen erwacht, dem Keimen, Wachsen, Blühen, Fruchttragen und Sterben der Vegetation. Ihr Tod ist auch der seine, ihre Auferstehung seine Rückkehr aus der Unterwelt. Baals Herrschaft ist daher befristet.

Sein ewiger Gegner Mot, der die Ernte und damit das Ende der Fruchtbarkeit, die große Dürre danach, den Todesschlaf der Pflanzen personifiziert, besiegt ihn zwangsläufig. Es scheint, als habe Baal im Mythos, als Spender der Fruchtbarkeit mit dem Strömen des Regens auch seine Kraft verströmt. Angst vor der Macht des Mot erfaßt ihn: »Es verdorrte der Ölbaum, der Ertrag der Erde und die Frucht der Bäume. Es fürchtet sich der erhabene Baal…«, heißt es. Er schickt zwei Diener mit einer Botschaft an Mot in die Unterwelt. Vorher beschreibt er ihnen den Weg in das »morastige, dornige Land« und warnt sie vor »dem Sohne des Il, Mot, daß er euch nicht behandle wie ein Schaf in seinem Munde, ihr nicht wie ein Zicklein in der Tiefe seines Schlundes vernichtet werdet«. Diese Stelle zeigt, wie alt die Vorstellung vom »Höllenrachen« ist! Die Boten müssen sich vor Mot niederwerfen, ihn ehren und ihm die Worte Baals überbringen. Diese Botschaft blieb leider nicht erhalten.

Ein anderes Textfragment handelt aber von der Unterwerfung des Baal. Die Boten erheben ihre Stimme und rufen: »Eine Botschaft des erhabenen Baal… Heil dir, o Sohn des Il, Mot! Dein Diener bin ich für immer.« Die Antwort des Todesgottes ist voll rätselhafter mythologischer Anspielungen und Gleichnisse. Sie enthält die Aufforderung an Baal, mit seinem Blitz, dem Regen und den Wolken, seinen Töchtern und seinem ganzen Gefolge in das Reich des Mot hinabzusteigen. Mot kündigt Baal an, daß er ihn töten und dabei selbst auch sterben werde, wenn Baal »in den Schlund des Sohnes des Il, in die schlammige Tiefe des Lieblings des Il, des Fürsten«, hinabgestiegen sei.

Mysteriös wie diese Botschaft ist eine Szene, die sich dann auf Baals Weg in die Unterwelt abspielt: Baal begegnet einer Kuh und wird von Begierde nach ihr erfaßt. »Er begattet sie 77mal, sie wird 88mal gedeckt. Sie empfängt und gebiert ihm ein Junges…« Sichert der Gott auf diese Art sein Weiterleben auf der Erde? Die glaubwürdigste Deutung dieser vielfältig interpretierten Episode scheint eine Vereinigung des Baal mit Anat in Kuhgestalt gleich der ägyptischen Hathor. Auf zwei Bruchstücken einer Tafel, die 1931 gefunden wurde, wird ein Treffen der Anat mit ihrem Bruder geschildert. Auch bei diesem geht es um eine Kuh, die ihm ein Stierkalb gebiert, ein Argument für die Richtigkeit dieser Auslegung.

Über den endgültigen Abstieg des Baal in die Unterwelt erfährt man nichts, da ein Teil der Tafel fehlt. Erhalten blieb aber die Beschreibung von Ils Schmerz, der von Baals Verschwinden erfahren hat. Er vollzieht die Trauerriten und erhebt die Totenklage:

»…der Mitleidige, er steigt herab von seinem Thron,
er setzt sich auf die Erde. Er streut Stroh
der Trauer auf sein Haupt, Staub, in dem man sich wälzt,
auf seinen Schädel…
Er macht sich Einschnitte an beiden Wangen und am Kinn,
pflügt dreimal seinen Oberarm, durchfurcht
wie einen Garten die Brust, wie ein Tal pflügt er dreimal
den Rücken. Er erhebt seine Stimme und ruft:
›Baal ist tot,
was wird nun aus dem Volk des Sohnes des Dagan,
was wird aus der Menschheit?
Ich will Baal nachfolgen
und selbst in die Unterwelt hinabsteigen!‹«

Die Fortsetzung des Dramas fand sich auf einer ebenfalls unvollständigen Tafel mit je drei Textspalten auf der Vorder- und Rückseite. Sie handelt von Anat, die mit Hilfe der Sonnengöttin Schapasch den Leichnam des Bruders gefunden hat. Sie »trinkt Tränen wie Wein«, läßt sich von Schapasch den toten Geliebten auf die Schultern laden, bringt ihn auf die Höhe des Sapon und bestattet ihn in der »Höhle der Götter der Erde«, mit der wohl ein Felsengrab gemeint ist. Das ungeheure Totenopfer für den Gott besteht aus 70 Wildstieren, 70 Steinböcken, 70 Hirschen, 70 Rindern und 70 Stück Kleinvieh. Die Siebenzahl war in Mesopotamien wie in Ugarit heilig.

Anat begibt sich dann zu Ils Palast, wo sie diesen mit Ascherat trifft, deren alte Feindschaft gegen Baal aus den bitteren Worten Anats hervorgeht:

»Sie erhebt ihre Stimme und ruft: ›Es freuen sich fürwahr
Ascherat und ihre Söhne, die Göttin und die Schar
ihrer Gefährten, weil gestorben ist der erhabene
Baal, weil zugrunde gegangen ist der Fürst, der
Herr der Erde.‹«

Ascherat bemüht sich sogleich, einen ihrer Söhne als Baals Nachfolger einzusetzen. Il ist einverstanden. Der Antagonismus zwischen Il und Baal, der seine Parallele im Alten Testament hat, in dem der Kult des El durch die Jahwe-Religion verdrängt wird, zeigt sich hier nochmals sehr deutlich. Die Wahl, die mit einem ironischen Unterton berichtet wird, fällt auf den Gott Aschtar, im Spott genannt »der Furchtbare«. Doch er erweist sich als zu klein für Baals Thron. Seine Füße reichen nicht bis zum Schemel, sein Haupt nicht bis zur Lehne. Er steigt herab und verzichtet auf die Nachfolge. Il übernimmt wieder die Alleinherrschaft.

Logische Handlungsabläufe sind kein Kennzeichen der Mythologie. Auf derselben Tafel, deren erste Textspalte die oben erwähnten Ereignisse enthält, erscheint in der zweiten eine andere Version der Baal-Tragödie. Nach einer poetischen Schilderung von Anats Suche nach dem verlorenen Geliebten, nach dem sie verlangt: »Wie das Herz der Kuh nach ihrem Kalb, wie das Herz des Mutterschafes nach ihrem Lamm…«, fordert die Göttin von Mot die Herausgabe von Baals Leichnam. Mot rühmt sich, Baal verschlungen zu haben. Zorn ergreift Anat:

»Sie ergreift den Sohn des Il, Mot,
mit dem Schwert spaltet sie ihn,
mit dem Sieb worfelt sie ihn,
mit den Mühlsteinen mahlt sie ihn,
auf dem Feld verstreut sie ihn.
Sein Fleisch fressen die Vögel,
seine Glieder verzehren die Sperlinge…«

Die Tötung des Unterweltgottes wird hier mit den Vorgängen bei der Getreideernte, Mot mit dem reifen Korn identifiziert. Erst nach seinem Verschwinden kann der Acker wieder neue Saat empfangen. Seine Vernichtung ist die Voraussetzung für Baals Rückkehr, der nach der Dürre des Sommers die Erde zu neuem Leben erwecken soll.

Ein Traumgesicht verkündet Anat und Il seine Auferstehung:

»Nachdem gestorben war der Fürst, der Herr der Erde,
siehe, da ist wieder lebendig der mächtige Baal,
siehe, der Fürst, der Herr der Erde ist wieder da!…
Der Himmel regnet Öl,
die Bäche führen Honig…
Es rieseln die Quellen der Gefilde,
ein Gott ließ sie ergießen,
der Herr der Quellen des Ackerlandes…«

Baal besteigt seinen Thron aufs neue, nachdem er sich an den Söhnen der Ascherat, die seinen Platz einnehmen wollten, gerächt hat. Es folgen sieben fruchtbare Jahre, dann aber entsteht ein neuer Konflikt mit Mot, der Baal vorwirft, daß er an seiner Vernichtung Schuld trage. Es kommt zu einem Zweikampf:

»Sie starren sich an wie glühende Kohlen,
Mot war stark, Baal war stark;
sie stießen einander wie Wildstiere;
Mot war stark, Baal war stark.
Sie prallten aufeinander wie stürmende Pferde,
Mot fiel nieder, Baal stürzte über ihn.«

Schapasch beendet schließlich den Streit, indem sie Mot im Auftrag des Il mit dem Verlust seiner Herrschaft über die Unterwelt droht, wenn er Baal weiterhin befehde. Mot wird von Schrecken erfaßt und gibt seine Ansprüche auf. Baal bleibt der König der Götter.

Der Baal-Zyklus behandelt Themen, die auch in anderen altorientalischen Religionen vorkommen. Die Geschichten von Ischtar und Tammuz, von Isis und ihrem Bruder und Geliebten Osiris, von Aphrodite und Adonis enthalten ähnliche Motive wie das Epos von Anat und Baal, ohne aber dessen Vorbild gewesen zu sein. Der Baal-Zyklus, der in ugaritischer Keilschrift und Sprache aufgeschrieben wurde, war sicher keine Übersetzung aus einer anderen Mythologie. Wahrscheinlich gab es auch verschiedene Fassungen dieser syrischen Göttermythe, in welcher der Sapon, der Nordberg, die Rolle des Olymp spielt. Sicher wurde sie vielen Generationen mündlich weitergegeben, ehe Niqmadu II. sie aufschreiben ließ.

Im Laufe der Ausgrabungen kamen noch verschiedene Textfragmente ans Licht, die ebenfalls von Il, Baal und Anat handeln, darunter eine von der erstgenannten abweichende Schilderung vom Untergang des Wettergottes. Baal wird in dieser Version von mysteriösen Tieren mit Hörnern und Buckeln wie Wildstieren, an deren Entstehung Il beteiligt war, gefällt, nachdem er mit ihnen sexuellen Verkehr gehabt hatte. Er ist dem Tode nahe, und dies hat katastrophale Folgen für die Vegetation: »Dem Verderben unterliegt die Erde, der Ertrag der Felder verdorrt, sieben Jahre macht Il voll und acht Zeitwenden.« Baals Brüder suchen und finden ihn, durchschauen das Geschehene und vollziehen ein Wasserritual, das Baal genesen läßt. Dieses Opfer wird auch dem König von Ugarit anbefohlen. Eine sichere Auslegung dieses Textes ist auf Grund der großen Lücken nicht möglich. Man hat ihn unter anderem mit einer Heuschreckenplage in Verbindung gebracht.

Auf einem 1960 entdeckten Täfelchen wird die kannibalische Liebeswut der Anat beschrieben, die ihren Bruder verschlingt: »Weil er sehr schön war, zerriß sie sein Fleisch, ohne ein Messer zu gebrauchen. Sie trank sein Blut, ohne eine Schale zu gebrauchen.« Ob Baal danach wieder lebendig wird, verrät die Tafel nicht. Bezieht sich diese Szene auf einen orgiastischen Aspekt des Baal-Kultes oder auf ein Fruchtbarkeitsritual, einen »hieros gamos«?

Im Baal-Tempel wurde ein Täfelchen mit einem teilweise unleserlichen Text entdeckt, die »Nikal-Hymne«, die vielleicht bei Eheschließungen vorgetragen wurde. Sie beschreibt die Werbung des Mondgottes Jarikh um die Göttin Nikal sowie die Hochzeit und endet mit einer Hymne auf die göttlichen Hebammen, die Krt.

Episoden aus dem Baal-Zyklus könnten auf einigen Tafelbruchstücken erhalten sein, die von Götterfesten berichten. Es wird nicht nur gewaltig geschlemmt und getrunken, sondern auch musiziert. Baal spielt mehrere Instrumente; Anat singt zur Laute von ihrer Liebe zu ihm.

UGARITISCHE HELDENSAGEN

DIE EPEN VON KERET UND AQHT

Zwei große Epen, die die Schicksale von Königen und Helden erzählen, in deren Leben Götter eingreifen, wurden in Ugarit gefunden. Derselbe Ilmlk, dessen Name auch unter den Tafeln mit dem Baal-Zyklus steht, zeichnet als ihr Verfasser. Drei doppelseitig beschriebene, jedoch beschädigte Tafeln überliefern den hierdurch unvollständigen Text der Keret-Legende. Ob Tafeln fehlen, bleibt offen. Trotz einiger Lücken ist der Ablauf der Ereignisse deutlich.

Diesmal steht kein Gott, sondern ein Mensch im Mittelpunkt des Geschehens: Keret (Kuriti?), König von Hubur, dessen Reich sich bis heute nicht lokalisieren läßt. Das Epos beginnt mit seiner bitteren Klage, da er seine Frau und alle seine Kinder verloren hat. Einige starben bei voller Gesundheit, andere durch Krankheit, durch das Schwert, durch Yam, das Meer, durch Rsp, den Pestbringer. Weinend schläft Keret ein.

Il erscheint ihm im Traum und fragt ihn liebevoll wie ein Vater nach seinem Kummer. Er will ihm als Trost Geschenke geben, doch Keret wünscht sich nur die Hoffnung auf Nachkommenschaft. Il befiehlt ihm nun, eine rituelle Waschung vorzunehmen und auf der Höhe des Tempels Opfer für Il und Baal darzubringen. Diese Textstelle ist ein wichtiger Hinweis auf den turmartigen Aufbau der Tempel und die Sitte, auf dessen Dachterrasse Kulthandlungen vorzunehmen. Il rät ihm weiter, ein großes Heer auszurüsten und mit diesem nach Udm, einer Stadt oder einem Land in sieben Tagen Entfernung, zu ziehen. Dort müsse er sieben Tage lang die Stadt belagern, ohne sie jedoch anzugreifen. Der König von Udm werde ihm dann Boten senden und ihm Gold, Silber, Streitwagen, Sklaven und Pferde als Friedensgeschenk anbieten, um den Abzug des Heeres zu erreichen. Keret aber solle dies alles ablehnen und um die Hand der ältesten Königstochter Hry bitten.

Keret erwacht voll neuer Hoffnung nach diesem Traum und befolgt alle Anweisungen des Vatergottes. Auf dem Marsch nach Udm besucht er das Heiligtum der Atirat von Tyros und den Tempel der Elat von Sidon und legt dort ein Gelübde ab. Nach dem Gelingen seiner Mission will er den Gottheiten das zweifache Gewicht seiner Braut in Silber und das dreifache in Gold opfern.

Alles spielt sich ab, wie Il es vorausgesagt hat. Die Antwort Kerets auf das Angebot des Königs Pbl von Udm und seine Brautwerbung erinnern in ihrer poetischen Formulierung an das Hohe Lied König Salomons:

»Was soll ich mit Silber
und dem Gelb des Goldes; was nützen
mir Sklaven, Wagen mit einem Dreigespann?…
Gib mir lieber, was meinem Hause fehlt,
Gib mir die Infantin Hry,
deren Liebreiz ist wie der Liebreiz der Anat,
deren Schönheit ist wie die Schönheit der Aschtoret,
deren Haar schimmert wie Lasurstein;
ihre Augen sind wie Gemmen aus Lapislazuli,
ihre Lider Schalen aus Alabaster,
umringt mit Rubinen.
Trost will ich dann finden im Glanz ihrer Augen!
Sie ist es, die Il mir in meinem Traum bestimmte,
in meiner Vision, der Vater der Menschheit,
auf daß sie Keret Nachkommen gebäre.«

Der König von Udm nimmt die Werbung an und rühmt die Eigenschaften seiner ältesten Tochter, die »dem Hungrigen und dem Durstigen die Hand entgegenstreckt«. Hry folgt Keret, das Volk von Udm begleitet ihren Abschied mit Wehklagen.

Ein längerer Abschnitt des Textes, der wahrscheinlich die Rückkehr Kerets beschrieb, fehlt; doch die Schilderung des Hochzeitsfestes blieb fast ganz erhalten. Il, Baal und einige andere Götter nehmen daran teil. Keret, der auch das Amt des Hohenpriesters bekleidet, ist sichtbar ein Liebling des Il, der ihn segnet und ihm prophezeit, daß seine Gattin ihm acht Söhne und sechs Töchter gebären werde. Der erstgeborene Sohn Ysb solle an den Brüsten der Ascherat und der Anat gesäugt, das heißt, symbolisch von den Göttern adoptiert werden.

Die Fortsetzung der Geschichte ist undeutlich. Aus verschiedenen Fragmenten des Textes geht hervor, daß Keret schwer erkrankt. Einige Zeilen auf einem Tafelbruchstück weisen darauf hin, daß er seine Gelübde in den Tempeln von Tyros und Sidon nicht eingehalten hat. Sein Siechtum könnte daher die Strafe der beiden enttäuschten Göttinnen darstellen. Hry bereitet auf Wunsch Kerets ein Gastmahl für die Magnaten des Königreiches zu und teilt ihnen mit, daß Keret bei Sonnenuntergang sterben und Ysb die Regierung übernehmen werde. Die Magnaten erscheinen und »brüllen wie Stiere« zum Ausdruck ihrer Trauer. Nach einer großen Lücke im Text geht das Epos weiter mit einer Klage des Sohnes Ilhm. Er weint und knirscht mit den Zähnen vor Schmerz. Er ruft:

»An deinem Leben, o unser Vater, hätte ich Freude,
wenn du nicht stürbest, würden wir jubeln…
Warum denn heißt Keret der Sohn des Il,
der Sproß des Gütigen und der Qdš?
Ob denn Götter wirklich sterben?
Sollte der Nachkomme des Gütigen nicht am Leben bleiben?…«

Diese Worte des Sohnes lassen vermuten, daß Keret ein Halbgott war. Der König mahnt Ilhm dann, seinetwegen keine Tränen zu vergießen. Lieber möge er seine jüngste Schwester Ttmnt holen, auf daß sie bei Sonnenuntergang ein Opfer bringe. Er solle ihr aber die Krankheit des Vaters verschweigen und nur sagen, daß Keret ein Gastmahl geben wolle. »Ich weiß, daß sie gar weichherzig ist; nicht soll ihr Schreien über die Felder schallen und zum Himmelszelt emporsteigen…« Der Sohn führt den Auftrag aus, doch die Schwester errät die wahre Sachlage und stimmt ebenfalls die Totenklage an. Nach einer Lücke von 30 Zeilen endet dieser Text mit einer Hymne auf den regenspendenden Baal und einem Hinweis auf eine drohende Hungersnot. Die Krankheit des Königs hat scheinbar auch schlimme Folgen für sein Land, in dem Dürre herrscht.

Il beruft eine Götterversammlung ein, um zu beraten, wie Keret geheilt werden könne. Siebenmal befragt er die Götter, doch sie wissen kein Mittel. Il schickt sie heim und erschafft aus Lehm Schutaqat, »sie, die hilft zu überleben«. Sie breitet die Flügel aus und fliegt »über viele hundert Städte, über die Lagerplätze der Stämme« zu Keret. Sie wickelt die Binde von den Schläfen des Königs, wäscht ihn rein vom Schweiß und erweckt seine Eßlust. Er befiehlt Hry, ihm ein Lamm zu braten; er ist genesen und besteigt wieder seinen Thron. Es folgt die bereits früher beschriebene Szene mit seinem ältesten Sohn, der die Nachfolge antreten sollte und Keret nun vorwirft, seine Herrscherpflichten versäumt zu haben. Dann fordert er Keret auf, ihm die Königswürde abzutreten. Keret aber verflucht ihn: »Es zerschmettere, o Sohn, Choron dein Haupt!«

Wahrscheinlich war dies nicht das Ende der Geschichte, in der manche Forscher Erinnerungen an einen historischen König vermuten. Andere halten sie für einen Mythos, der den Tod und die Wiederbelebung einer Gottheit schilderte, die später zu einem legendären König und Begründer einer neuen Dynastie wurde.

Das zweite große Epos aus Ugarit, das von Dani-il (Dnil) und dessen Sohn Aqht handelt, hält die Mitte zwischen Sage und Mythos. In dieser Dichtung greifen die Götter noch unmittelbarer und entscheidender, als gütige wie als vernichtende Gewalten, in das Leben ihrer Helden ein. Dnil, dessen Name »Mein Richter ist Il« bedeutet, erscheint mehr als Keret, als mythische Gestalt aus der Reihe der Rephaim, der vergöttlichten Urkönige, die, laut einem Textfragment, zu einem Gastmahl der Götter eingeladen werden. Sein und seines Sohnes Schicksal sind ebenfalls unlösbar mit dem Gedeihen ihres Landes, mit dessen Fruchtbarkeit verbunden. Die Tochter des Dnil erfüllt eine kosmische Aufgabe: Sie bringt der Gerste den Tau. Auch kennt sie den Gang der Sterne.

Gleich dem Keret-Epos blieb die Sage von Dnil und Aqht nicht vollständig erhalten. Mehrere Stücke der drei Tafeln, auf denen sie niedergeschrieben wurde, fehlen. Derselbe Ilmlk, der für den Baal-Zyklus und die Keret-Legende zeichnete, setzte seinen Namen unter diese sprachgewaltige Dichtung, die sicher eine kanaanäische Originalschöpfung war. Ihr Beginn ist nur in Fragmenten erhalten: Dnil, der über seine Kinderlosigkeit trauert, bringt sieben Tage lang Opfer auf der Höhe des Tempels. Baal wird von Mitleid mit ihm ergriffen, begibt sich zu Il und berichtet ihm vom Gram des Dnil, vom Grund seiner Opfer. Er bittet den »Stier-Il«, Dnil zu segnen, damit diesem ein Sohn geschenkt werde.

»Du mögest ihm Kraft verleihen, o Schöpfer der Geschöpfe!
Dann wird ein Sohn im Hause sein, ein Nachkomme in seinem Palast,
der aufrichtet die Stele seines ›Gott-Vaters‹ im Heiligtum;
der schützend ist mit ihm auf der Erde;
der aufsteigen läßt sein Rauchopfer vom Boden;
der wacht über ihn;
der die Beleidigungen seiner Verleumder wehrt;
der vertreibt, die seine Nachtruhe stören;
der seine Hand hält im Rausch;
der ihn trägt, wenn er satt ist vom Wein;
der sein Opfermahl verzehrt im Tempel des Baal
und seinen Anteil im Tempel des Il.
Der sein Dach dichtet am Tage des Regens;
der sein Kleid wäscht, wenn es beschmutzt ist.«

Diese Aufzählung der Pflichten eines guten Sohnes wird mehrmals im Epos wiederholt. Il segnet Dnil und wünscht ihm, daß er mit seiner Frau einen Sohn zeuge, der alle diese Pflichten erfüllen werde. Der anschließende Text ist lückenhaft, doch wird deutlich, daß Dnil die göttliche Anweisung befolgt und ihm ein Sohn geboren wird. Die Krt, die als Geburtshelferinnen anwesend waren, werden von Dnil sieben Tage lang bewirtet.

Im nächsten Teil des Textes ist Aqht bereits erwachsen. Während Dnil als König den Witwen und Waisen Recht spricht, erscheint der Handwerksgott Kothar und schenkt ihm einen Wunder-Bogen und ein Bündel Pfeile. Dnil gibt ihn weiter an seinen Sohn. Dieser Bogen wird Aqht zum Verhängnis. Anat wünscht ihn zu besitzen und bietet Aqht einen hohen Preis für die Waffe: Silber und Gold. Aber Aqht lehnt ab.

»Da erwiderte Aqht, der Kraftvolle:
›Nachstellen will ich den schwarzen Adlern des Libanon,
nachstellen den stärksten unter den Wildrindern,
den Spuren des Stieres möchte ich folgen!
Ersuche den Gott der Schmiede,
Gib ein Geschenk dem Kunstfertigen, dem Sinnvollen,
damit er einen Bogen anfertige,
eine Schießwaffe für die Schwägerin der Völker.‹

Und es erwiderte die Jungfrau Anat:
›Verlange Leben, o Held Aqht,
verlange Leben, und ich will es dir geben,
Unsterblichkeit, und ich will sie dir schenken;
ich lasse dich die Jahre zählen mit Baal,
mit den Söhnen des Il sollst du die Monate zählen;
gleich wie Baal, nachdem er auferstanden,
schmaust, fröhlich lebend schmaust, seinen Wein trinkt,
spielt und dazu schöne Lieder singt,
und man seinen Gesang erwidert,
so will ich auch Aqht, dem Kraftvollen, ewiges Leben
verschaffen!‹

Da antwortete Aqht, der Kraftvolle:
›Belüge mich nicht, o Jungfrau,
denn für einen Helden ist dein Lügen unziemlich.
Als letztes Geschick, was erhält der Mensch?
Was erhält der Mensch als sein endliches Los?
Grauheit kommt auf sein Haupt;
den Tod aller Menschen werde ich sterben,
sogar ich, fürwahr, werde sterben.
Noch ein zweites Wort will ich sagen:
Der Bogen ist für Helden; siehe, sollen Frauen jagen?‹«

Anat ergrimmt und bedroht Aqht, der für seine Unverschämtheit büßen werde. Sie begibt sich zu Il, beklagt sich über Aqht und ringt dem Vatergott die Zustimmung für dessen Bestrafung ab. Dann kehrt sie zu Aqht zurück und lädt ihn mit heuchlerischer Freundlichkeit zu einer Jagdpartie ein, die in der Nähe der Stadt Ablm stattfinden soll. Dorthin beruft sie auch Jtpn, den »Kämpfer der Dame«, und weiht ihn in ihren Mordplan ein, gegen den er anfänglich Einwände macht. Aqht soll nach der Jagd beim Mahl getötet werden.

»Als Aqht sich zum Essen niederließ,
als der Sohn des Dnil sich setzte zum Mahle,
schwebten die Adler über ihm,
ein Raubvogelschwarm flatterte über ihm.
Unter den Adlern schwebte Anat,
über Aqht ließ sie Jtpn herab,
zweimal hackte er ihn auf den Scheitel,
dreimal über den Ohren;
er vergoß sein Blut wie ein Scharfrichter,
wie ein Schlächter auf seine Knie.
Es entwich seine Seele wie eine Brise,
der Lebensodem wie ein Hauch,
wie ein Windstoß seiner Nase.«

Anat gelangt trotz dieses Mordes nicht in den Besitz des Bogens und empfindet nun Reue und Trauer über ihre Tat. Eine große Dürre überfällt das Land. Dnil läßt seine Tochter Ptg einen Esel für ihn satteln, um seine verdorrten Felder aufzusuchen. Er versucht eine Beschwörung, küßt einen noch grünen Halm.

»Ich löse den Halm vom Banne;
es möge wachsen der Halm am mißratenen Feld;
er wachse zum Futter in der Zeit der Hitze heran;
es sammle dich die Hand Aqhts, des Kraftvollen.
Sie bringe dich ein in die Scheune.«

Auf dieselbe Art liebkost und bespricht Dnil auch eine vertrocknete Ähre. Doch dann erscheinen zwei Boten mit der Nachricht vom Tod des Sohnes, den Ptg bereits geahnt hat. Dnil und seine Tochter zerreißen ihre Gewänder zum Zeichen ihres Schmerzes und betrachten die am Himmel kreisenden Adler als die Mörder Aqhts im Auftrag der Anat. Baal wird zu Hilfe gerufen und holt die Adler der Reihe nach herunter, die von Dnil auf der Suche nach den Resten seines Sohnes aufgeschlitzt werden. Er findet sie schließlich im Inneren der »Mutter der Adler«, begräbt sie und verflucht jeden Adler, der über das Grab seines Sohnes fliegt und dessen Schlaf stört. Er verwünscht auch Ablm und zwei andere Orte, die er mit dem Tod Aqhts in Verbindung bringt. Die Trauerriten dauern sieben Jahre. Dann sendet Dnil die Klageweiber und die Männer, die ihre Brust zerschneiden, fort aus seinem Palast und bringt ein Opfer für die Sternengötter. Ptg erbittet den Segen des Vaters für ihren Entschluß, den Mord an ihrem Bruder zu rächen. Sie schminkt und parfümiert sich nach einer rituellen Waschung, legt eine Rüstung an, gürtet sich mit einem Schwert und verbirgt ihre Waffen unter einem Frauengewand. Dann begibt sie sich zu Jtpn, der vor ihrem Kommen gewarnt wird und einen (giftigen?) Trunk Wein für sie bereitstellt.

Das Ende des Epos fehlt. Wahrscheinlich schilderte es den Kampf zwischen Ptg und Jtpn. Kehrte mit einem Sieg der Tochter des Dnil die Fruchtbarkeit ins Land zurück? Sicher herrschte eine lange Zeit außergewöhnliche Trockenheit, die in Verbindung mit dem Geschick der Königsfamilie gesehen wurde, ein Hauptthema, vielleicht sogar der Anlaß zu dieser Dichtung. Ihr pessimistischer Grundton erinnert an das altmesopotamische Gilgamesch-Epos, das in Ugarit ebenso bekannt war wie in Palästina, Ägypten und Kleinasien.

Die in Ugarit entdeckten religiösen Texte, zu denen, neben den Mythen und Epen, auch die Götter- und Opferlisten, magische Sprüche, Anrufungen und Opferlieder gehören, vermittelten zum erstenmal eine deutliche Vorstellung von der altkanaanäischen Religion und Literatur, von ihren Themen, ihrer poetischen Gestaltung und den von den Dichtern benutzten Stilmitteln.

DIE DUNKLE SEITE DES MONDES

Philosophische Texte, Aphorismen und Weisheitssprüche

Wenn der Vorhang vor dem farbenprächtigen, heroischen Schauspiel der Götter- und Heldenschicksale der großen Epen fällt und die Litaneien, Beschwörungen und Opfergesänge verstummen, werden noch andere Klänge hörbar: die zeitlosen Stimmen der gewöhnlichen Menschen von Ugarit. Oftmals verraten sie einen tiefen philosophischen und sozialen Pessimismus und einen für den ganzen Orient kennzeichnenden Fatalismus. Die altmesopotamische Literatur war das Vorbild. Ihre Formulierungen wurden übernommen, weil sie der eigenen Geisteshaltung entsprachen.

»Das Geschick des Menschen wird von den Göttern bestimmt, er selbst ist machtlos. Elend ist sein ursprüngliches Los. Er wird in die Nacht einer Welt gestürzt, deren Tiefe er nicht ermessen kann, die nur Leiden für ihn bereithält«, heißt es in einer Betrachtung. Die gleiche Einstellung wird in einem anderen Text in poetischen Worten ausgedrückt:

»Wie weit der Himmel entfernt,
wie tief die Erde ist, niemand weiß es.
Das ganze Leben ist Blindheit.
Das Leben ohne Licht, was bringt es mehr als den Tod?
Für einen einzigen Tag des Glücks
tauscht man Tage der Tränen.
Das Jahr verrinnt mit zahllosen Übeln.
Die Menschen wissen nicht, was sie tun;
nur die Götter kennen den Sinn ihrer Tage und Nächte.«

Aus der mesopotamischen Literatur stammt ein ähnlich düsterer Aphorismus:

»Vergeblich sind die Begierden des Menschen.
Im gleichen Augenblick, da wir die Sonne schauen,

im gleichen Augenblick sind wir im Schatten.
Alle Menschen legen sich nieder bei Ereschkigal.«*

»Bitterkeit tönt aus der Klage des Menschen guten Willens, den jedermann verletzen kann, den Wesen ohne Barmherzigkeit und Emporkömmlinge ohne Gewissen umgeben.«

Weisheit und ein hoher sittlicher Standard sprechen aus den Ratschlägen, die ein Vater seinem Sohn auf die Reise mitgibt. Er sagt unter anderem:

»Meide die Kneipen und unmäßiges Essen und Trinken.
Rede nicht auf einer vielbesuchten Straße,
sprich nicht schlecht über andere Menschen...
Es brächte dir üble Früchte:
Verachtung, Ränke, unversöhnliche Feindschaft...
Spotte nicht über einen Gott, den du nicht angerufen hast.
Messe dich nicht mit einem Mächtigen...
Lasse deine Frau nicht wissen,
was in deiner Börse ist...
Wenn die Menschen eine Verleumdung hören,
bleibt stets ein Gerücht zurück.
Höre nicht auf böse Nachrede;
folgere nichts aus einem Gerücht:
Dein Herz würde unruhig,
und man würde auch dich verleumden...
Kaufe kein Rind im Frühling,
heirate kein Mädchen zur Festzeit.
Ein schlechtes Rind wird besser in der guten Jahreszeit;
ein schlechtes Mädchen kleidet sich zum Fest
in ein schönes Gewand, das ihm steht.«

Zu den bedeutendsten lyrischen Werken aus Ugarit gehört das Gedicht vom »Leidenden Gerechten«, das stark an babylonische Psalmen erinnert und vermutlich nicht ohne Einfluß auf das Buch Hiob war. Etwa zwei Drittel des Textes blieben auf einer großen Tafel bewahrt.

---

* Ereschkigal: sumerische Göttin der Unterwelt

Es beginnt mit der Klage des todkranken Gerechten, den seine Familie bereits aufgegeben hat:

»Meine Orakel bleiben dunkel,
der haruspex [Leberbeschauer] kann sie nicht deuten...
Unverständlich sind die Omen, widerspenstig die Orakel.
Verbraucht ist der Weihrauch des Traumdeuters,
keine Opferlämmer blieben dem haruspex.
Keinen Rat wissen die Fachkundigen,
nicht können sie sagen, wann meine Leiden zu Ende sind.
Meine nächsten Verwandten sind hier, um mich zu trösten.
Meine Brüder baden im Blut gleich Besessenen;
feines Öl gießen meine Frauen
auf meinen Leib, der schon bereit ist für das Grab.«

Doch auch im tiefsten Elend preist der Gerechte Marduk, seinen Gott, beugt sich dessen Willen und gibt seinen Glauben nicht auf: Er fährt fort:

»Immerfort droht mir das Grab
Meiner Leiden bin ich die Beute...
Meine Tränen sind mir Nahrung.
Doch Marduk soll nicht vergessen sein! ... Marduk sei gelobt!
Kein Atemzug wäre meinem Mund entflohen ohne ihn,
keine Klage meinem Gebein.
Marduk sei gepriesen, ich preise das Werk meines Herrn,
ich preise das Werk meines erzürnten Gottes...
Er ist Marduk und ich, ich bin ihm untertan...
Er hat mich geschlagen, mich ins Elend geworfen.
Er hat mich erhalten und mich gebunden;
Er hat mich gespalten, er hat mich ausgerissen.
Er hat mich zertrümmert, er hat mein Leben verstreut;
er hat mich von sich gestoßen und wieder aufgenommen,
er hat mich verlassen, und er hat mich erhöht.
Entführt aus dem Rachen des Todes hat er mich,
emporsteigen aus der Unterwelt ließ er mich.
Die Waffen meiner Unterdrücker hat er zerbrochen,
meinem Totengräber entwand er den Spaten.

Meine verschleierten Augen hat er wieder geöffnet,
wiedergeschenkt hat er das Wort meinem Munde...«

Die literarischen und religiösen Texte aus Ugarit waren in vieler Hinsicht eine Offenbarung. Sie machten die Verbindungslinien zwischen der Religion und den Kultbräuchen der Kanaanäer und der Welt der Bibel sowie den langen, mühseligen Prozeß, der von den alten einheimischen Göttern zum israelitischen Monotheismus führte, erstmalig ganz deutlich sichtbar. In neuem Licht wird seit diesen Entdeckungen auch die Rolle der altkanaanäischen Kultur als Übermittlerin sumerisch-akkadischen Gedankengutes gesehen, das dann im Alten Testament verarbeitet wurde.

UGARIT UND DAS ALTE TESTAMENT

Jahwe, El, Baal und die Psalmen

El, der altkanaanäische Vatergott Il, erscheint in den frühen Abschnitten des Alten Testaments durchaus als ein biblischer Gott. Sein Name kommt öfter und auch in der Mehrzahl, Elohim, vor. Er offenbart sich Jakob in Bethel, der für ihn die Schutzgötter seines Clans verläßt. (Gen. XXXV) Noch im zehnten Jahrhundert v. u. Z. war sein Kult in Palästina überall verbreitet. Nach der Spaltung des Reiches in einen nördlichen, Israel, und einen südlichen Teil, Juda, errichtete König Jeroboam I. in Bethel und Dan Heiligtümer, in denen El in Stiergestalt verehrt wurde; diese rivalisierten mit Salomons Jahwe-Tempel in Jerusalem.

Manche Gelehrte glaubten, vor allem im ersten Enthusiasmus über die Schriftfunde von Ugarit, die einen wahren Pan-Ugaritismus hervorriefen, im El-Kult eine Vorstufe des jüdischen Monotheismus zu erkennen. Als »Oberster Richter«, dessen Beschlüsse niemand ändern kann, als »Schöpfer der Geschöpfe«, der ewig und allmächtig ist, zeigt El sicher eine gewisse Verwandtschaft zu der mosaischen Gottesvorstellung. Il, der »Große Stier«, Vater einer Götterschar, unterscheidet sich jedoch ganz wesentlich vom einzigen, unsichtbaren und allgegenwärtigen Gott Jahwe, von dem kein Bild bestehen darf.

Jahwes Widersacher war auch nicht El, sondern der menschennahe Baal, der über die Fruchtbarkeit der Erde gebot und unter vielen Vorzeichen angebetet wurde. Auf ugaritischen Listen hat er nicht weniger als sieben Übernamen: Baal von der Ebene, Baal der Retter, Baal-Teshub von Aleppo usw. Immer wieder erlagen die Israeliten der Anziehungskraft seines Kultes. Die Geschichte vom »Goldenen Kalb« steht nur für einen der vielen Rückfälle des Volkes in die »Abgötterei«, gegen welche die Propheten wetterten. Baal ist der eigentliche Feind der monotheistischen Religion der Juden. Noch im Neuen Testament verkörpert er das Böse schlechthin. Sein alter Fürstentitel »Zebul« wird zum Namen des obersten aller Teufel, des Beelzebub.

Trotzdem übernimmt Jahwe weitgehend die Stellung und die Funktionen seines Vorgängers. Im Psalm LXVIII, 5 wird er mit Baals Titel »Wolkenreiter« angerufen. Er lenkt das Naturgeschehen, gebietet dem Blitz und dem Donner. Bei Hosea straft er, indem er das Kulturland mit Dürre schlägt. Er selbst bleibt aber unberührt vom Kreislauf des Werdens und Vergehens der Natur, den der Baal-Mythos verkörpert. In diesem spielten, ganz anders als im Jahwe-Glauben, Sünde und Gericht keine Rolle. Naturkatastrophen wurden nicht auf sündiges Verhalten des Volkes zurückgeführt, sondern auf das Schicksal des Wettergottes. Entsprechende Opfer und Riten konnten seine Wiederkehr aus der Unterwelt beschleunigen, seine Kräfte durch magische Handlungen neu erwecken.

Dem mosaischen Glauben ist die Vorstellung eines sterbenden und wiederauferstehenden Gottes fremd. Magie wird abgelehnt, und die Opfer- und Kultausübung erfolgt unter anderen Voraussetzungen. Nach den vorexilischen prophetischen Schriften erscheint sie als Ausdruck des menschlichen Verhältnisses zu Jahwe, nicht als Abgeltung von Verpflichtungen Israels gegenüber seinem Gott oder als eine Art Bestechung, noch weniger als Ersatz für ethisches Verhalten. Die tiefreichenden Unterschiede zwischen der kanaanäischen Religion und der des eingewanderten, »von Gott auserwählten Volkes« verhinderten aber nicht, daß Elemente des El- und besonders des Baal-Kultes, Rituale und Traditionen der Einheimischen von den Juden übernommen wurden und daß der lokale Kult mit seinen Fruchtbarkeitsriten im Rahmen orgiastischer Feste eine ständige Versuchung für sie darstellte.

Wie der Palast, das heißt der Tempel des Baal, im ugaritischen Mythos hatte auch Salomons Tempel in Jerusalem eine wichtige Funktion bei der Hervorrufung des lebenspendenden Regens. In der Einweihungsrede des Königs wird unter anderem gesagt: »Wenn die Himmel verschlossen sind und keinen Regen spenden, weil gesündigt wurde..., die Gebete der Gläubigen an diesem Ort werden Dich, o Jahwe, bewegen, Regen auf die Erde fallen zu lassen...« Noch für den Propheten Hagga'i (I, 9 ss) bestand eine unmittelbare Verbindung zwischen dem salomonischen Heiligtum und einer katastrophalen Trockenheit, die er auf Nachlässigkeit beim Wiederaufbau des Tempels zurückführt. »Ihretwegen hält der Himmel seinen Tau zurück und die Erde ihre Früchte; ihretwegen wurde die Erde mit Dürre gestraft.«

Das jüdische Fest der Tabernakel, das dem Gedeihen der Vegetation galt, erinnert deutlich an ugaritische Riten, wenn dabei Wasser auf einen Altar geschüttet wird, das durch eine Rinne in die Tiefe der Erde verschwindet. Auch der israelitische Brauch, Wein und Öl in die Gräber zu gießen, ging auf einen einheimischen Totenkult zurück. Er wurde zwar als »amoritische Sitte« gerügt, aber doch zugestanden. Die Rephaim, die Manes der ugaritischen Könige, leben im Alten Testament als Totengeister oder auch als Angehörige eines längst ausgestorbenen Stammes fort – ebenso wie die von Baal und Anat bekämpften Ungeheuer Lotan (Leviathan), die siebenköpfige Schlange, Tannin, der Meerdrache. Noch viele andere Beispiele könnten angeführt werden.

Am deutlichsten wird die Weitergabe altkanaanäischen Gedankengutes aber in den hebräischen Psalmen sichtbar. Die Juden wurden bei ihrer Einwanderung in das Gelobte Land mit einer reichen Kultliteratur von hohem Alter konfrontiert, deren Assimilierung sicher durch die Verwandtschaft des Hebräischen mit dem Ugaritischen – 380 Wortwurzeln sind in den beiden Sprachen identisch – erleichtert und durch die Existenz einer gut lesbaren alphabetischen Schrift gefördert wurde. Psalmodieren gehörte zum festen Bestand der religiösen Zeremonien der Einheimischen. In den Texten vom Ras Schamra werden Sänger erwähnt, werden Anweisungen für den Chor gegeben. In den Psalmen 88 und 89 ist auch die Rede von zwei Lehrern, Heman und Ethan, die als Eingeborene bezeichnet werden. Die hebräischen Psalmen gleichen in ihrem poetischen Stil, den häufigen Parallelismen, ihrer Bildsprache und den Motiven vielfach den ugaritischen Dichtungen. Zahlreiche Ausdrücke wurden wörtlich übernommen. Das »Land, das von Milch und Honig fließt«, kommt bereits im Baal-Zyklus vor, und einzelne Psalmen vermitteln den Eindruck, als stammten sie direkt aus Ugarit. Wenn es im Psalm 29 heißt, daß »Gottes Stimme siebenmal im Gewitter ertönt«, denkt man unwillkürlich an eine Baal-Hymne, in der nur der Gott ausgewechselt wurde. In der Anrufung des Königs von Ugarit könnte dieser auch mühelos durch Jahwe ersetzt werden.

»Das schöne Antlitz des Königs, meines Herrn,
suche ich…
Wenn wir hinaufsteigen zum Himmel,
wenn wir hinabsteigen zur Erde,
so ist unser Haupt in deinen Händen.
Ich schaue hierhin und dorthin,
aber es ist nicht hell geworden.
Ich schaue auf den König, meinen Herrn,
und es ist hell geworden.«

So klingt das Echo der ugaritischen Gesänge noch als ferne Musik in den hebräischen Psalmen weiter, deren Melodien einstmals die Stimmen der israelitischen Einwanderer lösten.

NACHWORT

Die wissenschaftlichen Publikationen über Ugarit zählen bereits einige Zehntausende. Doch ein umfassendes Werk, das den interessierten Laien über die Ausgrabung von Ugarit, eine der aufsehenerregendsten und wichtigsten in der Erforschungsgeschichte des Alten Orients, und ihre Bedeutung auch für die europäische Kultur informiert, fehlt noch. Professor Schaeffer war mit der Veröffentlichung und Auswertung des ungeheuren Materials, das bei seinen langjährigen Ausgrabungen auf dem Ras Schamra und in Enkomi-Alašia auf Zypern ans Licht kam, völlig ausgelastet. So entstand der Plan einer Zusammenarbeit. Sein Vorschlag, ein populärwissenschaftliches Buch über Ugarit zu verfassen, das unter seiner Leitung und anhand des von ihm gelieferten wissenschaftlichen sowie seines Bildmaterials entstehen sollte, wurde von mir mit Freude und Dankbarkeit für sein Vertrauen akzeptiert.

Die Gestaltung und die verschiedenen Themen des Buches waren schon in vielen Briefen und Gesprächen festgelegt, als Professor Schaeffers schwere Krankheit begann. Mit dem Tod dieses verehrten, unvergeßlichen Freundes schien auch das Projekt des Ugarit-Buches begraben. Seine Witwe, Madame Odile Schaeffer-Forrer, war es, die mir den Mut gab, die begonnene Arbeit nicht aufzugeben und mich doch noch im Alleingang an diese große Aufgabe zu wagen. Jahrelange Studien zur Beherrschung des riesigen Materials und eine Syrien-Reise waren die Voraussetzungen für ihre Bewältigung.

Mein Dank gilt an erster Stelle Madame Odile, die mir nicht nur das Photomaterial ihres Gatten und viele Sonderdrucke zur Verfügung stellte, sondern auch ihre Erinnerungen an die zahlreichen Ausgrabungskampagnen, die sie an der Seite ihres Mannes mitmachte, für mich aufschrieb.

Herzlichen Dank möchte ich auch den Mitgliedern der französischen archäologischen Mission am Ras Schamra, unter der Leitung von Madame Marguerite Yon, insbesondere M. O. Callot, Mme. Annie Caubet und M. J. Lagarce aussprechen. Ihr freundlicher Empfang und die Unterstützung meiner Arbeit waren von großem Wert für mich.

Professor Paolo Matthiae und seinem Team danke ich ebenfalls für ihr Entgegenkommen und die Erlaubnis, Photos des Ausgrabungsgeländes von Ebla zu machen.

Dankbar erinnere ich mich der freundlichen Unterstützung durch die Generaldirektion der Antiken und Museen der Arabischen Republik Syrien, Generaldirektor Afif Bahnassi, und durch Dr. Adnan Bounni, Direktor des Service des Fouilles Archéologiques.

Den Direktoren der Museen von Damaskus und Aleppo, Adnan Djundi und Wahid Khayta, danke ich für die Erlaubnis, Photos in den Museen machen zu lassen.

Die Begleitung meines Mannes, Professor J. Ariens Kappers, und seine photographische Mitarbeit waren mir bei der Studienreise durch Syrien wieder eine große Hilfe.

Laren, im Frühjahr 1992

ANHANG

Zeit v. Chr.	Syrien	Nordmesopotamien
ca. 6250–5600	*Ramad, 3 Schichten* Große Siedlung mit Lehmziegelhäusern auf Steinsockeln. Ackerbau, Viehzucht, Schädelkult, Lehmstatuen. Ab Schicht 3 Keramik	
ca. 6000–5250	*Ras Schamra, Schichten VB, VA* Viehzucht, Hochseefischerei, quadratische Steinhäuschen mit Gipsfluren, Keramik	
ca. 5250–4300	*Ras Schamra, Schicht IV* Halaf-Kultur mit umwallter Siedlung im Zentrum des Ras Schamra. Mehrräumige rechteckige Steinhäuser, fortschrittliche Steingeräte, feine Keramik mit Bemalung	

FRÜHGESCHICHTE

Chalkolithikum

Seit Mitte viertes Jahrtausend Ausstrahlung der untermesopotamischen Hochkulturen bis Syrien

ca. 4300–3000	*Ras Schamra, Schichten III C, III B* Einfluß der untermesopotamischen Ubaid-Kultur. Bemalte Keramik, Kupfermetallurgie	
ca. 3500–3300		*Habuba Kabira/Süd-Qannas, Djabal-Aruda* Städtische Niederlassungen mit Heiligtümern und Befestigungsanlagen. Kultureller Einfluß von Uruk und Susa. Tontafelschrift
ca. 3500–3000		*Tell Brak* Augentempel aus Lehmziegeln über Ruinen älterer Tempel. Wandschmuck sumerischer Art

Zeit v. Chr.	Syrien	Nordmesopotamien
	FRÜHDYNASTISCHE PERIODE *Frühbronzezeit*	
ca. 3000–2000	*Ras Schamra-Ugarit, Schicht III A* Kleine Stadt mit zyklopischer Umwallung. Kanaanäische und Khirbet-Kerak-Keramik. Waffenproduktion mit Kupferlegierung. Hauptumschlagplatz für zyprisches Kupfer. Gegen 2200 Zerstörung der Stadt. Der Ras Schamra bleibt 200 Jahre unbewohnt	*Stadt Mari (Tell Hariri)* Bedeutendste Stadt am Mittleren Euphrat. Tempel, Beterstatuetten, Keilschrifttexte, Palastheiligtum. Seit etwa 2470 Oberherrschaft der Dynastie der Sargoniden. Eingliederung in das sumerisch-akkadische Großreich. Seit 2250 Oberherrschaft der III. Dynastie von Ur
ca. 2600–2000	*Stadt Ebla (Tell Mardikh)* Palast G mit Tontafelarchiv. Gegen 2250 Plünderung und Zerstörung durch Naram-Sin von Akkad. Gegen Ende drittes Jahrtausend neuerliche Brandschatzung. Wiederaufbau unter amoritischer Herrschaft	
	ALTSYRISCHE PERIODE *Mittelbronzezeit*	
ca. 2000–1600	*Ras Schamra-Ugarit, Schicht II* Gegen 2000 Nomaden mit neuartiger Bewaffnung und Ösenhalsringen aus Bronze hinterlassen Gräberfelder auf dem Ras Schamra. Um 1900 entsteht umwallte Stadt auf der gesamten Oberfläche des Tells. Akropolis mit Baal- und Dagantempel. Enge Bande mit Ägypten unter den Pharaonen der XII. Dynastie. Rollsiegel der Dynastie von Ugarit nennt »Yakarum, Sohn des Niqmad« als König von Ugarit im 19.(?) Jh. Gegen Mitte 18. Jh. Niedergang und teilweiser Verfall der Stadt. Hurriter überfallen Nordsyrien	*Mari (Tell Hariri)* Amoritische Könige: Jaggid-Lim, Jachdun-Lim. Schamschi-Adad von Assur (1953–1921) erobert Mari. Sein Sohn Jasmach-Adad wird Statthalter von Mari. Zimri-Lim, Sohn des Jachdun-Lim, wird König von Mari (1916–? 1897). Letzter Ausbau des Königspalastes. Hammurapi von Babylon (1930–? 1888) erobert und zerstört Mari

Zeit v. Chr.	Syrien	Nordmesopotamien
ca. 2000–1600	*Hurritische Königreiche Urschu und Haschu gegen 1900* *Ebla (Tell Mardikh)* Neue Blüte unter amoritischen und hurritischen Herrschern, mächtige Wehrbauten. Haupttempel B und Palast auf der Akropolis. Tempel N und Westpalast mit Fürstengrüften in der Unterstadt. Gegen 1800 erringt Jarim-Lim von Halap (Aleppo) die Herrschaft über Nordsyrien. Ebla verliert seine dominierende Rolle. Raubzüge hethitischer Großkönige verwüsten Syrien. Gegen 1600 wird Ebla, vermutlich durch Hattuşili I. von Hatti, gebrandschatzt und endgültig zerstört	

MITTELSYRISCHE PERIODE
Spätbronzezeit

ca. 1600–1200	Gegen 1530 herrscht der König von Mitanni über Nordsyrien. Um 1500 unterwirft Thutmosis I. von Ägypten Syrien. Zwischen 1480 und 1440 Feldzüge Thutmosis' III. gegen das aufständische Syrien. Im 14. Jahrhundert hethitische Hegemonie über Syrien. Niqmadu II., König von Ugarit, wird Vasall des Großkönigs von Hatti Schuppiluliuma *Ras Schamra-Ugarit* Letzte Hochblüte von Ugarit als internationales Seehandelszentrum und Flottenmacht. Errichtung des Königspalastes und des Südpalastes. Monumentale Residenzen der Oberschicht. Gebaute Familiengrüfte unter den Wohnhäusern. Hafenviertel am Minet el-Beida. Einführung des Alphabets im 15./14. Jahrhundert. Archive und Bibliotheken. Gegen Mitte des 14. Jahrhunderts starke Zerstörungen in der Stadt. Erdbeben oder feindlicher Überfall?
1285	Teilnahme ugaritischer Truppen an der Schlacht bei Qadesch (Ramses II. gegen Muwatalli von Hatti)

Zeit v. Chr.	Syrien	Nordmesopotamien
ca. 1200	Vorstoß der Seevölker nach Syrien und der Levante. Untergang von Ugarit im ersten Viertel des 12. Jahrhunderts; wahrscheinlich Verwüstung durch die Seevölker. Letzter König von Ugarit: Hammurapi	

AUSWAHLBIBLIOGRAPHIE

KONSULTIERTE ZEITSCHRIFTEN, AUSSTELLUNGSKATALOGE UND SAMMELWERKE

Akkadica 12. Brüssel.

Alašia I. Paris 1971.

Alter Orient und Altes Testament. Veröffentlichungen zur Kultur und Geschichte des Alten Orients und des Alten Testaments. Hrsg. v. Kurt Bergerhof, Manfred Dietrich, Oswald Loretz. Neukirchen-Vluyn.

Annales Archéologiques Arabes-Syriennes. Damaskus.

Archiv für Orientforschung. Internationale Zeitschrift für Wissenschaft vom Vorderen Orient. Berlin, Graz.

Biblical Archeology Review. September/Oktober 1983.

Iraq. Vol. 9, 11, 17, 22, 24, 39. London.

Land des Baal. Ausstellungskatalog. Berlin 1978.

Mitteilungen der Deutschen Orientgesellschaft zu Berlin. Berlin.

Mission Archéologique de Mari, I–IV. A. Parrot. 1956–1968.

Missione Archeologica Italiana in Siria. Rom 1965ff.

National Geographic. Vol. 154. Washington, D.C., Dezember 1978.

Ras Shamra 1929–1979. Par la Mission Archéologique de Ras Shamra.

Sumer, Assur, Babylon. Ausstellungskatalog. Hildesheim 1978.

Syria. Annuaire du Collège de France. Paris 1929ff.

Ugarit-Forschungen. Internationales Jahrbuch für die Altertumskunde Syrien-Palästinas. Hrsg. v. Kurt Bergerhof, Manfred Dietrich, Oswald Loretz. Neukirchen-Vluyn 1969ff.

Ugarit-Forschungen, Bd. 11. Festschrift für C. F. A. Schaeffer zum 80. Geburtstag am 6. März 1979. Neukirchen-Vluyn 1980.

Ugarit in Retrospect. 50 years of Ugarit and Ugaritic. Hrsg. v. G. Young. Indiana 1981.

Ugaritica, I–VII. Missions de Ras Shamra. Paris, Leiden 1939–1978.

BÜCHER

Aistleitner, J.: Die mythologischen und kultischen Texte aus Ras Schamra-Ugarit. Budapest 1964.

Bittel, K.: Les Hittites. Paris 1976.

Bittel, K.: Hattuscha. Hauptstadt der Hethiter. Köln 1983.

Cagni, L.: Atti del convegno internazionale La Lingua di Ebla. Neapel 1981.

Callot, O.: Une Maison à Ugarit. In: Maison de l'Orient. Paris 1983.

Calvet, I.: Installations hydrauliques d'Ugarit. In: L'Homme et l'eau en Méditerranée et au Proche Orient. Lyon 1981.

Caquot, A./M. Snycer: Ugaritische Religion. Leiden 1980.

Cauvin, J.: Religions Néolithiques de Syro-Palestine. Paris 1972.

Cauvin, J.: Les premiers Villages du IXème au VIIème Mill. a. J. Chr. Lyon 1978.

Clark, G.: World Prehistory in New Perspective. Cambridge 1976.

Dussaud, R.: Les Religions des Hittites et des Hourites, des Phéniciens et des Syriens. Paris 1949.

Gray, J.: Near Eastern Mythology, Mesopotamie, Syria, Palestine. London 1949.

Herrmann, W.: Yarih und Nikkal und der Preis der Kutarta-Göttinnen. Ein kultisch-

magischer Text aus Ras Schamra. In: Zeitschrift für die alttestamentarischen Wissenschaften. Berlin 1968.
Jirku, A.: Kanaanäische Mythen und Epen aus Ras Schamra-Ugarit. Gütersloh 1965.
Jong, D. T./W. H. van Soldt: Redating Early Solar Eclipse Record (KTU 1.78). Implications for the Ugaritic Calendar and for the Secular Calendar and for the Secular Accelerations of the Earth and Moon. Amsterdam 1989.
Jong, D. T./W. H. van Soldt: The Earliest Solar Eclipse Record Redated. In: Nature, Vol. 338.
Kapelrud, A. S.: Baal in the Ras Shamra-Texts. Kopenhagen 1952.
Kinet, D.: Ugarit. Geschichte und Kultur einer Stadt in der Umwelt des Alten Testamentes. Stuttgart 1981.
Lagarce, J.: Ras Ibn Hani au Bronce Recent. Problemes et Perspectives.
Liverani, M.: Storia di Ugarit nell'eta degli Archivi Politici. Rom 1962. (Studi Semitici, 6.)
Loretz, O.: Wolkenfahrer Baal-Jahwe. Die Theophanie des Wettergottes im Mythos und die Poesie und Geschichtsschreibung der Bibel.
Mallowan, M. E. L.: Mallowan's Memoires. London 1977.
Matthiae, P.: Ebla, un Impero Ritrovato. Turin 1977.
Matthiae, P.: Princely Cemetery and Ancestor Cult at Ebla During Middle Bronce II. In: Ugarit-Forschungen, Bd. 11. Festschrift für C. F. A. Schaeffer zum 80. Geburtstag am 6. März 1979. Neukirchen-Vluyn 1980.
Matthiae, P.: Die Fürstengräber des Palastes Q in Ebla. In: Antike Welt, Bd. 1. Feldmeilen 1982.
Matthiae, P.: I Tresori di Ebla. Bari 1985.
Mellaart, J.: Çatal Hüyük. Bergisch Gladbach 1967.
Moore, A. M. T./G. C. Hielman: Tell Abu Hureira. Legge 1975.
Moortgat, A.: Sumer und Akkad. Die Kunst des Alten Mesopotamien. Köln 1982.
Moortgat, A.: Babylon und Assur. Die Kunst des Alten Mesopotamien. Köln 1984.
Parrot, A.: Mari – Capitale fabuleuse. Paris 1974.
Pettinato, G.: Un Impero inciso nell'Argilla. Rom 1979.
Purushottam Singh: Neolithic Cultures of Western Asia. London, New York 1974.
Reden, S. v.: Zypern, Vergangenheit und Gegenwart. 8000 Jahre Geschichte im Schnittpunkt dreier Kontinente. Köln 1974.
Reden, S. v./J. G. P. Best: Auf der Spur der ersten Griechen. Köln 1981.
Saade, G.: Syrische Bibliotheken und Archive im 2. Jahrtausend v. Chr. In: Antike Welt, Bd. 2. 1972.
Saade, G.: Ougarit, Métropole Canaaneene. Beirut 1978.
Scandone-Matthiae, G. M.: Ebla und Ägypten im Alten und Mittleren Reich. In: Antike Welt, Bd. 1. 1982.
Schaeffer, C. F. A.: Missions en Chypre, 1932–1935. Paris 1936.
Schaeffer, C. F. A.: The Cuneiform Texts of Ras Shamra. London 1939.
Schaeffer, C. F. A.: Stratigraphie comparée et chronologie de l'Asie occidentale. London 1948.
Schaeffer, C. F. A.: Enkomi-Alasia. Nouvelles missions en Chypre, 1946–1950. Paris 1952.
Schaeffer, C. F. A.: Nouveaux témoignages du culte de El et de Baal à Ras Shamra-Ugarit. Paris 1960.
Stromenger, E.: Habuba Kabira. Eine Stadt vor 5000 Jahren. Mainz 1980.
Virolleaud, Ch.: Le palais royal d'Ugarit II–V. Paris 1957–1965.
Wahid Khayata: Guide to the Museum of Aleppo, Ancient Oriental Dep. Aleppo 1977.
Weitzman, M./Ch. Bernautaud: Ebla, an Archeological Enigma. London 1979.
Xella, P.: Problemi del mito nel vicino oriente antico. Suppl. dell' Istituto Orientale di Napoli. Neapel 1976.
Xella, P.: I testi rituali di Ugarit I. Rom 1981.

REGISTER

BILD- UND FOTONACHWEIS

Farbtafeln
Prof. Dr. J. Ariëns Kappers (Taf. 1–3); Anwar Abdel Ghafour, Museum Aleppo, Syrien (Taf. 4, 5); Archiv Prof. Claude Frédéric-Armand Schaeffer-Forrer (Taf. 6–48)

Schwarzweißtafeln
Museum Aleppo (Abb. 1–8); Sibylle von Reden (Abb. 33); Archiv Prof. Claude Frédéric-Armand Schaeffer-Forrer (Abb. 1–32, 34–43)

Textabbildungen (Fig.)
1: Aasor 44, 1939, Abb. 10; 2: J. Cauvin, Les premiers Villages de Syrie-Palestine, 1978, Abb. 26; 3: Lexikon der Archäologie. Hrsg. v. W. Bray, D. Trump, 1973; 4: A. Parrot, Mam IV, 1968, Ann. 7–8; 5: A. Parrot, Mam IV, 1968, 22, Titelbild; 6: A. Parrot, Mam III, 1967, Abb. 127–131; 7: A. Parrot, Mam II,1, 1958; 8: A. Moortgat, Die Kunst des Alten Mesopotamien, S. 125; 9: Moortgat, Die Kunst des Alten Mesopotamien, S. 126; 10: P. Matthiae, SEb/III, 1980, 5–8; 11: P. Matthiae, Ebla, un Impero Ritrovato, 1977, Abb. 26; 12: P. Matthiae, Ebla, 1978, Abb. 36; 13: P. Matthiae, Ebla, un Impero Ritrovato, 1977, Abb. 28; 14: P. Matthiae, Die Fürstengräber des Palastes Q in Ebla. In: Antike Welt, Bd. 1, 1982, Abb. 18; 15: C. F. A. Schaeffer, The Cuneiform Texts of Ras Shamra, 1939, Fig. 3; 16: C. F. A. Schaeffer, Stratigraphie comparée et chronologie de l'Asie occidentale, 1948, planche XIII; 17: C. F. A. Schaeffer, Ugaritica II, 1949, Fig. 21; 18: C. F. A. Schaeffer, The Cuneiform Texts of Ras Shamra, 1939, Anhang, Taf. XXXVIII, Fig. 1; 19: C. F. A. Schaeffer, The Cuneiform Texts of Ras Shamra, 1939, S. 52, Fig. 11; 20; C. F. A. Schaeffer, Ugaritica II, 1949, Taf. XXIV; 21: C. F. A. Schaeffer, Ugaritica II, 1949, S. 74, Fig. 31, Zeichnung P. Pironin; 22: C. F. A. Schaeffer, Ugaritica II, 1949, Taf. VIII, Zeichnung G. de Mertzenfeld; 23: C. F. A. Schaeffer, Ugaritica II, 1949, S. 4, Fig. 2; 24: Syria XVI, 1935; 25: C. F. A. Schaeffer, The Cuneiform Texts of Ras Shamra, 1939, Taf. XXXI; 26: C. F. A. Schaeffer, Stratigraphie comparée et chronologie de l'Asie occidentale, 1948, planche V; 27: C. F. A. Schaeffer, Ugaritica I, 1939, Taf. XXII; 28: E. Jacob, Ras Shamra-Ugarit et l'Ancien Testament, 1960, Fig. 6; 29: C. F. A. Schaeffer, Ugaritica III, 1956, Fig. 109, Zeichnung W. Forrer; 30: C. F. A. Schaeffer, Ugaritica IV, 1962, Abb. 21; 31: Ugaritica VI, 1969, S. 91; 32: Ras Shamra 1929–1979. Par la Mission Archéologique de Ras Shamra; 33: C. F. A. Schaeffer, Ugaritica III, 1956, S. 73, Fig. 96, Zeichnung W. Forrer; 34: C. F. A. Schaeffer, Ugaritica III, 1956, S. 19, Fig. 24, Zeichnung W. Forrer; 35: G. Picard, S. von Cles-Reden, Das wiederentdeckte Karthago, 1957, Taf. 15, Foto Franceschi

Band 64127

Helmut Uhlig

Die Mutter Europas

Europa ist viel älter, als wir denken. Nicht in der Welt der Antike oder der Bibel liegen die Wurzeln abendländischer Kultur und Zivilisation, sondern im alten Anatolien – dort, wo vor zehntausend Jahren die ersten nachweisbaren Städte der Menschheit entstanden. Die kulturellen Leistungen dieser Region waren so groß, daß sie die europäische Frühgeschichte bis zur Zeitwende nachhaltig prägten – mit Auswirkungen bis in die Gegenwart.
Helmut Uhlig geht in diesem Buch sämtlichen Aspekten dieses aufregenden Ost-West-Kulturtransfers nach und macht dabei sensationelle Entdeckungen, die die Ursprünge unserer Kultur in einem ganz neuen Licht erscheinen lassen.